KB200231

책읽는사자의
신앙의 참견

# 책읽는사자의 신앙의 참견

**책읽는사자** 지음

**규장**

## 참견

사자와 마주했다. 대학 시절, 지금의 아내와 함께 놀이공원에 갔을 때였다. 비록 동물원 울타리 안 야성 잃은 사자였지만 존재 자체가 뿜는 위엄이 나를 압도했다. 어릴 때 봤던 그 사자가 아니었다. 사물을 인지하는 내 지적 수준이 달라진 탓이었다.

성경은 "모든 짐승 중에 가장 강하며 어떤 짐승 앞에서도 물러설 줄 모르는 사자"(잠 30:30)라고 했다. 아프리카 코끼리가 들으면 콧방귀를 뀔지도 모르나 성경이 그렇다면 그런 거다. 여하간 난 그때부터 사자를 좋아하게 됐다. 내 필명이 '사자'(Lion)인 이유다.

하나님께서 내게 베푸신 세 가지 큰 은혜가 있다. 첫째는 믿음의 가정이고 둘째는 '예술가'라는 직업적 소명의식이며 셋째는 '대한민국 크리스천'이라는 정체성이다.

예술가는 자격 제도가 아니기에 예술가와 비예술가를 가르는 뚜렷한 기준이 없다. '예술'이 무엇인지, '예술가'가 무엇인지에 대한 논란은 아직도 현재진행형이다.

톨스토이는 《예술이란 무엇인가》에서 예술을 "인간 상호 간 교류 수단의 하나"라고 주장했다. 예술의 본질을 '커뮤니케이션'으로 정의한 것인데, 이는 기존 주류 미학적 관점을 뒤집는 매우 획기적인 관점이다.

또한 그는 예술 작업이란 "창작자가 다른 사람들에게 자신이 경험한 것과 동일한 감정을 전하는 것"이라고 말한다. 이런 의미에서 내가 창작하고 있는 구어(口語) 콘텐츠와 문자 콘텐츠들은 내 신앙을 바탕으로 만들어진 일종의 '대중예술품'인 셈이다.

하여 이 책에서 서술하는 나의 설명은 교회 안 사역자들의 복음 설명이 아닌, 세상 속 크리스천 예술가의 복음 표현(表現)의 연장이다. 아브라함 카이퍼(Abraham Kuyper, 1837-1920)의 표현을 빌면 이게 내 "쟁기질"이다.[1]

---

1 세계 3대 칼빈주의자 중 한 명인 아브라함 카이퍼는 그가 주창한 '일반 은혜'(Common Grace) 개념에 입각하여 "만일 신자의 하나님이 세상 속에서 역사하고 있다면 세상에서 신자의 손은 쟁기를 붙들고 쟁기질을 통해 주님의 이름을 영화롭게 해야 한다"라고 말했다.

하나님께서는 목회를 꿈꾸던 내 고집을 약 12년 동안 신실히 꺾으셨다. 그래서 난 언제나 신학원 담 밖에 있었다(이는 교리에서 벗어남을 뜻하는 게 아니라 내 신앙 여정의 학술적 위치가 '예술' 영역이었음을 말한다).

날 향한 하나님의 지혜와 섭리의 위대하심이 이해되기까지 참 많은 기독교 서적과 일반 서적을 읽었다. 때가 되어 돌아보니 내가 울면서 순종하여 걸었던 한 걸음 한 걸음이 그분이 예비하신 길이었으며 그분의 길이었다.

하나님은 성경 말씀과 수많은 책으로 내 말과 글을 훈련하셨다. 지금은 탁월하진 않으나 쓸모 있을 정도이다. 목회자의 설명력이 하나님의 살아계신 말씀을 선포하는 데 쓰인다면, 주께서 내게 주신 설명력은 '하나님 말씀을 우리 일상에 어떻게 적용해야 하는가'를 설명하는 데 쓰인다. 이것은 마치 주일과 평일 사이, 부모와 자녀 세대 간 끊어진 다리를 재건하는 일과 같다.

이 책은 왜 예배와 말씀 읽기와 찬양과 기도가 유일한 답이며, 결국 주께 순복하고 굴종하는 게 가장 지혜로운 길인지를 '교회 안 교회 언어'가 아닌, '교회 밖 일상 언어'로 설명한다. 설교권을 갖는 목회자의 신분이 아닌 한 성도로서의 이러저러한 이야기다. 책 제목이 설교나 강해가 아닌 '참견'인 이유다.

혹 누군가 "왜 당신의 참견을 굳이 책으로 읽어야 합니까?"라고 묻는다면 "저도 모릅니다. 오직 주님이 아십니다. 주님께서 하셨습니다"라고 겸허히 답할 수밖에 없다.

20대 후반, 내 글을 보고 일반 출판사에서 '귀한 러브콜'을 보내왔다. 하지만 나는 거절했다. 내 인생 첫 책은 예수님을 선포하는 책이어야 한다는 신앙적 고집 때문이었다. 주님을 사랑하기에 가능했다. 그럼에도 불확실한 내 미래를 향한 두려움은 차갑고 매서웠다.

어느 한 날은 너무나 힘들어 책상 아래로 기어들어 가 무릎을 꿇고 몸을 웅크렸다. 아마도 하나님께서 그날 새벽 내 훌쩍이는 소리와 굽은 등을 긍휼히 보시고 자비를 베푸시지 않았을까. 이런 의미에서 이 글은 '굳이' 읽을 필요 없는 비천한 내 인생 이야기가 아닌, '한 번은' 읽어볼 만한 하나님 은혜의 고상한 흔적이다. 내 인생은 주님의 것이기에 그분이 내 삶을 종이 삼아 그분의 이야기를 신실하게 쓰시는 중이다.

이처럼 우리는 모두 예수 그리스도의 부활을 전하기 위한 '기능적 도구'이다. 이 모든 것은 그분의 이야기다.

## 직면

이 책의 모든 논지는 '오직 주께 영광'으로 귀결된다. 일상에서 어떻게 예수 그리스도를 더욱 사랑할 수 있는가에 대한 내 치열한 고민의 결과물이기도 하다.

1부는 크리스천이 이성 관계를 통해 겪는 문제, 2부는 신앙생활과 일상에서 겪는 문제, 3부는 직장생활 중에 겪는 문제를 다뤘다. 각 챕터의 주제 질문들은 실제로 내가 받은 수많은 이메일과 댓글 내용을 참고했다. 그리고 본문 말미 '사자에게 물어봐'의 구체적인 질문은 각색하거나 창작한 내용이다(사연을 보낸 이들의 사생활을 보호하면서 더 많은 이들이 자신에게 적용해 생각할 수 있도록 하기 위해서다).

청년 독자들에게 초점을 맞춰 글을 썼으나 중장년과 더 나아가 부모 세대가 읽어도 신앙생활에 보탬이 될 것이다. 또한 자녀 세대의 현실적인 고민을 이해하고, '다음세대 크리스천 신앙코드'를 가늠하는 데도 도움이 될 것이다.

이 책은 특정 주제에 대한 좁고 깊은 이야기가 아니라 일상에서 겪는 매우 다양한 주제들에 대한 신앙적 답변이기에 부족한 점이 많을 수 있다. 또한 독자의 신앙과 문해력 수준, 처한 환경과 상황이 다 다르다 보니 누구에게는 와닿는 내용이 누구에게는 아닐 수도 있다. 그래서 필연적으로 내 논지에 대한 다양한 반응이 있을 것이다(다만 예수 그리스도의 복음이라는 진리의 테두리 안에서의 다양성만이 참된 신앙적 가치를 지닌다). 그러니 자신의 견해나 상황과 맞지 않는다고 생각되는 참견은 가볍게 참고만 하시라.

앞에서도 언급했듯이 하나님께서는 내게 '대한민국 크리스천'이라는 큰 은혜를 베풀어주셨다. 이 악한 시대에 복음을 이토록 체계적으로 학습하고 훈련하는 나라는 전 세계적으로 매우 드물다. 종류별 큐티 책이 달마다 출판되며, 성경책 디자인을 본인 취향대로 고를 수 있고, '기독교 백화점'이라는 단어가 내비게이션에 등록된 나라…. 말도 많고 탈도 많지만 아직도, 아니 여전히 대한민국은 강력한 성령충만의 나라다. 나와 여러분은 이토록 소중한 나라의 자랑스러운 크리스천이다.

그렇다면 이런 우리에게 주어진 책무는 무엇일까. 큰 은혜를 누리고 있는 만큼 더 열심히 배우고, 더 알리며, 더 살아내야 한다. 그러니 이제 그만 외면하라. 당신의 힘듦은 예수님을 안 믿어서가 아니라 덜 믿어서이다. 정답을 몰라서 괴로운 게 아니라 정답을 너무 잘 알기에 괴로운 거다. 자기 욕구에 의해 신앙을 방임하는 삶을 (감히) 예수 그리스도의 사랑이라는 이름으로 합리화하기를 중단하라. 내가 죄에 무뎌졌다고 해서 그 죄의 농도가 옅어지는 게 아니다.

오히려 내 영혼이 썩었다는 반증이다. 복음을 알고(know) 이해해도(understand), 믿지(believe) 못하는 자신의 연약함과 마주하라. 우리가 그토록 평가 절하하는 베드로는 예수님을 세 번'밖에' 부인하지 않았다.

대한민국 크리스천이라는 정체성이 동물원 속 나태한 사자일지, 복음의 야성과 지성을 겸비한 밀림의 왕 사자일지는 순전히 당신의 선택이다. 그러나 자랑스러움은 후자에서만 나타난다. 무슨 말인가. 우리 신앙생활을 진심으로 개혁하자는 거다. 주님의 크신 은혜를 생각하면 반드시 그래야만 한다.

그러기 위해 책을 읽어라. 질적 부흥(Qualitative Revival)은 언제나 조용하다. 독서의 고요함은 뇌를 바꾼다. 이를 '뇌의 가소성'이라

한다. 뇌는 경험에 따라 형태를 바꿀 수 있다는 말이다[니콜라스 카(Nicholas Carr)의 《생각하지 않는 사람들》을 읽어보라]. 이런 의미에서 독서는 '개혁'이다. 지금 우리의 독서가 감싸고 있는 이 실재적 침묵, 이것이 소음 가득한 세상에 선사하시는 주님의 선명한 신호가 아니겠는가. 이 책을 읽는 당신이 모호하고 추상적인 신앙관을 걷어내어 '신앙'이 '생활' 되고, '생활'이 '신앙' 되는 참된 예배자가 되기를 마음 다해 기도한다.

오직 주께 영광. 예수님의 은혜만을 바랄 뿐이다.

- 이 책의 성구는 〈현대인의성경〉에서 인용했다.
  청년들에게 조금 더 쉽게 다가가려는 내 작은 노력이다.

CONTENTS

PART 3

# 취업과 직장생활의 참견

## ; 인생 사명과 생계 문제 사이, 현실적인 해답이 있을까

**슬기로운 직장생활 편**



**버티기냐 이직이냐, N년 차 직장인 편**

# PART 1

; 정말 이대로 연애하고 결혼해도 될까

INTRO

# 피자 같은 연애와 결혼은 이제 그만!

# 유사성 # 관계 정리 # 성욕 # 피자 같은 사람

우리 부부는 산책을 좋아한다. 산책의 핵심은 대화인데, 짧으면 한 시간, 길면 세 시간 정도 우리만의 산책 코스를 걸으며 이런저런 이야기를 나눈다. 또 내가 지방 강연을 하게 되면 아내도 연가를 사용해 함께 가는데, 자차를 이용하든 고속열차를 타든 마치 소풍 가듯 즐거운 마음으로 대화하며 간다. 강연이 끝나고 돌아오는 길은 이야깃거리가 더욱 풍성해진다. 대화를 통해 우리 부부의 사랑 밀도가 높아진다.

무슨 할 이야기가 그토록 많은 걸까. 내 일과 아내 직장 이야기, 함께 읽거나 각자 읽은 책 이야기, 우리의 간절한 소망, 각자 신앙적으로 깨달은 이야기를 하며 힘들고 지칠 때 서로 토닥여주고 다시 믿음으로 설 수 있게 도와준다. 말하고 또 말해도 대화할 시간이 부족할 정도다. 난 아내와 대화를 나누며 치유 받고, 회복하고, 성장한다. 아내가 내게 보여주는 사랑 속에서 예수님을 만난다. 평범한 일상이 하나님께서 베푸시는 가장 큰 기적이다. 이런 의미에서 아내와 함께 하는 하루하루가 정말 소중하다. 하나님께 진심으로 감사드린다.

행복하고 감사한 결혼생활은 두 사람의 유사성에 정비례한다. 유사성이란 무엇일까. 첫 번째는 종교이고, 두 번째는 신앙관이다. 이것이 어떤가에 따라 삶의 우선순위가 결정되며 둘의 생각과 습관, 실천이 달라진다. 그래서 난 넌크리스천과 연애하는 크리스천들에게 진지하게 결혼을 준비하는 단계가 아니라면 되도록 관계를 정리하라고 말한다.

크리스천이 넌크리스천과 연애하고 결혼하며 행복을 바라는 마음은, 마치 흡연과 음주를 하면서 오래 살길 바라는 것과 같다. 상대를 '진정' 사랑한다는 느낌은 뇌에서 벌어지는 화학작용의 물질적 반응이다. 물론 이것도 사랑이다. 그걸 사랑의 아주 작은 단면이라 생각하느냐 아니면 사랑의 전부라고 생각하느냐의 가치 판단이 다를 뿐이다.

요즘은 같은 종교를 갖고 있더라도 한 가지를 더 면밀히 살펴야 한다. 바로 '두 사람의 신앙관이 얼마나 비슷한가'이다. 쉽게 말해, 인본주의 신앙관인가, 신본주의 신앙관인가를 살펴봐야 한다. 전자가 사람을 위한 종교라면 후자는 하나님을 위한 종교라고 말할 수 있다. 이 둘의 차이는 '자기 욕구 충족을 위해 하나님을 이용하는가'

와 '하나님의 사명을 위해 자신의 욕구를 내려놓는가'라고 할 수 있다. 어떤 의미에서 이 둘 역시 물과 기름처럼 섞이기 어렵다.

연애와 결혼도 신앙생활의 연장선이라 생각하는 사람은, 신본주의 신앙관일 가능성이 크다. 반면에 교회에서 예배드리는 모습 따로, 연애와 결혼에서 보이는 이기적이고 정욕적인 모습 따로인 사람은 인본주의 신앙관일 가능성이 크다(내가 단정 짓지 않는다는 점을 주목하자. 비록 지금은 부족해도 올바른 성경적 정보를 알고 난 뒤 회개하고 돌아서는 사람이 있기 때문이다. 사실 이게 신앙생활의 본질이다).

물론 신앙적인 견해가 서로 다를 수 있다. 그러나 다름에서 오는 관용은 '예수 그리스도의 타협하지 않는 복음의 울타리' 안에서 행해져야 한다. 인본주의 관점에서 나오는 종교 논리 역시 잘 분별해야 한다.

이처럼 크리스천은 연애도 결혼생활도 거룩해야 한다. 이건 선택이 아닌 의무다. 20세기 최고의 기독교 변증가 C. S. 루이스는 《고통의 문제》에서 크리스천은 자아를 하나님께 '양도'한 자들이라 했다. 그 양도의 목록에는 당연히 연애와 결혼 문제도 포함된다.

아무하고도 사귀지 말라는 말이 아니다. 애인과 배우자보다 나와 예수님의 일대일 관계를 더욱 중요하게 여겨야 한다는 말이다. 연애할수록 예배자의 일상이 무너지는 건 하나님께서 기뻐하시는 연애가 아니다. 반대로 연애 기간과 결혼 연차가 늘수록 나와 예수님의 관계가 성장하고 성숙한다면, 하나님께서 기뻐하시는 사랑의 모습이라는 증거다.

사랑에 빠진 것과 사랑에 빠진 것이라 착각하는 건 매우 다르다. 전자가 타인을 사랑하는 마음이라면 후자는 '타인에게 투영시킨 또 다른 나'를 사랑하는 마음이라고 할 수 있다. 자기 애착의 또 다른 모습으로, 그 본질은 '무지'와 '교만'이다. 안타깝게도 오늘날 많은 크리스천 청년이 후자에 속한 가짜 사랑에 허덕인다.

정크푸드(junk food)에 중독되어 입에서는 맛있다고 느끼지만 그 음식 때문에 정작 자기 몸은 점점 망가지는 것과 흡사하다. 물론 행복감이나 괴로움을 느끼는 감정 자체는 진짜다. 설탕이 듬뿍 들어간 음식이나 혀가 얼얼할 정도로 매운 음식, 기름이 줄줄 흘러내리는 음식을 좋아하는 사람이 실제 그 음식을 먹을 때 진정 맛있다고 느끼는 것과 같다. 다만 건강이 망가질 뿐이다. 그들은 건강한 음식을 찾는 게 아니라 맛있(다고 생각하)는 음식만을 찾는다.

진짜 사랑은 담백하고 가짜 사랑은 자극적이다. 하지만 자극은 사랑이 아니다. 그건 사랑의 (아주 작은) 단면일 뿐. 위에서 언급했듯 우리가 사랑에 빠질 때 평소와 다르게 매우 감정적으로 변하는 건 생물학적 사실에 기인한다. 실제 뇌에서 도파민, 페닐에틸아민, 옥시토신과 엔도르핀 호르몬이 나온다. 그래서 행복하고 황홀하다고 느낀다. 하지만 이게 사랑의 전부라면 사랑은 단순히 뇌에서 벌어지는 화학작용, 그 이상도 이하도 아니게 된다.

그럼 우리는 그저 성욕이 하라는 대로 더 새롭고 강렬한 자극을 누리며 살아도 된다. 그게 곧 사랑이기 때문이다. 하지만 이건 지극히 유물론적(唯物論的) 관점이다. 인간을 물질 덩어리로만 보는 반기독교적 관점이다. 난 이것을 '피자 같은 사랑'이라 부른다.

#밥 같은 사랑 #예수님이 영순위 #연애의 열매

창세기를 사실로 믿는 사람들은 우리의 모든 감정의 출처가 하나님이심을 믿는다. 또한 사랑은 곧 하나님(요일 4:8)이심도 믿는다. 세상이 그렇게 노래하는 '사랑'의 본체가 창세기의 하나님이시다. 전 인류의 사랑 저작권은 하나님께 있다. 그분이 사랑을 가장 잘 아신다. 하나님은 사랑이시기 때문이다.

그러나 청년들이 하는 큰 착각 중 하나는 하나님을 '구시대 관념에 꽉 막힌 늙은 할아버지' 정도로 치부하는 거다. 어른 세대가 스마트폰 기능을 모른다고 여기듯 말이다(아이러니하게도 그 스마트폰을 어른 세대가 만들어냈다). 당연히 그건 사실이 아니다.

하나님은 오늘 발매된 최신 유행가 가사부터 올해 출시된 휴대폰의 숨은 기능 하나까지 다 아신다. 이 세상 모든 걸 그분이 주관하시기 때문이다. 하물며 오늘날 하나님을 부정하는 '세련된 무신론자'의 심장을 뛰게 하는 물리력조차 하나님으로부터 공급받는 에너지다. 그렇다. 하나님은 오늘도 살아계신다.

그 살아계신 하나님께서 남자와 여자를 창조하시고 우리를 위해 결혼이라는 제도를 선물로 주셨다. 세상은 사랑을 섹스라고, 욕구의 충족이라고 말하지만 하나님은 사랑을 오래 참음과 친절함과 질투하지 않음과 자랑하지 않음과 잘난 체하지 않음과 버릇없이 행동하지 않음과 이기적이거나 성내지 않음과 악한 것을 생각하지 않음과 불의를 기뻐하지 않고 진리와 함께 기뻐함이라고 말씀하셨다(고전 13:4-6). 나는 이걸 '밥 같은 사랑'이라고 부른다. 또 인간의 유일한 행복은 여기에서 시작되며 완성된다고 믿는다.

밥 같은 결혼생활을 하려면 밥 같은 결혼 준비를 해야 한다. 밥 같은 결혼 준비를 하려면 밥 같은 연애를 해야 한다. 그러기 위해 나부터 밥 같은 사람이 되어야 한다. 그 밥 같은 사람이 되기 위한 자기계발은 오직 복음으로만 가능하다는 게 내 지론이다.

아내보다 예수님을 영순위로 사랑하는 게 아내를 가장 잘 사랑하는 유일한 방법이다. 당신이 여태껏 옳다고 생각했던 자극적인 조미료를 모두 거둬야 한다. 당신의 연애의 열매는 음란인가, 거룩인가? 당신은 하나님께서 기뻐하시는 사랑을 하고 있는가?

당신은 이미 정답을 알고 있다. 이제 그만 피자 같은 연애와 결혼이라는 '사단의 다람쥐 쳇바퀴'를 부숴버리자. 당신은 하나님의 위대한 사명자다. 연애와 결혼 문제에 영적 에너지를 소진하지 말고, 그 너머 하나님의 소원과 목적을 깨달아야 한다. 이것이 내가 연애와 결혼에 대한 이야기를 하는 궁극적인 목적이다.

일어나 함께 가자. 지금은 그래야 할 때다.

# 1 배우자 기도, 꼭 해야 할까요

# 취향 저격 리스트 # 내 욕구인가 # 하나님의 응답인가

도대체 '배우자 기도'란 뭘까? 꼭 해야 할까? 왜 해야 할까? 어떻게 해야 할까? 청년들에게 연애와 결혼은 언제나 매우 핫한 주제다. 청년의 때는 아직 다양한 인생 경험을 하기 전이라 본인이 체득한 행복과 고통의 주요 매개가 바로 '사랑'이기에 그렇다.

크리스천 청년들이 연애와 결혼에 대해 고민이 많다는 건 그만큼 그들의 신앙생활에 축복의 통로가 될 수도, 넘어짐의 통로가 될 수도 있음을 의미한다. 그래서 교회는 그들에게 올바른 성경적 가이드라인을 제공해야 한다. 배우자 기도는 청년들의 이런 정서적 배경에서 나타난 하나의 문화 현상이라고 여겨진다.

미래의 배우자에 대한 기도 목록을 되도록 구체적으로 적는 것이 더 효과(?)가 좋다고 지도해주는 교회 어른들도 많다고 한다. 그래서 실제로 '키는 적어도 180센티미터 이상', '곱슬보다는 직모', '대학원 석사 졸업 이상', '중산층 부모 밑에서 자란 사람', '영어는 기본적인 대화 정도는 가능한', '연봉은 최소 4,000만 원 이상', '인서울 아파트 전세로 시작하는 것까지는 오케이', '꽉 막힌 시부모님은 절대 사절', '해외여행은 최소 1년에 한 번 이상', '전시회와 뮤지컬을 함께 볼 수 있는 예술적 소양' 등을 적고 기도하는 청년들이 많다. 웃을 일이 아니다. 그들은 정말 그렇게 배웠다. 나름 진지하고 간절하다.

혹자는 사람의 됨됨이가 아닌 외형적 조건에 대한 기도제목이 너무 세속적이라며 그것만 아니면 괜찮지 않으냐고 물을 수도 있겠다. 그러나 예비 배우자의 인격에 대한 리스트도 그 본질은 같다. 내가 원하는 것, 내가 이해할 수 있는 것, 내가 받아들일 수 있는 걸 하나님께 요구하는 것이므로.

안타깝게도 배우자 기도는 자신의 취향 저격 리스트가 아니다. 정성과 노력을 다하면 소원 성취를 해주는 요술램프도 아니다. 그런 것들은 자기애의 또 다른 표현 즉, '우상숭배'다. 내 욕구를 영순위에 두는 나르시시즘의 표출 그 이상도 이하도 아니다. 그 사람의 인지능력과 진짜 영성의 수준은 전혀 별개이기 때문이다.

여기서 끝이 아니다. 많은 청년이 이런 자기 욕구를 하나님의 응답이라며 상대에게 신앙적 순종(=나와 사귀자)을 요구하기도 한다. 그저 예쁘고 잘생겨서 끌리는 것에 과도한 신앙적 의미를 부여한다. 불행히도 이때 오용되며 왜곡되는 명분의 매개가 배우자 기도일 경우가 많다. 내 욕구 충족을 위해 선부르게 하나님을 이용하는 거다.

만약 그렇게 사귀다 헤어지면 그 기도 응답의 출처는 과연 어디인가. 물론 사람이기에 실수한다. 그러나 그 표면적 실수 이전과 이후의 맥락이 갖는 인격의 진정성과 성숙도는 말로 하지 않아도 알 만한 수준일 것이다. 이처럼 배우자 기도가 청년들의 연애 스킬 중 하나가 되어서는 안 된다. 잘못된 배우자 기도의 가장 큰 폐해는 개인의 미성숙함에 따른 결과의 책임이 하나님께 전가되는 데 있다. 많은 사람이 애인이 잘못한 걸 두고 "기독교인, 정말 진절머리 나!"라고 한다.

**#기도의 주인공 #본질은 자기 부인 #배우자 기도보다 예수님 기도**

크리스천은 자아를 하나님께 양도한 자들이다. 배우자 기도도 마찬가지다. 기도의 주인공 역시 예수 그리스도다. 모든 기도의 최종 귀결은 그분의 영광이다. 물론 우리가 바라는 것을 위해 열심히 기도할 수 있다. 예수님도 문을 두드리라 하셨으니까.

그러나 예수님을 닮아간다는 건 '자신만을 위한 문을 두드리던' 내가 어느덧 '하나님나라와 의를 위한 문을 두드리는' 사람이 된다는 뜻이다. 두드리는 문이 달라진다. 내 소원의 내용이 달라진다는 말이다.

물론 결혼은 매우 중요하다. 중요한 만큼 기도가 절실하다. 기도하다 보면 자연스레 내 기질과 취향이 투영된 바람이 포함될 수 있다. 그럼에도 배우자 기도의 결론은 오직 주님께 '순종'이어야 한다. 내 자아의 욕구와 취향, 기질을 깎고 깎아 거룩하신 하나님의 뜻에 겸허히 순종하는 것이다.

혹여 타성에 젖은 강퍅한 마음 탓에 하나님의 선물을 못 알아보거나 하나님의 섭리보다 내 취향과 기질을 우선으로 삼는 '하나님과의 불건전한 충돌'이 일어나지 않도록 모난 성품을 내려놓아야 한다. 그래서 올바른 배우자 기도는 하나님께서 날 위해 예비해두신 배우자를 알아볼 수 있도록 내 영성의 센서를 거룩하게 관리하는 것이다.

이런 의미로 배우자 기도의 본질은 '자기 부인'이다. 내 소원이 아닌 예수님의 소원을 이뤄달라는 기도이자 자신이 예수님의 소원을 알아보고 받아들일 만한 영성을 소유하길 바라는 간절한 문 두드림이다. 결혼하는 이유와 목적도 마찬가지다. 오직 주께서 영광 받으시길 바라는 내 자아의 완전한 양도(讓渡)가 크리스천의 본분이기 때문이다.

존 파이퍼(John Piper) 목사님의 《결혼 신학》의 핵심은 첫째, 결혼은 하나님이 하시는 일이며 둘째, 결혼은 궁극적으로 하나님을 드러내는 일이라는 것이다. 그러니 하나님을 신뢰하는 마음으로 '배우자 기도'보다 '예수님 기도'에 힘쓰자. 결혼은 자기만족적 행복보다 하나님나라와 의가 내 삶에 이루어지는 게 우선되어야 하기 때문이다.

결혼생활이 거룩한 하나님의 역사하심에 충실한 매개가 된다면 그야말로 우리가 누릴 수 있는 가장 황홀하고 행복한 삶일 것이다. 그러니 청년들이여, 우리들의 원츠(wants)와 니즈(needs)를 내려놓고 하나님 아버지의 원츠와 니즈를 위해 기도하자. 애인과 아내(남편)보다 예수님을 더 사랑할 수 있도록 기도하자. 그러면 미처 생각지 못했던 감사와 화평 가득한 결혼생활을 누릴 것이다. 배우자 기도 한 번도 안 해본 유부남의 간증이다.

사자에게 물어봐 교회의 어느 집사님은 본인이 원하는 배우자상을 자세하게 목록화해서 기도했는데 하나님께서 목록 그대로인 남편을 주셨대요. 배우자 기도의 완벽한 응답이었다고 해요. 제게도 구체적인 배우자 요구사항을 적어서 기도하라고 하시는데 좀 혼란스러워요.

사자 톡 집사님의 기도 리스트를 면밀히 살펴보세요. 요구사항의 방향이 '나'를 향해 있는지 아니면 '예수님의 영광'을 향해 있는지요. 만약 기도 내용이 예비 배우자의 환경과 갖가지 외형, 내면의 조건에 중점이 맞춰져 있다면 그 중심은 '나'를 사랑하는 마음일 수 있어요. 그 분은 자신의 기도가 완벽히 이루어졌다고 생각하는데 만약 남편은 그렇지 않다면요? 이는 성숙한 신앙적 사고방식이 아닙니다.
기도 내용을 이렇게 바꿔보면 어떨까요. '함께 가정예배를 드리는 가정을 만들어갈 수 있도록 지혜와 믿음을 주세요.' '그의 마음 중심에 예수님을 사랑하는 마음이 일순위 되게 하시고, 그 과정에서 제가 하나님께서 기뻐하시는 매개로 사용되기 원합니다. 제가 그런 남자(여자)를 알아볼 수 있도록 거룩한 분별력을 허락해주세요.' '우리 가정뿐 아니라 양가가 예수님 믿고 구원받게 해주시고, 하나님나라와 의를 위한 사역에 물심양면으로 쓰임 받는 믿음의 가문이 되게 해주세요.' '이 모든 것이 이뤄지지 않더라도 하나님을 신뢰하는 마음을 더욱 강건하게 하시고, 내 소원과 바람보다 하나님의 소원과 바람이 내 삶을 통해 이뤄지게 해주세요.'
이런 멋진 배우자 기도를 할 수 있기를 응원합니다!

## 2 크리스천은 '되도록' 크리스천과 연애 · 결혼해야 하나요

#남의 떡이 커 보인다 #인격이 미성숙해도 #진정한 젠틀과 매너

어느 교회에서 연애와 결혼 관련 강연을 하며, 20-30대 여성 청년들에게 이런 질문을 받았다.

"A는 교회는 다니는데 인격이 별로고, B는 교회는 안 다니는데 매너가 아주 좋다면 어떻게 해야 하나요?"

"전에 전도사나 교회 리더를 만나봤는데 일반 남자들보다 더하면 더했지 덜하지 않았어요. 헤어지자고 하니 자해를 하고, 데이트 폭력을 일삼고, 스킨십도 거침이 없었어요. 교회에서 보이는 공적인 모습과 연애 때 제게 보이는 모습이 너무 차이가 많았어요. 오히려 세상 남자들이 더 젠틀하고 매너가 좋은 것 같아요. 그래도 크리스천만 만나야 하나요?"

이 질문을 본인 문제라고 생각하고 머리가 아닌 가슴으로 대답해보자. 대개 여자는 쉽게 대답을 못 하고 머뭇거리고, 남자는 "그래도 크리스천과 연애해야 한다"라고 답할 것이다. 아이러니하게도 저렇게 당당하게 말로만 외치는 남자들에게 여자들이 상처를 받는다.

물론 '성급한 일반화의 오류'(fallacy of hasty generalization)는 조심해야 한다. 첫째, 남자든 여자든, 크리스천이든 넌크리스천이든 인간은 거기서 거기다. 성별이나 종교 때문에 한 사람의 인격, 더 나아가 한 집단의 수준을 단면적으로 판단하는 건 성숙한 태도가 아니다. 둘째, 통계적으로 크리스천 남자보다 넌크리스천 남자가 훨씬 많다. 즉 폭력성을 표출하거나 인격이 미성숙한 남자가 '유독' 크리스천 중에 몰려있다고 주장하려면 이를 뒷받침할 최소한의 입증 사례를 갖춰야 한다. 셋째, '가용성 편향'(availability heuristic)과 '확증 편향'(confirmation bias)이다. 쉽게 말해, 사람은 자기 편한 대로 생각하고 점점 그 편견을 강화한다.

어릴 적부터 교회생활을 한 사람은 자연스럽게 종교인과 접촉빈도가 높아 상대의 사적인 정보 또한 많아진다. 여기서 첫째 이유를 기억하자. 인간은 알고 경험할수록 실망한다. 크리스천과의 연애에서 부정적인 경험이 쌓여 어떤 인상이 고착되면 당연히 남의 떡이 더 커 보인다. 그러나 복음 없는 젠틀과 매너는 반드시 부작용이 존재한다는 사실을 잊지 말자. 사람은 악하다.

내가 그들의 난해한 질문에 어떻게 답했을까? 감히 말하면 '예수 믿는 나쁜 놈이 예수 안 믿는 나쁜 놈보다 낫다'가 내 생각이다. 사람은 보혈의 능력으로만 변한다. 예수님의 능력 없이는 사람의 근본 속성이 변하지 않는다. 예수님과 3년이나 동고동락한 제자들도 겟세마네 동산에서 그들의 근본 속성대로 모두 도망가지 않았던가.

그런데 그들이 부활하신 예수님을 만나자 전혀 다른 사람이 됐다. 예수님을 믿는 믿음이 있고 없고의 차이는 천국 여권이 있고 없고의 차이다. 유대인의 지혜가 담긴 《탈무드》에 "가난해도 부자의 줄에 서라"라는 말이 있다고 한다. 비록 가난해도 부자의 줄에 서면 부자들의 습관과 생각과 말을 배우기 때문이다.

마찬가지다. 아무리 인격이 미성숙해도 교회에 붙어있는 사람과 그렇지 않은 사람은 완전히 다르다. 예배와 각종 교회 프로그램과 교회 문화는 우리가 인지하지 못하는 잠재의식 속에 예수님의 말씀과 사고방식을 차곡차곡 쌓는 전인교육의 장이다. 이런 의미에서 진정한 젠틀과 매너는 교회에서만 발현되는 거룩의 여파가 아닐까.

오히려 우리가 먼저 생각해야 하는 건 '과연 내가 견딜 수 있는가'이다. 젠틀과 매너로 '무장한' 비복음적이고 반복음적인 세계관에 동화되지 않을 자신이 있는가? 어떤 상황에서도 애인보다 예수님을 더 사랑하여 항상 그분을 먼저 선택할 수 있는 믿음이 있는가?

아직 감이 안 오는 독자들을 위해 더 구체적인 예를 들겠다. 그 멋진 오빠와 연애 기간 중에 해외여행 가지 않을 자신이 있는가? 모텔에 들어가지 않을 자신이 있는가? 주일 예배에 한 번도 안 빠질 자신이 있는가? 남자의 경우는 '젠틀'과 '매너'를 여자의 '얼굴'과 '몸매'로 바꿔 생각하면 된다. 만약 당신이 위 항목에 자신 있다고 생각한다면 축하한다! 그걸 기독교 용어로 '교만'이라고 한다! 자각은 언제나 감사한 일이다.

# 성화와 영접 # 신자와 비신자의 간극 # 생명과 죽음의 문제

물론 수많은 크리스천의 연애와 결혼에 관한 상담 메일을 받는 내 입장에서 (몇몇) 크리스천들의 명백히 잘못된 연애와 결혼생활에 왜 할 말이 없겠는가. 그런 메일을 읽다 보면 내 귀까지 빨개진다. 당장 카메라를 켜고 영상을 찍어 직설적이고 적나라하게 사연 속 가해자들의 죄악을 논파하고 싶다.

그러나 매우 잘못된 걸 뜯어고치는 것과 아예 완전히 허물고 다시 세우는 건 별개다. 전자가 크리스천의 '성화'라면 후자는 넌크리스천의 '영접'이다. 게다가 예수님을 영접하는 일은 인간의 노력으로 되는 영역도 아니다. 우리가 생각하는 것보다 신자와 비신자 간의 간극은 정말 넓고 깊다. 이는 단순히 내 기호와 판단 때문에 선택의 경로를 바꿀 문제가 아니다.

아무리 부족해도 크리스천 줄에 서는 것이 옳다. 복음의 논리에 의하면 '생명과 죽음의 차이'이기 때문이다. 연애와 결혼도 하나님의 영광을 위해 내 자아를 양도해야 한다. 억지로 연애하고 결혼하라는 건 아니다. 삶의 모든 영역에서 하나님의 주권을 인정하라는 말이다.

다만 사도 바울의 말처럼 이건 권면이지 명령이 아니다(고전 7:6). 그러나 최고 수준의 권면이니 되도록, 되도록, 되도록 크리스천과 연애하고 결혼하자. 젠틀하고 매너 좋고, 예쁘고 몸매도 좋은데 인격적인 대화는 '하나도' 안 되는 데서 오는 영혼의 갈증을 굳이 몸소 겪으며 살 필요는 없지 않은가. 별 게 지혜가 아니다.

만약 당신이 넌크리스천과 연애하는 크리스천이라면 남녀 할 것 없이 영혼에 손을 얹고 다음을 생각해보자.

- 나는 연애 이전보다 더 성령충만한가?
- 애인이 내게 작은 예수님인가, 내가 애인의 작은 예수님인가?
- 연애하는 동안 애인과 관계보다 예수님과 일대일 관계가 더욱 깊어지고 친밀해졌는가?
- 교회 나가겠다던 애인이 교회에 나오는가 아니면 본인이 교회에서 나왔는가?
- 거룩의 열매가 맺혔나, 음란의 열매가 맺혔나?

위와 같은 질문 앞에서 마음의 부담이 점점 희석되는가 아니면 점점 짙어지는가? 내게 상처를 준 그때 그 사람은 생각할 필요 없다. 자기 자신만 바라보라. 되물어보자. 복음에 비추어 봤을 때 지금 나는 예수 믿는 정금인가, 바람에 휩쓸리는 먼지인가?

제발 되도록, 되도록, 되도록 크리스천과 연애하고 결혼하자.

사자에게 물어봐 넌크리스천 남자친구와 결혼 준비 중인 30대 초반 여성입니다. 꼭 크리스천하고만 결혼해야 한다면 저는 예비 신랑과 헤어져야 하나요?

사자 톡 저도 묻고 싶어요. "만약 헤어져야 한다고 답한다면 헤어질 건가요, 헤어질 수 있나요?" 이 문제의 본질은 정답을 아는 게 아니라 '정답을 알면 실행할 수 있는가'입니다. 저는 아직 결혼식을 하지 않았다면 매우 진중히 재고해보라는 쪽입니다. 만약 제 누나나 동생이라면 결혼식 전날까지 설득할 것 같아요.
이런 중차대한 문제는 본인과 하나님의 씨름에서 응답을 얻는 게 옳다고 생각합니다. 내 인생의 세세한 내러티브를 아시는 분, 나를 언제나 가장 선한 길로 인도하시는 분은 '자신의 하나님'이니까요. 하나님의 음성을 어떻게 듣는지 알고 싶다면 2부의 "하나님의 뜻 vs 내 뜻, 어떻게 분별하나요"를 읽어보세요.

## 3 교회 안에 남자가 진짜 없어요

#남녀 성비 불균형 #목사님 #복음적 대안을 주세요

이 챕터는 조금 예민하다. 그래서 논지를 전개하기 전에 먼저 오해를 없애기 위한 최소한의 말씀 가이드라인을 세우기 위해 사도 바울이 고린도교회 성도들에게 쓴 편지 내용을 발췌한다.

이것은 주님의 말씀이 아니라 내 말입니다. 믿는 남자에게 믿지 않는 아내가 있을 경우 그녀가 남편과 함께 살려고 하거든 그녀를 버리지 마십시오. 또 믿는 여자에게 믿지 않는 남편이 있을 경우 그가 아내와 함께 살려고 하거든 그를 버리지 마십시오. 믿지 않는 남편이 아내를 통해 거룩하게 되고 믿지 않는 아내가 믿는 남편을 통해 거룩하게 됩니다. 그렇지 않으면 여러분의 자녀들도 깨끗지 못할 것이지만 이제는 거룩합니다.

만일 믿지 않는 쪽에서 떠나고 싶어 하거든 떠나게 하십시오. 남자든 여자든 믿는 사람은 그런 일에 얽매일 필요가 없습니다. 그러나 하나님은 평화롭게 살라고 우리를 부르셨습니다. 믿는 아내가 믿지 않는 남편을 구원하고 믿는 남편이 믿지 않는 아내를 구원하게 될지 어떻게 알겠습니까? 다만 각 사람은 주님께서 나누어주신 은혜와 하나님께서 부르신 그대로 생활하십시오. 나는 어느 교회에서나 이렇게 가르치고 있습니다. 고전 7:12-17

내 의견도 이와 같다. 그러나 여기에 언급되지 않은 부분이 있다. 교회 내 남녀 성비 균형이 맞지 않을 경우는 어떻게 해야 하는가에 대한 구체적인 가이드라인이 없다. 되도록 크리스천과 연애하고 결혼하겠다는데 정작 실현이 불가한 현실에 당면한 셈이다.

서울과 수도권은 그나마 사정이 좀 낫다. 인구밀집도가 높아서 이러저러한 만남의 기회와 여건이 더 많이 열려있기 때문이다. 문제는 지방이다. 실제로 지방에서 신앙생활을 하는 30대 크리스천 여성들의 고민을 많이 접한다. 교회에 남자가 '진짜' 없다고 한다. 그나마 지역 내 큰 교회로 옮기는 것도 현실적으로 여의치 않고 오프라인 크리스천 모임도 지역 기반 인프라가 매우 빈약하다고 한다.

우선 그런 모임을 찾기도 쉽지 않을 뿐더러, 참여 인원이 저조하거나 그 안에서도 성비의 불균형이 심해서 전문적인 단체가 주관하는 경우가 아니고서야 모임이 꾸준히 활성화되기 힘들다고 한다. 그래서 진지하게 결혼을 위해 서울로 이사해야 하나 고민하는 경우도 꽤 있다고 한다. 다행히 요즘은 크리스천 간의 만남을 주선하는 앱이 있다. 실제로 이를 통해 결혼해서 행복한 가정을 꾸린 사람들도 많다. 반대로 몇 번 경험하니 도저히 신뢰하지 못하겠다는 사람도 있다. 어쩔 수 없는 양날의 검 아닐까. 그래도 기술의 발전으로 자신이 처한 물리적 한계를 보완할 크리스천 온라인 서비스가 나온 건 좋다고 본다. 그럼에도 남녀 성비 문제의 본질적 해결은 미미하다.

2015년 통계청 인구조사에 따르면 개신교 20-30대 청년 성비는 여자 100명당 남자 83.6명이라고 한다. 여자 청년 열 명 중 약 두 명은 짝이 없는 셈이다. 교회 남자 청년 수는 109만 9,347명으로 10년 전에 비해 15.5퍼센트가량 줄었다(여자는 약 5퍼센트 감소). 그러나 이 통계를 그대로 받아들이면 안 된다.

세 가지 맹점이 있다.

첫째, 이 통계는 무려 5년 전 조사 결과다. 현재 국내외의 반기독교적인 메가트렌드를 고려한다면 해마다 교회를 떠나는 남녀 수가 현저히 늘어날 수 있다. 성비의 격차도 더욱 벌어질 것이다.

둘째, 지역별 교회의 청년 성비를 반영하지 못했다. 당신이 다니는 교회의 청년 성비는 어떤가? 아니, 청년이 있기는 한가? 수도권 중대형교회는 그나마 사정이 낫다고 해도 중장년 1,000명에 청년부는 30명도 채 안 되는 교회가 수두룩하다. 미자립교회나 비교적 규모가 작은 교회는 청년이 아예 없거나 있어도 다섯 명이 넘지 않는 경우가 대부분이다.

셋째, 교회에 남자 청년이 있다는 말이 꼭 그와 결혼해야 할 의무가 있다는 뜻은 아니다. 전국의 수많은 목사님부터 생각해보자. 자신이 담임목회를 하는 교회의 남자 청년과 자기 딸을 결혼시켜야 한다고 생각하는 분들이 얼마나 있겠는가. 설령 있다고 한들 자식들이 부모의 말을 듣겠는가. 연애결혼을 당연하게 생각하는 요즘 청년들에게는 매우 부자연스럽고 이상한 일일 것이다.

나는 '교회 밖 필드'(현장)에서 일하는 사람이다 보니 이 문제의 심각성을 더욱 체감한다. 크리스천 청년들 특히 여자 청년들에게 어떻게 하면 실질적인 복음 솔루션을 줄 수 있을까를 정말 많이 고민한다. 이 문제는 청년들을 대상으로 하는 포럼이나 강연회, 고민 상담에서 거의 빠지지 않고 나온다.

한번은 교회 강연에서 넌크리스천과의 결혼에 대한 현실적인 여러 고민과 그에 따른 대안을 말한 적이 있다. (내 예상대로) 강연이 끝난 뒤, 담당 교역자가 그 부분에 대한 신학적 문제 제기를 했다. 물론 맞는 이야기였다. 결혼이 의미하는 신학적, 신앙적인 신비와 섭리는 매우 중요하다. 아마 이와 비슷한 견해를 가진 건강하고 훌륭한 목사님이 대다수이지 않을까.

나는 "그럼 (목사님 교회를 다니는) 여자 청년들은 어떻게 해야 합니까?"라고 묻고 싶다. 심한 경우 교회 내 여자와 남자 비율이 8대 2, 9대 1인 곳도 많은데, 자신의 짝을 찾지 못한 '독신의 은사는 없다고 유추되는 대부분의 여자 청년들'은 어떻게 해야 하느냐고, 목사님이 이 문제에 대해 실생활에서 안전하게 적용할 수 있는 신학적 가이드라인과 구체적인 방법론을 제시해달라고 말이다. 반항이 아니다. 간절한 바람이다.

아닌 건 아니라고 하면서도 복음적 대안을 내놓지 못하는 상황이 지속되면 밀레니얼 세대와 Z세대들의 교회 이탈은 더욱 가속화될 것이다. 지금도 교회에서 예배만 (얼른) 드리고 자신의 진짜 고민은 교회 밖 넌크리스천 전문가들에게 상담하는 청년들이 대부분이다.

요즘은 유튜브나 인스타그램과 같은 SNS에서 활동하는 크리스천 인플루언서에게 교회 목사님과 전도사님에게 말 못 하는 고민을 토로하기도 한다. 그나마 다행일 수도 있다. 물론 평신도도 귀한 쓰임을 받는다. 하지만 거시적으로 볼 때 그리 건강한 현상은 아니라고 생각한다.

미국 기혼자 중 3분의 1가량이 학교, 아르바이트 장소, 직장, 동네 등에서 배우자를 만났다고 한다. 즉 생활 반경에서 반복적으로 노출되는 사람과 결혼했다는 의미다. 한국도 얼추 비슷한 비율이지 않을까. 많은 사람이 학교 동창이나 동호회, 직장, 종교 활동에서 마주치는 사람과 결혼한다.

복음적으로 생각하면 하나님께서 예비하신 배우자는 내 생활 반경 안에서 자연스럽게 마주치는 사람일 수 있다는 이야기이기도 하다. 그런데 만약 그 사람이 넌크리스천이라면? (이론적으론) '되도록' 크리스천과 결혼해야 하니 '웬만하면' 모두 헤어져야 한다. 물론 명령이 아닌 권면이다.

그러나 현실은 어떤가. 심지어 많은 목회자 자녀, 중직자 자녀도 넌크리스천과 연애하고 결혼한다. 이 현실은 어떻게 설명할까. 물론 자식 농사는 부모 마음대로 되지 않는다. 하지만 남의 자식은 이론대로 살라며 칼 같은 잣대를 들이대고 정죄하면서 정작 내 가족, 내 자녀에게는 전혀 다른 잣대로 예외사항을 두고 두둔한다면 많은 청년이 그걸 어떻게 받아들일 수 있겠는가. 청년들의 성령충만에 누수(漏水)가 발생하지 않을까. 감히 부모 세대를 정죄하려는 게 아니다. 어른들이 자기 자식 지도하는 마음으로 연구하고 알려주라는 거다.

김난도 교수가 이끄는 '서울대 소비트렌드분석센터'에서 해마다 출간하는 《트렌드 코리아》 시리즈는 매년 한국인의 소비 트렌드를 분석해 다음 해 한국 10대 트렌드를 선정한다. 사실 '트렌드'는 본질상 반기독교적이다. 그럼에도 미래예측서는 시류와 트렌드를 분석하는 데 유의미한 인사이트를 준다. 2020년 10대 트렌드 중 과반 이상이 '2030 밀레니얼 세대'와 연관된 것이 흥미롭다.

쉽게 말해 기업이든 공공 기관이든 미래 경영의 방향 자체가 근본적으로 변하고 있다는 의미이다. 글로벌 시민 기류가 '2030 밀레니얼 감성'이라는 이름으로 급격히 바뀌고 있다. 그러면 감히 변하지 않는 복음, 하나님의 말씀을 2030세대의 원츠와 니즈대로 바꾸라는 말인가? 절대 아니다. 다만 변하지 않는 복음을 전달하는 매개는 바뀌어야 한다. 우리에겐 이 누수를 잡기 위한 새로운 '설명력'이 필요하다.

사자에게 물어봐 저는 지방에 사는 30대 중반 여성입니다. 제가 다니는 교회에는 청년이 저밖에 없어요. 동네 큰 교회에서 결혼 적령기 청년들의 만남을 주선하는 행사를 하기에 가봤는데, 솔직히 그 자리가 정말 별로였습니다. 저는 선을 봐야 할까요, 아니면 주위 사람들에게 소개를 부탁해야 할까요?

사자 톡 우선 하나님께서 내 짝을 예비해두셨다는 믿음이 필요합니다. 조급할수록 안 좋아요. 첫째로 마음에 평강과 평안이 있어야 합니다. 언제나 예배, 말씀, 기도가 먼저입니다.
둘째로 적극적으로 노력해야 합니다. 예비된 배우자가 내 방문을 열고 나타날 리 만무합니다. 퇴근 후와 주말을 활용해 자기계발에 힘써보세요. 운동도 좋고, 컨퍼런스나 각종 세미나에 참석하는 것도 좋습니다. 실제로 얼굴에 없던 활력이 생깁니다.
셋째로 주위에 마땅한 사람이 있으면 소개해달라고 적극적으로 말하세요. 연애결혼이 당연하다고 생각하는 지금의 결혼 풍토는 150년이 채 안 된 것이라고 해요. 사람은 신이 아닌지라 지금 내 상황과 속마음을 말해야 상대도 내 의중을 압니다. 소개 자리가 생기면 우선 만나보세요.
마지막으로 자신을 돌아보세요. 배우자에 대한 기준이 허황하진 않은지, 정말 환경의 제약 때문인지, 주위에 남자가 정말 없는지 아니면 없다고 여기는 건지를 잘 살펴보세요.

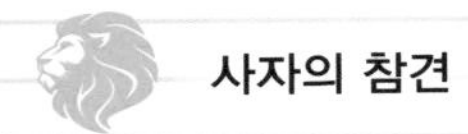

## 사자의 참견

당신의 연애의 열매는 음란인가, 거룩인가?

당신은 하나님께서 기뻐하시는 사랑을 하고 있는가?

연애할수록 예배자의 일상이 무너지는 건

하나님께서 기뻐하시는 연애가 아니다

배우자 기도의 본질은 '자기 부인'이다

애인과 아내(남편)보다

예수님을 더 사랑할 수 있도록 기도하자

# 4 넌크리스천을 사랑하는 게 죄인가요

# 연애를 재고하자 # 세례받음 # 심도 있는 대화

넌크리스천과 사랑에 빠지는 게 정말 죄일까? 직설적으로 말하자면 난 신학을 전공한 사람이 아니기에 어떤 현상에 대해 죄다, 아니다를 판단할 지식이 얕거나 전무(全無)하다. 그러나 주위에서 얼마든지 경험 가능한 실증 사례를 통해 이 문제에 대해 유의미한 유추를 해볼 수는 있다.

한 예로, 평생 남편을 전도하려고 고생한 믿음 좋은 아내가 있었는데, 결국 남편이 암에 걸린 뒤 임종 직전에 하나님을 영접하고 세상을 떠났다는 이야기는 좋은 샘플이 된다. 넌크리스천과 결혼하더라도 그가 죽을 때까지 넌크리스천이리라 단정 짓는 건 무리다. 사도 바울의 말처럼 "믿는 아내가 믿지 않는 남편을 구원하고 믿는 남편이 믿지 않는 아내를 구원하게 될지"(고전 7:16)는 아무도 모르기 때문이다.

넌크리스천 전도는 크리스천의 책무다. 더구나 그 상대가 애인이거나 배우자라면 더욱 그렇다. 하지만 우리가 생각하는 것보다 크리스천과 넌크리스천의 세계관의 차이는 상당하다.

크리스천에게 사랑이란 '오래 참음'부터 시작되는 '인내와 절제, 약속'의 개념이라면 넌크리스천에게는 '섹스, 감정적 쾌락, 애매모호한 자기애'로 귀결된다. 이건 비둘기와 닌텐도만큼이나 다르다. 이토록 세계관이 달라도 행복한 연애와 결혼생활을 할 수 있다고 주장하는 건 자기기만이다. 애초에 시작하지 말아야 한다.

그러나 머리가 컨트롤할 수 있는 게 사랑이라면 인류가 이 지경이 됐겠는가. 이미 내 마음에 불가피한 감정이 시작됐다면 어떻게 해야 할까. 여기서 도움이 될 방법 하나를 소개한다. 연애 시작의 기준을 '상대방의 교회 다님과 세례받음'에 두자.

초반에는 크리스천 여성의 마음을 사기 위해 교회에 몇 번 나오다가 연애를 하고부터 점점 교회에 다니지 않고 본인의 생활 패턴을 고수하는 남자들이 많다. 그래서 단순히 교회를 몇 번 나와보는 것에 그치는 게 아니라 '세례받음'을 기준 삼는 게 보다 구체적인 기준이 될 수 있다. 상대가 동의하지 않는다면 서로를 위해 관계를 정리하는 게 옳다고 본다.

그런데 만약 자신에게 어필하는 남사친(남자사람친구)이 군대에 있을 때 세례를 받았다고 하면 어떻게 할까? 누가 봐도 넌크리스천인데 말이다. 그럴 땐 공식적인 연애를 시작하기 전, 두 사람이 기독교 변증서 두세 권 정도를 선정해 함께 읽자.

만약 상대가 자신은 워낙 책을 안 읽는 '스타일'이라고 주장하면 신앙을 차치하고라도 일단 연애를 재고(再考)하자. "널 위해 뭐든지 할 수 있어"라고 말하면서 책 세 권 안 읽는 건 말이 안 된다. 말과 행동의 격차는 곧 그의 인격을 드러낸다.

책을 읽은 뒤에는 심도 있는 대화를 하자. 교회에 다니자는 설득보다 신이 있다는 논지부터 시작하라는 거다. 그 과정에서 넌크리스천 예비 애인이 "믿어진다. 예수님을 하나님의 아들이자 나의 구원자로 믿는다"라고 하면 교회 예배에 일정 기간 참석하게 한 뒤, 약속된 때에 충분한 논의를 거쳐 정식 연애를 시작하자. 너무 비현실적이고 깐깐하게 들릴지 모르나 사랑을 진지하게 대하면 대할수록 인생의 퀄리티가 높아진다는 점을 상기하길 바란다.

# 오염 # 내 열심 아니라 하나님 은혜 # 결혼하면 어떻게든 '안' 된다

넌크리스천을 사랑하는 게 죄냐고 묻기 이전에, 넌크리스천 이성에게 매력을 느끼는 본인의 영적 센서를 점검해봐야 한다. 결혼에 대한 진지한 마음 없이 단지 연애를 위한 연애를 하는 수준의 인격이라면, 실제 연애의 열매가 거룩과 인내, 절제와 평안이 아닌 음란과 방탕, 욕정과 쾌락이라면 그건 사랑이 아니라 죄다. 무지에서 비롯된 교만의 파생일 뿐이다. "넌크리스천을 사랑하는 게 죄인가요!?"라고 묻는 자신의 세계관이 세속으로 오염됐다는 말이다.

사람마다 이성에게 끌리는 매력 포인트는 각기 다르다. 물론 인간은 크리스천, 넌크리스천 할 것 없이 아름다운(잘생기고 예쁜) 사람에게 끌린다. 더 적나라하게 말하면 성과학적으로 남자는 여자의 얼굴과 몸매에 끌리고, 여자는 남자의 재력과 외모에 끌린다. 이건 생물학적 팩트다. 그러나 어디까지나 우리의 육적 본능이다.

우리에게는 감정도 있지만 이성도 있다. 외형적 아름다움에 끌리는 본능만 주목해서 옳다고 말하거나 그것이 곧 사랑이라고 한다면 이 세상의 모든 바람과 외도를 잘못됐다고 말할 수 없을 것이다. 그들은 단지 더 잘생기고 더 예쁜 사람이 나타나 본능에 충실한 '사랑'을 한 것뿐이니까.

사랑에는 '건강한 울타리'가 있어야 한다. 약속 안에서 의지가 발현되어야 한다. 사랑의 시발도 마찬가지다. 상대에게 이성적 매력을 느끼는 방아쇠가 다분히 육적인 요소에 기인한다면 그는 다분히 육적인 사람일 뿐이다. 우리는 성적인 매력보다 영적인 매력에 끌려야 한다. 그것이 영적인 사람이다.

물론 마음은 영적인 것을 원하나 몸은 육적인 걸 선택하는 죄인 된 모습을 누구나 경험한다. 그래서 은혜가 필요하다. 그렇다고 이 은혜의 패턴을 악용하면 안 된다. 실패하더라도 예수께 끝까지 매달려 다시 일어나야 한다. 작심삼일도 100번 하면 300일이다. 영적인 매력을 묵상하고 실천하자. 경건의 훈련 과정을 통해 우리는 점점 더 영적인 사람으로 변모할 것이다.

"넌크리스천을 사랑하는 게 죄인가요?"라고 묻는 나 자신의 사랑관과 인격 수준을 메타인지적으로 성찰하고 점검해야 한다. 사실 마음으로는 이미 자신이 잘못됐음을 알고 있으면서도 의도적으로 영적인 빨간 신호를 못 본 체하는 건 아닌지 살펴봐야 한다. 직면하고 인정하자. 은혜는 그 지점에서부터 임한다.

현재 넌크리스천과 교제하고 있다면 상대가 세례를 받게 하라. 그를 전도해야 한다. 본인을 위해서도 그렇지만 상대를 위해서 더욱 필요한 일이다(물론 내 열심으로 상대가 구원받는 게 아니라 오직 하나님의 은혜로만 받는다. 다만 그 은혜의 통로 역할에 최선을 다하라는 말이다). 대개 정 아닌 경우는 이 과정에서 대부분 걸러진다. 믿거나 이별하거나. 이것 역시 둘 모두를 위해 좋은 일이다.

'결혼하면 어떻게든 해결되겠지'라는 생각은 교만이다. 연애 때 느꼈던 문제의식이 3이었다면 결혼하면 300이 된다. 연애 때는 어느 정도 상대를 속일 수 있어도 결혼은 현실이다. 본래 자기 인격의 색채와 수준이 그대로 드러난다. 말이 안 통했던 건 더 말이 안 통할 거고, 서운했던 건 더 서운할 거다. 그게 평생 쌓일 거다. 그럼에도 결혼을 생각한다면 그 뒤에 본인이 감당해야 할 대가를 잘 감당했으면 한다. 자신이 선택해놓고 하나님께 삿대질은 하지 말자.

어릴 적 교회 다녔던 남자, 알고 보니 군대에서 예수님을 주로 시인하고 세례받은 남자, 원래 모태신앙인데 지금은 교회를 떠난 남자, 교회는 다니지 않으나 교회에 가볼 생각이 있는 남자는 매우 많다. 그들을 실제로 교회 안으로 이끌 수 있는 건 크리스천들의 생활 속 진짜 성령충만이다. 그게 복음의 설득력이자 부흥의 시작이다.

사자에게 물어 봐 사실 저도 책을 잘 읽지 않아서 어떤 책부터 읽어야 할지 모르겠어요. 연인과 같이 읽으면 좋은 책을 추천해주세요.

사자 톡 우선 연애와 결혼에 대해 공부하려면 존 파이퍼의 《존 파이퍼가 결혼을 앞둔 당신에게》, 《결혼 신학》, 팀 켈러(Timothy J. Keller)의 《팀 켈러, 결혼을 말하다》를 추천합니다.

기독교 변증에 관해서는 정성욱의 《티타임에 나누는 기독교 변증》, C. S. 루이스의 《순전한 기독교》, 《고통의 문제》, 알리스터 맥그래스(Alister McGrath)의 《알리스터 맥그래스의 믿음을 찾아서》, 《알리스터 맥그래스의 기독교 변증》, 팀 켈러의 《팀 켈러, 하나님을 말하다》, 《팀 켈러, 고통에 답하다》 등이 있어요.

기독교 변증에 이해가 깊지 않은 상태라면 책 내용이 조금 어렵게 느껴질 수도 있지만, 쉽게 이해되지 않는 부분은 자연스럽게 넘어가고 가볍게 책을 한 권 다 읽어본다는 마음으로 읽길 추천합니다. 다만 기독교 변증가 중에는 창세기의 '6일 창조'를 믿지 않고 '유신진화론'을 믿는 이들이 더러 있으니 주의하세요.

## 5 도대체 괜찮은 남자는 어디에 있나요

#원석과 보석 #남자는 어떻게 괜찮은 남자가 되나 #내 눈 점검

어느 30대 여성은 괜찮은 남자를 만나기 위해 동호회까지 가입했다고 한다. 자전거 동호회에 돈 많은 남자가 많다며 말이다. 틀린 말은 아닌 듯하다. 고가의 티타늄 자전거는 가격이 1천만 원을 훌쩍 넘으니 말이다. 그래서 그녀는 주말 아침잠을 포기한 채 차가운 강원도 공기를 가르며 자전거 페달을 열심히 밟았다고 한다. 물론 짝은 못 찾았다.

괜찮은 남자의 기준이 뭘까. 전형적인 중산층의 무난한 가정환경에서 자라 학사는 인서울, 석사는 미국에서 취득하고, 연봉은 4-5천 이상 전문직 종사자에, 소박하게(?) 중형 외제차를 타고 다니며, 뱃살은커녕 취미가 운동인 직각 어깨의 건치남. 게다가 모태신앙에 감미로운 노래 실력까지 더한다면 금상첨화다.

그러나 이런 남자를 기적적으로 발견했다 한들 그들은 이미 임자 있는 몸일 경우가 허다하다. 그럼 우린 대체 어디로 가야 할까. 강남 영어토론 동호회? 요즘 핫하다는 독서 모임? 아니면 SUV 넓은 트렁크에 캠핑 장비 잔뜩 싣고 다니는 캠핑 동호회? 골프 동호회? 테니스 동호회? 강남 부촌 대형교회 청년부? 실제로 새 인연을 만나기 위해 대형교회 청년부에 등록하는 청년들이 꽤 많다.

그나마 다른 데 안 가고 교회로 오는 걸 다행이라고 해야 할지, 그런 마음으로 교회를 옮기거나 등록하는 건 아니라고 한탄해야 할지 참 난감하다.

20대 초중반 청년들은 이게 무슨 말이냐 싶을 수 있겠다. 캠퍼스에서는 가만히 있어도 해마다 '알아서' 신입생들이 착착 들어오니 말이다. 게다가 교양과목 조별모임, 대학교 연합행사, 정부나 기업 지원 프로젝트 등 조금만 관심을 가져도 새로운 사람을 만날 기회가 많다. 그러나 졸업하는 순간 당연히 누렸던 구조적 이점이 단번에 사라진다(물론 취업 준비를 위한 어학원, 학원 소그룹 스터디 같은 커뮤니티도 있다. 그러나 모임 목적이 갖는 특수성이 있다 보니 여기서는 논외로 하자).

당신이 직장생활을 시작하는 순간, 간단한 은행 업무를 보거나 병원에서 위장약 한 번 받아오려고 해도 점심시간에 밥도 제대로 못 챙겨 먹은 채 부랴부랴 도심을 헤매게 된다. 하루 내내 소진된 영육의 체력으로 퇴근 후, 새로운 모임에 참석하거나 다른 사람을 만나는 것 자체가 고되다.

요즘은 '워라밸'(Work-Life Balance) 시대이니 퇴근 후에 얼마든지 자신의 생활을 누릴 수 있다지만 벌써부터 '워라하'(Work-Life Harmony)라는 새로운 개념이 고개를 들고 있는 것도 주목해야 한다. 완벽히 일과 사생활이 분리될 수 없다는 거다. 그래서 여러모로 '그놈'을 만나기 위해 주말 아침잠까지 포기하고 강원도 바람을 맞으며 자전거 페달을 밟은 그녀가 대단하다고 여겨진다.

본론으로 들어가자. 반전은 이제부터다. "괜찮은 남자는 어디에 있나요"가 아니라, "남자는 어떻게 괜찮은 남자가 되는가"가 올바른 질문이다. 남자가 원석이라면 괜찮은 남자는 보석이다. 우리가 소위 괜찮다고 말하는 남자는 어떤 외부적인 요소에 의해 변화된 또는 꾸준히 변화되고 있는 남자일 가능성이 크다.

그럼 괜찮다는 기준은 뭘까. 물론 외형적인 윤택함이나 풍요로움도 중요 요소다. 가난을 원하는 사람은 없으니까. "믿는 사람이 무슨 그런 세속적인 기준을 따지느냐?"라고 물을 수도 있다. 하지만 난 이것도 거짓말이라고 본다. 남 일에는 엄격해도 내 딸 예비 신랑은 '기왕이면 다홍치마'를 원한다. 딸이 남자친구를 사귄다고 하면 본능적으로 "뭐 하는 사람이야?"부터 묻는다.

신랑 될 사람이 고소득 연봉자이거나 사회지도계층이라 불릴 만큼 덕망 높은 직업군에 있기를 얼마나 원하는가. 동시에 남의 예비 신랑이 그런 사람이라고 하면 얼마나 시기 질투가 올라오는가. 그건 모두 우리가 생각하는 괜찮은 남자상에 외적인 윤택함과 풍족함을 인정하고 있다는 강한 반증이다. 그러나 이게 끝이 아니다. 여자들이 생각하는 괜찮은 남자의 요건은 인격적 성숙도를 의미한다.

'언제라도 내 편을 들어주는 남자', '무슨 일을 결정할 때 항상 나를 존중하고 상의하는 남자', '바쁘더라도 나와 보내는 시간을 중요하게 여기는 남자', '우리 부모님께 친절하게 대하는 남자', '존경할 수 있는 남자' 등 말이다.

괜히 연애 좀 해보고, 인생 쓴맛 단맛 다 맛본 누님들이 가정적인 남자를 원하는 게 아니다. 자신의 아내를 인격적으로 대하고, 아내에게 잘못하면 진심으로 사과할 줄 알며, 자신의 생각보다 예수님의 가르침을 먼저 행하려 애쓰는 남자가 보석이다. 한마디로 (예수님 앞에) 겸손한 남자다. 여자들이 원하는 배우자의 인격적인 요소가 저 '겸손' 이라는 말에 모두 녹아있다. 복음밖에 없다는 말이기도 하다.

그럼 남자는 어떻게 겸손한 남자가 될까? 복음이다. 사람의 인격을 부작용 없이 다듬는 매개는 복음밖에 없다. 내 인격의 잘못된 고집과 아집을 말씀으로 깎아내야 한다. 바로 그 인격의 모남을 다듬을 수 있는 대표적인 매개가 성인이 되기 전에는 가정, 그리고 성인이 된 이후에는 여자친구 또는 아내다.

어른들 표현으로 "남자는 여자 하기 나름"이라는 말이 여기에 적용된다. 남자가 원석이라면 그것을 빛나는 보석이 되게끔 다듬어주는 역할은 일정량 여자의 몫이다. 어떤 면에서 ('괜찮은 남자'가 되기 위한) 그 모든 책임을 '만들어줘야 하는 여자'에게 지우는 것처럼 보일 수도 있으나, 이는 성 평등에 반하는 관점이 아니라 오히려 여자가 갖는 위대함을 역설하는 것이다. 보석 같은 남자를 '부산에 당도한 남자'라고 가정해보자. 많은 여자들이 짐을 챙겨 차를 타고 가서 남자를 찾는데 창원, 마산, 김해, 양산 등 부산 언저리에서만 찾는다. 그러니 "도대체 괜찮은 (솔로) 남자가 어디에 있나요?"라는 질문이 나오는 것이다. 핵심은 부산에 당도한 남자가 아니라, 부산을 향해있는 남자다. 방향이 중요하다.

그 남자가 '예수 그리스도를 닮아가는 성화'라는 제대로 된 방향으로 서있다면 부산으로 걸어가든, 자동차를 타고 가든, 비행기를 타든 상관없다. 그건 비본질적 문제다. 눈을 낮추라는 말이 아니다. 제대로 된 눈을 가지라는 말이다.

남자가 근육을 자랑하고 싶어서 민소매 옷을 입고 거리를 돌아다니는 이유는 사람들이 그걸 부담스러워하는 걸 정말 몰라서 그렇다. 만날 부르튼 얼굴로 돌아다니는 남자는 피부관리에 대한 개념이 없어서 그렇고, 너무 촌스러운 옷만 입고 다니는 남자는 패션에 대한 개념이 없어서 그렇다. 그러나 외적인 요소는 비교적 쉽고 빠르게 다듬어진다. 반면에 내면의 변화는 처절한 희생이 필요하다. 그건 단번에 되는 게 아니다. 조건 좋은 남자와 결혼한 여자들이 얼마 못 가 이혼을 하는 주된 이유가 무엇이라 생각하는가. 결혼 당시에는 '괜찮은 남자'라고 확신을 했을 텐데 말이다. 우리는 그 확신을 점검해야 한다.

사랑은 오래 참음이다. 내가 남자를 보는 눈으로 예수님이 나를 채점하신다면 과연 나는 순결한 신부 자격을 얻을 수 있을지 생각해보자. 원석을 알아보는 지혜로운 자가 되기를 응원한다.

사자에게 물어 봐 교회 오빠들 중에는 믿음이 좋은 오빠도 많지만 간혹 진짜 간사하고 나쁜 오빠도 있어요. 좋은 오빠와 겉과 속이 다른 오빠를 어떻게 구별할까요?

사자 톡 그 사람의 진짜 됨됨이는 실천을 보면 압니다. 우리는 그가 눈물로 찬양하고 기도하는 모습을 보고 섣불리 인격의 됨됨이를 유추하고 단정 짓지요. 그러나 평소 하는 말보다 행동, 즉 그의 실제 선택을 보면 됩니다.

특히 그가 '결국' 어떤 이성을 좋아하고 선택하느냐가 중요한 분별 기준이 될 수 있지요. 청년의 때에 마음이 원하는 걸 선택하는 가장 결정적인 요인 중 하나가 이성 문제거든요.

애인이 너무 자주 바뀌거나, 누가 봐도 세속적인 이성을 선택하며 두둔하거나, 나눔과 교제라는 이름으로 옳지 않은 뉘앙스에서 '작업'을 하고 있다면 그는 거룩과 먼 사람입니다. 한 사람의 됨됨이를 판단할 때는 되도록 긴 호흡으로 천천히 여러 상황을 보는 게 좋아요.

사자에게 물어 봐 제가 수개월 동안 짝사랑하는 교회 자매가 있습니다. 설교를 들을 때도, 기도할 때도 그 자매가 생각납니다. 어떻게 해야 할까요?

사자 톡 저는 결혼할 마음으로 연애하는 것을 주창합니다. 그래서 결혼을 할 만한 정서적, 환경적, 신앙적 준비가 되지 않은 비교적 어린 나이에 연애하는 걸 추천하지 않습니다. 지금은 뇌과학적으로, 감정적으로 쏠려있는 상태라서 쉽게 납득할 수 없겠지요. 그래도 하나님께서 차분한 마음을 주시길 바라며 독서나 스포츠와 같은 건강한 취미생활을 하면 좋을 것 같습니다.
만약 결혼을 전제한 짝사랑이라면 진지하게 마음을 표현하길 추천합니다. 편지도 좋고, 용기를 내서 식사나 커피 타임을 요청하고 이야기할 수도 있겠지요. 자칫 여자분이 부담스러워하거나 급작스러워할 수 있으니 최대한 자연스럽고 담백하게 마음을 전해보세요.
결과가 좋으면 감사한 일이고, 만약 결과가 좋지 않더라도 그 고통의 시기를 통해 '내가 감정에 이렇게 휘둘리는 나약한 존재구나' 하는 귀한 깨달음을 얻는다면, 이 역시 좋은 일인 것 같습니다.

## 6 이 남자(여자)가 내 남자(여자)인지 어떻게 확신하나요

# 이 사람이 아니면 어떡하지 # 분별 필터 # 확신보다 확률

크리스천 결혼관은 '내 짝은 한 명'이라는 믿음, 즉 '이 사람은 창세 전부터 하나님께서 나를 위해 예비하신 배우자'라는 개념과 믿음이다. 요즘 사회에 이혼과 비혼주의가 팽배하다고 해도 넌크리스천들 역시 자신의 배우자와 평생 함께 살 것을 당연히 여기며 그것이 옳은 사랑이라는 강한 믿음을 갖고 있다.

뿐만 아니라 고전을 비롯한 수많은 영화나 드라마에서도 이 '사랑의 법칙'을 당연하게 여긴다. 배우자 몰래 외도하는 걸 아름답다고 여기는 사람은 거의 없다. 즉 '내 짝은 한 명'이라는 성경적 전제는 교회 안팎을 초월해 인간이 갖는 양심의 선한 반응이자 행복을 향한 영혼의 갈망인 셈이다.

그래서 우리는 '이 사람이 하나님께서 내게 보내신 배우자가 맞는지' 끊임없이 고민한다. 영화나 드라마에서는 대개 여자들이 결혼식 전날까지 '이 사람이 진짜 내 배우자가 아니면 어떡하나?' 고민하지만, 사실 이런 고민은 성별을 떠나 누구나 한다. 혼자 고민하거나, 친구에게 상담하거나, 하나님께 기도하거나 그 모양만 다를 뿐이다.

우리는 하나님께 확인받고 싶어 한다. 자기 마음에 '이 사람이다'라는 확신이 필요하다. 그런데 흥미로운 건 그런 확신이 우리 예상보다 그리 큰 영역을 차지하지 않는다는 점이다. 쉽게 말해 확신으로 결혼했다고 이혼 안 하는 것도 아니고, 확신이 없거나 긴가민가한 결혼을 했다고 이혼하는 것도 아니다. 주위를 둘러보면 충분히 목격할 수 있는 서글픈 팩트다.

안타깝게도 우리 주위에는 이혼했든 그렇지 않든 결혼생활에 만족감이 크지 않은 크리스천이 많다. 이들은 '확신 없는 결혼', '응답 없는 결혼'을 해서 이런 현실에 처한 게 아니다. 오히려 그 반대인 경우가 많지 않을까. 이 경우 자칫 하나님을 원망하기 쉬운데, 사실 엄밀히 따지고 보면 특정 상황에서 그런 확신을 가진 나 자신의 '분별 필터'가 오염됐다고 보는 게 더 성숙한 판단이다.

이는 하나님을 향한 지식의 결여 또는 그분에 대한 왜곡되거나 편향된 정보에 기인한다. 무지도 교만이다(그렇다고 "회개한다"며 "난 널 사랑하지 않았어"라고 이혼을 강행하는 건 신앙이 아니다. 하나님의 위대하신 섭리를 신뢰하며 오히려 온전한 부부가 될 수 있도록 가정을 세우는 게 회개의 참된 열매이다).

이런 의미에서 확신도 교만이다. 우리가 확신할 수 있는 건 변하지 않는 기준 즉 성경 말씀뿐이다. 애초에 '이 사람은 변하지 않을 것이다', '나는 이 사람을 진짜 사랑한다'라는 확신은 인간의 죄성을 이해하지 못한 무지에서 비롯된 교만의 열매다. 우리가 가진 모든 확신이 틀렸다는 것도, 매사에 상대의 저의를 의심하라는 말도 아니다. 하나님의 말씀으로 소독되지 않은 나의 '오염된 확신 필터'를 '성령충만 확신 필터'로 갈아 끼우라는 말이다.

확신을 품는 마음의 중심을 바꿔야 한다. 우리 영혼이 하나님의 말씀으로 가득 차면 말씀을 기준으로 사람과 상황을 분별하게 되며, 그 과정에서 자기 부인과 순종의 완벽한 하모니가 인생을 더욱 선하게 인도한다. 이런 사람들은 참 만족을 누리는 결혼생활을 할 '확률'이 높아진다. 즉 확신보다 확률이 중요하다.

#무엇에 끌리는가 #복음적 자기계발 #길고 신중한 호흡

세상적인 사람은 세상적인 것에, 거룩한 사람은 거룩한 것에 매력을 느낀다. 마음에 무얼 담고 있느냐에 따라 매력이라 느끼는 항목이 달라진다. 외모를 중요하게 여기는 사람은 상대 이성이 갖는 외형적인 매력(얼굴, 몸매, 키, 패션 센스 등)에 끌린다. 돈을 중요하게 여기는 사람은 상대의 재력이 주요 매력 포인트가 된다.

반면에 하나님의 말씀을 최우선으로 삼는 성령충만한 사람들은 육적인 매력 너머의 것을 볼 줄 안다. 물론 믿음 좋은 크리스천도 외모와 돈, 명예와 권력에 반응할 수 있다. 크리스천도 지인이 결혼한다는 소식을 들으면 반사적으로 상대가 뭐 하는 사람인지를 묻는다. 그러나 반응과 선택은 다르다.

이건 마치 자정 즈음 TV에서 라면을 먹는 장면을 봤을 때 입에 침이 고이면서 '나도 지금 라면을 끓여 먹고 싶다'라는 몸의 반응에 따르는 것과 건강한 자기관리를 위해 얼른 TV를 끄고 침실로 들어가는 의지의 선택을 하는 것, 이 둘의 차이와 같다.

음주와 유흥을 당연한 문화로 여기는 사람이 그것을 죄악시하며 최대한 경건하게 살려고 하는 사람에게 매력을 느낄까? 아니다. 상대에 대한 호기심과 무의식적 영혼의 동경은 가질 수 있겠으나 그것 '때문에' 이성적 매력을 느끼지는 않는다. 영혼의 색깔 이외의 다른 외적인 요소(호감 가는 외모, 반복 노출 효과에 따른 친밀도 상승 등)로 사랑에 빠질 수는 있겠다.

그러나 본디 세상은 예수의 영을 품고, 예수께서 걸으셨던 그 길을 따라가는 우리 크리스천을 미워한다. 물론 크리스천과 결혼한 넌크리스천이 배우자를 잘 대해주고, 나름 잘 지내는 경우도 많다. 그러나 이내 십일조 및 선교헌금 문제부터 자녀교육 문제, 주일성수 문제 등 복음생활을 고수하는 크리스천의 생활관과 삶의 방식 때문에 시간이 지날수록 잦은 의견 충돌을 겪거나 갈등의 골이 깊어진다.

결국 상대는 "내가 이 정도까지 배려했으면 너도 날 배려해줘야 할 거 아니야!?"라는 도덕적 상대주의 멘트를 날린다. 우리에겐 생명 그 자체인 복음이 그들에겐 배려해줄 수 있는 하나의 도덕적 옵션일 뿐이다. 이게 바로 예수를 존중하는 사람과 예수를 메시아로 따르는 사람의 차이다. 자기 감정과 자기 확신을 따르는 사람들이 직면하고 감내해야 할 현실 그 자체다.

그렇다면 하나님 앞에 거룩하기 위해 노력하고, 자기계발적인 삶의 태도를 중요하게 여기며 사는 사람은 어떨까. 반기독교적이고 비기독교적인 세계관으로 사는 사람들에게 긍휼한 마음이 들지는 몰라도 그 때문에 이성적 매력을 느낄 가능성은 현저히 줄어든다. 즉 자신의 복음적 자기계발은 결과적으로 불만족스러운 결혼생활을 할 확률을 줄이는 데 크게 일조한다. 꼭 연애와 결혼 문제뿐만 아니라 불필요한 인간관계까지 정리된다.

삶이 심플해지고 담백해진다. 이 역시 보다 (복음적으로) 만족스럽게 살 확률을 높인다. 한 예로 독서에 맛을 들인 사람은 친구라 속고 있는 지인들과 카페에서 '아무 의미도 없는 가십을 이야기하는 것'에 점점 흥미를 잃는다. 그보다 자기가 느낀 걸 공감해주는 사람들과 깊은 대화를 나누는 데 매력을 느낀다. 이것이 바로 '생각의 계층 이동'이다. 당연히 분별과 확신의 질감이 달라진다.

확신이 아니라 확률이다. 특히나 자신의 뜻을 하나님의 뜻과 너무 쉽게 등가(等價)로 여기는 청년들이 자기 확신을 선불리 하나님의 뜻, 그분의 섭리라고 찰떡같이 믿고 있다가 나중에 그 무지로 인해 하나님의 영광을 가리는 경우를 본다. 조금 더 길고 신중한 호흡으로 성령의 열매를 살피며 '하나님의 뜻일 확률이 높다', '하나님의 섭리일 가망이 크다'라고 여기는 편이 더 안전하다.

자칫 예비 배우자에 대한 확신을 구하는 마음의 동기가 예수께 기적과 표적을 요구하던 바리새인의 마음의 동기가 아닌지 살펴봐야 한다. 나 자신부터 끊임없이 자기계발(=성화)에 힘쓰며 예수님과 일대일 관계를 최우선으로 하는 사람이 되자. 그럼 어디 연애와 결혼뿐이랴. 하나님께서 그 인생을 책임져주신다.

> 너희는 먼저 하나님의 나라와 그의 의를 구하라. 그러면 이 모든 것을 너희에게 덤으로 주실 것이다. 마 6:33

하나님의 생명 말씀은 내가 당신에게 유일하게 줄 수 있는 확신이다.

사자에게 물어봐 2년째 교제하고 있는 남자친구가 있어요. 서로 나이가 있다 보니 조금씩 결혼 준비를 하고 있고요. 그런데 다툼도 잦고 어느 때는 '내가 그동안 알던 남자친구가 맞나?'라는 생각까지 들어요. '이 남자가 내 남자가 맞을까'라는 염려도 들고요. 어떡하면 좋을까요?

사자 톡 많은 커플이 결혼 준비를 하면서 자주 다투는 이유는 연애와 결혼의 속성이 다르기 때문이에요. 연애가 집 문밖 데이트라면 결혼은 집안 생활이지요. 밖에서 맛있는 식당을 가는 것과 우리 집에 어떤 밥통을 살지 정하는 건 전혀 다른 영역의 문제입니다.

그래서 결혼 준비는 그 과정에서 내 성향과 기질이 더욱 짙게 드러날 수밖에 없어요. 그런 의미에서 자주 다투는 건 자연스러운 현상이라고 봅니다.

물론 결혼을 근본적으로 다시 생각할 정도의 부정적 이면을 보게 된다면 결혼을 진지하게 재고하는 것도 지혜라고 봅니다. 그러나 그 정도 심각한 사안이 아니라면 결혼 준비부터 의견을 조율하고 대화하는 습관을 들이는 게 중요합니다.

사자에게 물어 봐 청년부 인원이 많지 않은 교회에서 9세 연하남과 연애를 시작했어요. 처음에는 20대 초반인 그가 남자로 느껴지지 않았는데 계속 지내다 보니 이렇게 됐네요. 이제 결혼을 생각할 나이인데 어떻게 준비하는 게 좋을까요?

사자 톡 결론적으로 (되도록) 비추천입니다. 남자친구는 아직 군대도 다녀오지 않았고, 대학교를 졸업하지도 않았고, 취직을 한 것도 아닙니다. 또 그는 해마다 자기 또래와 새로운 인간관계가 열릴 겁니다.
자매님이 직장생활을 하며 30대 중후반을 지날 때, 그는 또래 친구들과 엇비슷한 경험을 하며 어려움을 겪고, 공감대를 이루며 인간관계가 깊어질 거고요. 설령 빨리 결혼한다고 해도 그가 (20대 또래 친구들과 함께하는 캠퍼스 문화 속에서 취업 준비를 하는 동시에) '가장'의 무게를 잘 감내하면서 성숙한 배우자 사랑을 실천할 수 있을까요?
그래서 저는 엇비슷한 연령대의 사람이 결혼하는 게 가장 자연스럽다고 생각합니다. 물론 예외는 있겠지요. 이 책을 다시 읽고 잘 생각하기 바랍니다. 사귈수록 예수님과 관계가 깊어지는지 아니면 남자친구에 대한 애착과 둘 사이 음란의 열매가 열리고 있는지 돌아보면 분별이 쉽습니다.

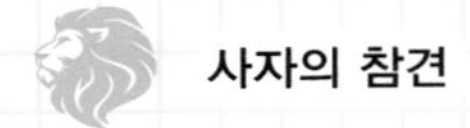

사자의 참견

대부분의 잘못된 판단은

내 감정과 지식, 느낌과 확신을

기도와 순종보다 높게 두어 생기는 경우가 많다

넌크리스천 이성에게 매력을 느끼는

본인의 영적 센서를 점검해봐야 한다

확신이 아니라 확률이다

예수님과 일대일 관계를 최우선으로 하는 사람이 되자

하나님께서 그 인생을 책임져주신다

## 7 하나님께서 기뻐하시는 연애는 어떻게 알 수 있나요

# 밥 같은 연애 vs 피자 같은 연애 # 열매를 보면 안다

나는 일상성을 중요하게 여기는 사람이다. 단순함, 담백함, 고요함 같은 것들도 마찬가지다. 이런 것들은 내 표현으로 '밥'(rice) 같다고 말한다. 우리가 매일 먹는 밥은 그 자연스러움과 일상성 때문에 굳이 특별한 의미부여를 하지 않는다. 그러나 삶에서 밥은 매우 중요하다. 생명 유지에 꼭 필요한 주요 에너지원이다.

정리하면, 밥은 가장 일상적이어서 가장 특별하다. 공기와 물도 마찬가지다. 가장 특별하기에 가장 단순하고 겸손하고 조용하다. 그래서 난 미학적인 기준으로나 신앙적인 기준으로나 '밥 같은' 걸 좋아한다. 예수님도 밥처럼 겸손히 구유에 담기셨고 조용히 부활하셨다. 이런 의미에서 하나님께서 기뻐하시는 연애를 '밥 같은 연애'라고 비유한다. '예배자의 일상성'이 담백하게 유지되는 패턴 말이다.

그렇다면 반대 개념은 무엇일까. 피자다(이 음식에 대한 폄하는 아니다. 문맥적 의미로 받아들이길. 밥과 피자, 다분히 한국 문화적 비유다). 향과 맛 모두 자극이 강하다. 화려하고 말초적이며 맛있기도 하다. 그러나 우리가 맛있다고 느끼는 것과 실제 우리 건강에 유익한 건 별개일 경우가 많다.

대표적으로 정제된 흰 밀가루 음식이 그렇다. 일반적으로 피자를 건강한 음식으로 인식하지는 않는다. 맛있어서 먹는다. 더 정확하게 말하면, 맛있다고 생각해서 먹는다. 이런 의미에서 하나님이 기뻐하지 않으시는 연애를 '피자 같은 연애'라고 칭한다. 이는 영혼의 유익과는 별개로 내 육체적 본능대로 끌려가는 연애다.

하나님께서 기뻐하시는 연애는 '밥 같은 연애'다. 팀 켈러 목사님은 《팀 켈러, 결혼을 말하다》에서 우정에서부터 시작하는 연애결혼으로 설명하기도 했다. 무조건 친구와 연애를 하는 게 성경적이라는 말이 아니다. 남자와 여자가 친구'처럼' 지내는 관계의 자연스러움이 밥 같은 연애 요소를 띤다는 것이다(난 남자와 여자는 친구가 될 수 없다고 생각하는 사람이다).

친구와 만나 이야기하면서 몽환적인 기분이 드는 사람은 거의 없다. 과도한 콘셉트(concept)를 잡는 바람에 만남 이후 극도의 피로감을 느끼는 사람도 별로 없다. 밥 같은 연애도 이와 같다. 연애를 하지만 자신의 일상성 곧 나와 예수님과의 일대일 관계와 그에 따른 생활 패턴이 어그러지지 않는다. 더 나아가 연애할수록 하나님께서 부르신 내 정체성이 더욱 또렷해진다.

하나님이 분부하신 사명은 연애한다고 잠시 멈춰도 되거나 알아서 멈춰지는 개념이 아니기 때문이다. 즉, 연애도 내 성화의 일환으로 완전히 결합된다('우리'의 성화가 아니다. '내' 성화다. 상대와의 관계보다 나와 예수님과의 관계가 중요하다. 이 관계의 우선순위가 보존되고 강화되는가가 핵심이다).

'피자 같은 연애'는 정반대라고 생각하면 된다. 그(그녀)와 만날수록 예배자의 정체성이 희석되고 마모된다. 일상성이 깨지는 초기 증상은 친구나 교수님, 부모님과 사역자에게 안 하던 거짓말을 하는 것이다. '담백한 예배자'로 지속되던 일상성에서 '그(그녀)를 좋아하는 나'로 정체성의 본질이 변질되기 때문이다.

또한 내면 관리보다 외모 관리에 더 많은 관심과 시간을 투자하고, 상대를 진심으로 사랑하고 있다는 자기 확신이 강화되어 건강한 충고를 해주는 주위 사람에게 공격적인 성향을 보인다. 그(그녀)밖에 모르는 순애보의 주인공이 된 것 같지만 사실 나밖에 모르는 자기 애착이 강화된 것일 뿐이다.

여기에 반드시 따라오는 사단의 열매가 바로 '음란'이다. 생활의 절제와 인내도 안 되는데 스킨십의 절제가 되겠는가. 매우 많은 모태신앙 크리스천 청년들이 모텔에 가거나 자취방에서 반 동거를 한다. 부모를 떠나 유학을 간 이들의 성적 문란함은 말하기 민망할 정도이다. 그들은 피자 맛에 중독되어 밥의 담백함을 느낄 수 없는 미각 상실 크리스천이다.

현재 넌크리스천과 연애 중인 크리스천이 있다면 자신의 연애를 점검해보자. 가장 헷갈리는 경우가 '밥 같은 성품의 넌크리스천'과의 연애다. 자칫 '이 사람은 달라' 하며 타협하기 쉽다.

'난 이 사람이 구원받도록 돕기 위해 최선의 노력을 다하고 있잖아. 그도 언젠가는 교회에 같이 가겠다고 말했고. 언젠가 그때가 올 거야.'

이런 자기합리화의 본질은 바로 교만이다. 넌크리스천과 연애하는 크리스천이 가장 빠지기 쉬운 함정이다. 타인의 구원 여부가 자신의 노력에 달려있다고 여기는 마음 말이다. 그러나 한 인간의 구원은 사귀기 위해 교회 몇 번 따라오는 것으로 가능하지 않다. 신이 있을지도 모른다고 여기는 유신론에 대한 긍정도 마찬가지다.

애인의 구원의 때는 하나님만 아신다. 물론 연애를 통해 우리가 하나님의 선한 도구로 쓰임 받을 수는 있겠으나 적어도 피자 같은 연애를 위한 타협의 도구로 타인의 구원을 논하는 건 바람직하지 않다. 이런 커플 대다수의 연애 열매는 거룩과 성화가 아닌 탐욕과 음란이다. 열매를 보면 안다. 감히 내 육욕을 위해 하나님을 팔았는지 아닌지.

아무리 훌륭한 인품을 갖춘 넌크리스천이라 할지라도 그들에게 '음란'이라는 개념은 도의적 차원에 머무르는 경우가 많다. 그들에게는 선과 악을 분별할 수 있는 절대적 기준이 없다. 세상을 바라보는 세계관의 기초가 '우연 곱하기 시간'이기 때문이다. 또 모든 귀결이 '나 자신'이다. 내가 좋은 것이 사랑이라는 거다. 당연히 '거룩'의 개념도 없다.

왜 사랑이 오래 참음의 속성을 갖는지 모르며, 성경에서 말하는 사랑의 개념만이 우리에게 참 행복을 가져다준다는 데도 동의하지 않는다. 많이 양보해야 그런 '의견'을 인격적으로 존중해준다고 할 뿐이다. '밥맛이 나는 피자' 또는 '쌀 토핑 피자'일 뿐이다.

이런 의미에서 넌크리스천과 깊은 사랑에 빠졌다고 하는 건 말이 안 된다. 이런 과도한 의미부여와 합리화를 하는 자체가 이미 예수님과 나와의 우선순위가 뒤바뀌었음을 반증한다. 나 자신이 '피자 같은 크리스천'인 거다. 꼭 기억하자. 사람은 정신적 끼리끼리, 영혼의 끼리끼리 만난다.

#연인보다 예수님 #위대한 밥 한 공기 #사랑의 참맛

사랑이라는 감정은 특별하다. 그러나 그 특별함은 밥처럼 특별한 것이지 피자처럼 특이한 게 아니다. 피자의 자극에 도취되면 더 큰 자극을 원한다. 바닷물을 마시면서 갈증이 없어지길 바라는 꼴이다. 굳이 뇌과학 실험 결과를 들이밀지 않아도 영적으로 알고 있는 순리 아닌가.

밥 같은 연애를 하자. 예배자의 일상성이 보존된다는 것은 '신앙과 생활의 합일'을 말한다. 주일 버전의 나와 월화수목금토요일 버전의 내가 같아야 한다. 연애가 내 신앙생활을 더욱 풍요롭고 깊이 있게 만드는 하나님의 축복의 매개가 되어야 한다.

밥 같은 연애를 하려면 본인부터 밥 같은 사람이 되어 상대의 '밥 같은 매력'을 알아볼 수 있어야 한다. 그 밥 같은 매력에 실제로 끌릴 수 있는 인격의 수준이 되어야 한다.

지금 연애 중인 수많은 크리스천이 진지하게 자신을 돌아봤으면 좋겠다. 결혼하기 전인데 서로의 속옷 색깔을 알고 있다면 피자 크리스천이다. 둘의 연애를 위해 부모님과 목사님, 교회 친구들에게 (본인들은 사소하다 생각하는) 거짓말을 한 적이 있고, 그게 일상이라면 피자 크리스천이다. 연애와 결혼을 하나로 생각하지 않고, 아직 결혼할 나이가 아니라는 핑계로 '편하게' 연애 버전을 따로 즐기고 있는 것도 마찬가지다. '피자'를 '가짜'로 치환해보자. 한국교회 타락의 주체가 바로 우리 자신이다.

그러나 밥 같은 연애는 다르다. 사랑하기 때문에 상대를 더 배려하고, 내 취향이 아니라 성경의 기준으로 연애하며, 연애할수록 일상이 건강하게 보존되고 회복될 뿐 아니라 더 나아가 신앙이 성장한다. 밥 같은 연애는 곧 성령충만이다. 이는 전혀 불가능하지 않다. 본인이 그렇게 안 살아봤을 뿐이다.

예수님과의 관계를 늘 최우선으로 하자. 연인보다 예수님이 먼저인 연애가 하나님께서 기뻐하시는 연애다. 결혼 후에도 마찬가지다. 이 우선순위가 정리될 때 비로소 우리는 그 원래의 사랑을 맛볼 수 있다. 가장 위대한 밥 한 공기다.

사자에게 물어봐 솔직히 요즘은 30대 초중반에 결혼하는 게 보편적인 흐름이 잖아요. "결혼할 마음으로 연애하라"라는 의미는 알겠는데 현실에서는 불가능하지 않나요? 이 시대에 맞는 더 실제적인 솔루션은 없나요?

사자 톡 질문 내용에 두 가지 전제가 있어요. 하나는 '젊을 때 결혼하는 건 비합리적', 다른 하나는 '괜찮은 이성을 만나면 언제든 사귈 수 있고 그것이 자연스럽다'는 거지요. 그러나 먼저 '이때쯤 결혼하는 게 합리적이다'라는 기준이 성경적인지 생각해볼 필요가 있습니다.

존 파이퍼 목사님의 책 소제목처럼 "결혼 준비는 결혼식 준비가 아니"기 때문이죠. 둘이 올바른 결혼 준비가 됐을 때 자연스럽게 결혼해도 좋다고 생각합니다. 참고로 저는 스물일곱, 아내는 스물여섯에 결혼했답니다. 연애와 결혼이 지금처럼 분리된 때는 없었습니다. 사단은 분리된 연애에 피자 맛 섹스를 주입했지요. 자연스럽게 결혼의 의미도 피자처럼 세속화되고 있어요.

세상에는 괜찮은 남자, 괜찮은 여자가 꽤 많습니다. 마음 가는 대로 연애하는 게 '자연스러운 것'이라면 상대 이성도 자매님보다 더 매력적인 여자를 만나면 언제든 마음 가는 대로 연애할 수 있습니다. 결혼 후에도 마찬가지죠. 이런 사랑관은 조정할 필요가 있습니다. 감정의 확신은 사랑의 한 단면일 뿐이에요. 사랑의 본질은 '약속'과 '절제'입니다. 그래서 성경도 오래 참는 게 사랑이라고 말하는 거고요.

결혼할 마음으로 연애하십시오. 이는 첫 연애 상대와 결혼하라는 게 아닙니다. 그만큼 성경적 진지함과 성숙함을 갖고 밥처럼 신앙생활 하라는 말입니다. 문제는 실제적인 솔루션이 없는 게 아니라 실제적인 솔루션이라고 믿지 않는 게 핵심입니다. 기억하세요. 우리는 정답을 몰라서 이렇게 사는 게 아니라, 정답을 안 믿어서 이렇게 살고 있다는 걸.

# 8 결혼 전, 스킨십은 어디까지 해도 되나요

#영은 괴롭고 몸은 원하고 #피임하면 섹스가 아니다?

오늘날 많은 크리스천 청년이 음란과 거룩의 기준이 불분명한 상태에서 '위험한 연애'를 한다. 결혼 전 스킨십에 대한 명확한 성경적 기준과 설명이 부재하다 보니 상대가 넌크리스천이든, 크리스천이든 음란의 문제 앞에서는 별반 다를 바 없이 넘어진다.

다행히 오랫동안 교회를 다닌 청년들은 음란에 대해 자동적인 영적 반응을 보인다. 뭔가 찜찜하고 하면 안 될 것 같고 죄를 지은 것 같은 느낌에 자책하고 괴로워한다. 하나님께서 주신 선한 양심의 건강한 반응이다.

그러나 이것도 오래 지속되지 않는다. 죄에 쉽게 적응하게 되고 그 크기와 강도가 점점 더 세지기 때문이다. 수많은 크리스천 청년이 왜 결혼 전에 진한 스킨십을 하면 안 되는지, 그게 얼마나 심각한 죄의 범

주인지 명확하게 모른 채 연애를 한다. 구체적인 가이드라인을 제공받지 못하다 보니 결국 자기 몸과 마음이 원하는 대로 사는 것이다.

이 때문에 괴로워하고 씨름하는 청년들이 정말 많다. 남녀 불문, 신앙 환경 불문이다. 목회자 가정이든, 선교사 가정이든, 장로님 권사님 가정이든, 안수집사님 가정이든 상관없다. 기독교 집안에서 자란 건 개인이 성령충만을 선택할 수 있는 확률이 높다는 것이지 기독교 문화에 노출된 기간과 햇수가 곧 그 개인의 '실제 거룩'으로 이어지는 건 아니기 때문이다.

그래서 그들은 자신이 더럽혀졌다는 느낌, 혼전순결을 잃었다는 사실에 괴로워하면서도 성적 쾌락에 점점 눈을 떠서 스스로 원하는 상태가 된다. 영은 괴로워하는데 몸은 그 죄를 좇고 또 원하는 영적 분열 상태가 되는 것이다. 그래서 다음 애인과의 연애 때는 반드시 넘어지지 않으리라 다짐하면서도 또다시 모텔에서 몸을 섞는 비루한 자신을 목도한다.

이 문제를 어떻게 해결해야 할까. 교회마다 다양한 방법을 시도한다. 공식적으로 25세 이하는 연애를 금지시키고, 아예 남자와 여자를 따로 앉히고, 연애할 당시 성적인 방종을 담당 교역자에게 일일이 말해야 하거나 그런 분위기를 조성하고(개인적으로 이건 반대다. 또 다른 위험을 야기할 수 있다고 본다), 연애를 하려면 목사님과 부모님에게 허락을 받게 하고, 교회 내 이성 청년 연락처를 물어보려면 충분한 기도 후에 반드시 담당 목사님을 통해 연락처를 받게 한다.

또 스킨십 진도는 딥키스가 아닌 가벼운 입맞춤까지를 권유하거나 아예 손잡기와 포옹까지만 권유하기도 한다. 내 개인적인 의견은 최대 가벼운 입맞춤이 마지노선이면 어떨까 한다. 성과학적으로 이성 간 스킨십이 진행될수록 두 사람의 체온이 올라가며 그 이상을 원한다고 한다. 대부분의 남자는 여자와의 스킨십에서 어떻게든 다음 단계로 진입하려 부단히 애쓰고, 대부분의 여자는 어떻게든 그만두게 하려 한다(요즘은 둘 다 원하는 경우도 매우 많다).

여자의 강한 의지력으로 몇 번은 남자를 제지할 수 있겠으나 결국 지속적인 남자의 애원과 도전(?)에 그 경계의 선을 넘는 경우가 다반사다. 그 남자가 싫지는 않기 때문이다. 이것도 일종의 패턴이다. 그래서 그 도입부가 될 키스부터 하지 않는 게 바람직하다.

혹자는 성기 삽입만 하지 않으면 되지 않느냐고 묻는다. 이 질문의 의도 자체가 불순하다. 스킨십 열 번이면 열 번, 백 번이면 백 번 성기 삽입 직전에 멈출 수 있겠냐고 되묻고 싶다. 주체할 수 없는 성욕으로 절제 못 하고 할 걸 다 하면서 성기 삽입 직전에 갑자기 완벽한 절제와 인내가 가능하겠는가. 본인도 안다. 불가능하다는 걸. 저속한 말장난에 불과하다는 걸.

이들은 나중에는 체내 사정만 아니면 되지 않겠냐고 묻는다. 참으로 구질구질한 의미부여다. 어떻게든 경건해지려는 동기가 아니라 어떻게든 죄를 조금 더 탐닉하고자 하는 동기다. 이런 (사단적) 논리라면 콘돔을 했기 때문에 섹스가 아니다, 피임을 했기 때문에 섹스가 아니다, 임신 몇 주가 지나지 않은 태아는 법적인 태아가 아니기에 소중한 생명이 아니라는 말도 용인하게 된다.

지나친 확대해석이 아니다. 자신이 음란의 죄에 빠진 과정을 생각해보자. 가랑비에 옷이 젖는다. 욕구를 충족하기 위한 타협의 논리 그 어디에도 예수님이 등장하지 않는다. 예수 그리스도의 사랑에 대한 진지한 숙고와 자기 부인이 전무하다. 연애와 신앙을 별개로 생각하는 것, 이것이 피자 같은 연애의 핵심이다.

#음란의 시대 #관점을 바꿔라 #부부의 축복을 기대하자

어떻게 하면 이 방탕하고 음란한 시대를 살아가는 크리스천 청년들이 애인과 손만 잡고 가벼운 입맞춤만 하며 결혼할 때까지 절제하고 인내할 수 있을까? 피자 같은 연애를 벗어나는 가장 확실한 방법은 첫째, 관점을 바꿔야 한다. 세상과 현실을 인식하는 생각의 틀(tool)을 바꿔야 한다. 결혼할 마음으로 연애하자. 본인부터 밥 같은 사람이 되어 신중하고 진지하게 이성을 만나라.

또한 결혼할 정서적, 환경적, 신앙적 준비가 되지 않았을 때는 연애보다 되도록 복음적 자기계발에 시간과 에너지를 투자하자. 특히 '4차 산업혁명'이라는 엄청난 기술혁신과 사회변화 과도기 속에 사는 대학생들은 생존을 위해 독서하고 공부해야 한다. 과장이 아니다. 아는 만큼 보인다. 인공지능과 미래산업에 대한 책 두어 권만 읽어보면 지금 큰 격변의 기로에 놓여있다는 사실을 얼굴이 새하얗게 질릴 정도로 절실히 깨닫는다.

그럼 크리스천은 넌크리스천처럼 단순히 생존을 위해 자기주도적 자기계발을 해야 할까. 물론 그것도 중요하지만 우리는 인공지능 시대에도 복음을 전해야 하는 사명자다. 하나님나라와 의를 위해 복음을 전하는 효율을 높이려면 필히 독서를 기반으로 한 자기주도적 학습을 해야 한다.

우리나라처럼 서비스산업이 고도로 안정화된 사회의 인재상은 일정량의 전문지식 또는 그에 상응하는 실력이 갖춰진 사람이다. 영성과 실력을 함께 키우려 애쓰기보다 '실력도 영성'이라는 개념을 갖고 미래를 준비하자. 이런 의미에서 지금은 (피자 같은) 연애를 할 때가 아니다.

둘째, 두 사람이 밀폐된 공간에 있지 않도록 하자. 즉 환경을 만들지 말자. 애인과 둘만의 공간에 들어가면서 이길 힘을 달라고 기도하는 건 바보 같은 짓이다. 3박 4일 해외여행을 준비하며 음란에 지지 않겠다고 다짐하는 건 참 미련하고 교만한 태도다. 아예 기회와 환경 자체를 만들지 말아야 한다.

남녀가 진한 스킨십을 진행할 수 있는 밀폐된 공간에 머무르지 말자. 손을 잡고 산책하자. 도서관 또는 서점 투어를 하자. 책을 읽은 뒤 성숙하고 인격적인 대화를 하자. 신앙서적 리스트를 만들어 함께 읽고 토론하자. 집에 빨리 들어가자. 상대의 자취방에는 아예 들어가지 말자.

여자는 노출이 심하거나 몸매가 부각되는 옷은 자제하자. 남자든 여자든 본인이 인지하면서도 모르는 척하는 은밀한 유혹의 수를 부리지 말자. 결혼한 뒤 사랑하는 배우자와 함께 누릴 하나님의 축복을 기대하며 기다리자. 남자들은 기억하자. 강한 인내력이 가장 멋있는 남성성이다.

이 밖에도 미디어를 정리하고 음란한 습관을 끊는 것은 "음란물 시청과 자위를 어떻게 하면 끊을 수 있을까요"에서 다루겠다. 결혼 전 스킨십의 유혹을 이겨내려면 평소 보는 것부터 바꿔야 한다. 섹스 심벌이 가득한 미디어를 소비하면서 스킨십을 절제하겠다는 건 어불성설이다. 평소 마음에 가득한 검은 공기부터 환기시켜야 한다.

건강하게 연애하자. 손을 잡고, 허깅하고, 가벼운 입맞춤을 하며 결혼 후 하나님께서 주실 부부만의 큰 축복을 기대하고 기다리자. 과연 요즘 같은 세상에 그런 식으로 인내하는 크리스천 청년들이 있을까? 그게 가능하기나 할까? 많다! 무릎 꿇지 않은 사람이 7,000명이나 된다. 그들을 보고 용기를 얻어 무릎 꿇지 않는 '그다음 용사'들은 훨씬 더 많다. 당신의 삶에 신앙과 생활의 합일, 연애와 신앙생활의 합일이 이뤄지길 응원한다.

사자에게 물어봐 1년 정도 사귄 크리스천 남자친구가 있습니다. 남자친구가 자꾸 외박 여행을 가자고 합니다. 저는 결혼 전에는 안 된다고 말했는데 그는 일단 가서 참아보자고, 사귀는데 데이트도 못 하냐고 따집니다. 같은 크리스천인데 왜 제 말을 이해해주지 못하는 걸까요?

사자 톡 아무리 신앙적으로 설명해도 그가 의견을 받아들이지 못하면 둘의 신앙관의 결이 다른 겁니다. 그건 단기간에 이해시킬 수 있는 문제가 아니에요. 결혼을 해도 그 갈등이 좁혀지거나 축소될 가능성은 적습니다.

남자친구가 '데이트'라고 하는 외박 여행은 미디어의 영향입니다. 외박 여행이 왜 결혼 전 크리스천 커플의 '데이트'인지 명확한 이유를 대지 못할 가능성이 높지요. 하지만 적어도 자신은 압니다. 인간이 얼마나 나약한 존재인지.

최대한 유혹에 넘어질 만한 환경을 만들지 마세요. 정 여행을 가고 싶다면 가족을 대동하세요. 의견 조율이 되지 않는다면 관계를 심각하게 재고하는 것도 하나의 방법입니다. 예수님과 일대일 관계를 최우선으로 생각하는 게 가장 아름답고 행복한 연애와 결혼이라는 걸 잊지 마세요.

사자에게 물어봐 저는 33세이고, 얼마 전 크리스천이 됐습니다. 그전에는 클럽에서 처음 만난 여자와 관계를 가질 정도로 문란하게 살았습니다. 그러나 이제 죄라는 것을 알게 되었고, 예전과 다른 삶을 살고 싶습니다. 하지만 현재 여자친구가 넌크리스천인데, 자꾸 외박 여행을 가자고 합니다. 저는 그게 무슨 뜻인지 알기에 안 된다는 걸 알면서도 마음이 흔들립니다.

사자 톡 이 고민을 진지하게 여자친구에게 말해보는 건 어떨까요. 그것도 애인과 나누는 일종의 인격적 대화가 아닐까요. 만약 여자친구가 도저히 이 상황을 받아들이지 못한다면 인연은 거기까지인 거지요. 여자친구가 이해하지 못하고 비웃을지라도 형제님의 믿음의 선택은 반드시 하나님의 축복으로 돌아올 겁니다.
이미 수십 년 동안 넌크리스천으로 살아왔기에 예전처럼 살지 않는 게 많이 힘들 수 있어요. 특히 이성 문제는요. 그러나 포기하지 마시고, 백 번 넘어져도 예수님의 이름으로 백한 번 다시 일어나시기 바랍니다.

# 9 왜 혼전순결을 지켜야 하나요

#음란과 거룩의 기준 #결혼이 예배인 이유 #순결은 품격이다

오늘날 수많은 크리스천 청년이 혼전순결을 왜 지켜야 하는지 명확한 복음적 교육을 받지 못했다(나 역시 그랬다). 몇몇 교회나 단체에서 청소년과 청년의 혼전순결 서약식을 진행하기도 하지만 안타깝게도 대부분 교회는 성경적 성교육의 필요성을 절감하지 못하거나 인식하더라도 어디서부터 어떻게 해야 할지 몰라 무기력하게 방치한다.

많은 부모님도 자식이 성적으로 거룩해야 한다고 생각하면서도 그 이유에 대한 복음적 근거는 모호하거나 추상적이다. 한마디로 부모 세대, 자식 세대 둘 다 모르고 있다.

한국교회의 성경적 성교육의 부재는 곧 크리스천 청소년과 청년들의 성적 방종으로 이어진다. 많은 청년이 음란과 거룩의 개념을 모호하게 알고 있다. 자신이 해야 할 행동과 하지 말아야 할 행동에 대한 성경적 이유(reason)와 당위의 기반이 약하면 거룩하게 살지 못할 가능성이 그만큼 커진다.

왜 틀린지 알아야 기도로 예수께 도움을 구할 수 있고, 왜 옳은지 알아야 인내와 절제의 명분이 강해진다. 물론 내 설명 역시 턱없이 부족하다. 나도 이 분야에 전문가가 아니기 때문이다. 하지만 혼전순결과 관련된 여러 문제 때문에 힘들어하는 오늘날의 청년들과 청소년 세대에게 작은 도움이 될 수 있기에 한 명의 크리스천 성도이며 기혼 남성으로서 후배들에게 도움 될 이야기를 해보려 한다.

우리가 음란과 거룩을 구별할 수 있는 이유는 둘을 비교할 수 있는 확실한 '기준'이 있기 때문이다. 그 기준은 바로 성경이다. 크리스천은 성경을 살아계신 하나님의 말씀으로 믿고 따른다. 성경을 읽을 때 이해되지 않거나 마음이 불편한 건 비본질적인 문제다. 기준은 내 사사로운 감정과 빈약한 이해력에 의해 변질되거나 타협되지 않는다. 시대와 세대와 문화와 트렌드가 바뀌어도 마찬가지다. 기준은 절대 변하지 않는다. 변하지 않으니 기준인 거다.

우리의 영원한 기준 되시는 예수께서 이렇게 말씀하셨다. "또 율법에는 '간음하지 말아라'고 쓰여있다. 그러나 나는 너희에게 말한다. 누구든지 정욕의 눈으로 여자를 바라보는 사람은 이미 마음으로 그녀와 간음하였다"(마 5:27,28). 간음(姦淫)의 사전적 정의는 "부정한 성관계를 함. 주로 배우자 이외의 사람과 성관계 따위를 이른다"이다. 즉, 결혼 전이든 후든 배우자 이외의 사람과 성관계를 맺는 건 '죄'이다.

더 나아가 예수님은 “정욕의 눈으로 여자를 바라보는 사람은 이미 마음으로 그녀와 간음하였다”라고 말씀하신다. 즉 남자들이 모니터 속 음란물의 여자를 쳐다보는 것도 ‘이미’ 간음한 것이며, 거리에서 육감적인 몸매를 지닌 여자를 정욕 어린 시선으로 쳐다보는 것 역시 마찬가지다. 하물며 배우자 외에 다른 여자와의 음란을 상상하는 것은 더 말할 나위 없다.

정욕(情慾)의 사전적 정의는 “이성의 육체에 대하여 느끼는 성적 욕망”이다(성과학적으로 남자는 시각적 신호, 여자는 심리적 신호에 반응한다고 한다. 그래서 여자의 정욕은 로맨스 소설, 드라마, 웹툰, 영화 즉 ‘이야기’를 통해 만족되기도 한다. 즉 예수님의 기준으로는 남자나 여자나 똑같다는 말이다. 의인은 없되 하나도 없다).

영적 간음과 육체적 간음이 어떻게 다른가에 대한 신학적인 문제는 논외로 하자. 우리가 주목해야 할 핵심은 예수님은 간음의 기준을 말씀하실 때 이미 ‘배우자 외에 다른 여자와 성관계하는 것은 죄’임을 전제하셨다는 사실이다. 성관계 그 자체는 죄가 아니다. 성욕이 더러운 감정도 아니다. 다만 C.S. 루이스의 말마따나 ‘성욕이라는 피아노 건반을 악보에 맞게 눌러야 할 때 누르는 게’ 중요하다.

성관계는 결혼 후, 배우자와만 하는 것이다. 이 기준이 있기 때문에 결혼 전이든 후든 ‘간음’은 나쁜 죄이며, 생각의 간음을 저지를 수 있는 음욕 역시 마찬가지라는 인식을 할 수 있다. 예수님은 왜 이토록 결혼과 배우자와의 결혼생활에 중요한 의미부여를 하신 걸까. 결혼 즉 부부의 관계는 예수님과 교회의 모습을 투영하기 때문이다. 내 자아의 주인이 내가 아니라 주님이라는 것은 내 연애와 결혼 역시 주님의 영광을 위해 사용되는 거룩한 매개임을 뜻한다.

이것은 기분 나쁠 문제가 아니라 감사해야 할 문제다. 미처 몰랐지만 내 결혼생활이 예수님과 교회의 모형이며, 이를 통해 하나님께 영광이 올려진다는 사실이 얼마나 감격스러운가! 존 파이퍼 목사님은《결혼 신학》에서 "성적 친밀함과 쾌감은 이 세상의 삶에서 도달할 수도 없고 상상할 수도 없는 환희를 표현"한다고 했다. 또한 "하늘이 하나님의 권능과 아름다움의 영광을 나타내는 것과 마찬가지로, 성적 쾌감은 다가올 내세에 우리가 그리스도와 더불어 누리게 될 측량할 수 없는 기쁨의 영광을 나타내는 것"이라고 말했다.

이 거룩한 신비의 무게감을 생각해보자. '왜 혼전순결을 지켜야 하느냐'라는 질문의 수준을 넘어서는 영광의 무게다. 어쩌면 우리의 질문에 담긴 호기심부터 정욕이 묻어있지는 않은가. 그보다 '혼전순결을 통해 하나님께 어떤 영광을 올려드릴 수 있는지'를 질문하는 게 옳지 않을까. 참된 크리스천의 거룩한 호기심으로 말이다.

그러면 이미 결혼을 약속한 상대와 결혼 전 동거는 괜찮겠냐고, 동거까진 아니더라도 외박 여행과 성관계는 괜찮지 않겠냐고 묻는 사람들이 있다. 그들에게 되묻고 싶다.

"어차피 예수 믿었으니 천국 갈 건데 주일마다 꼬박꼬박 나와서 예배는 굳이 왜 드리는가? 어차피 같이 살 건데 돈 아깝게 결혼'식'은 굳이 왜 하는가? 어차피 살 물건인데 결제 전에 뜯어도 되는 것 아닌가? 어차피 스마트폰을 바꾸기로 결정했으니 결제 전에 개통부터 해도 되는 것 아닌가?"

이것은 애초에 말이 안 되는 논리다. 많은 사람이 효율과 가성비를 따지면서 형식과 절차의 중요성을 망각한다. 그것이 무얼 의미하는지에 대한 '공적인(=영적인) 의미부여'를 폄하한다. 결혼식은 단순히 그동안 부모님이 뿌린 축의금을 걷는 날이 아니다. 또 하객 앞에서 두 사람이 부부가 되었음을 알리는 퍼포먼스도 아니다. 결혼식은 살아계신 하나님 앞에서 두 사람이 부부가 되었음을 선포하는 영광의 날, 영광의 예배(=영적 제사)이다.

그래서 크리스천은 결혼 '예배'를 드린다. 결혼처럼 예배드려야 할 일이 또 어디 있겠는가. 그러니 결혼이 예정된 애인일수록 더더욱 서로의 순결을 지켜주자. 그것이 두 사람의 품격이자 부부의 품격이다. 남다른 품위의 무게감은 결혼생활의 큰 만족과 축복으로 이어진다. 굳이 여러 연구기관에서 혼전 성관계를 늦출수록 결혼생활이 더 만족스럽다고 밝힌 학술 정보를 내밀지 않아도 크리스천은 이미 영적으로 알고 있는 진리다.

배우자를 위해 자신을 아끼자. 더 나아가 예수 그리스도를 위해 자신을 지키자. 혹여 이미 혼전순결을 잃은 청년이 있거든 예수 그리스도의 이름의 능력으로 철저히 회개하자. 그리고 다시 일어나 믿음으로 '혼전순결 지지자'가 되자. 그것이 우리가 올려드릴 수 있는 최고의 값진 영광이다. 우리의 순결이다.

사자에게 물어봐 결혼을 전제로 2년째 사귀는 여자친구가 있어요. 지금까지 혼전순결을 지킨 줄 알았는데 알고 보니 아니었더라고요. 제게 미안하다고, 속일 생각은 없었다고, 그동안 마음이 너무 힘들었다고 하더군요. 저도 괜찮다고는 했는데 자꾸만 배신감이 들면서 화가 납니다. 여자친구를 향한 마음이 예전 같지도 않고 자꾸 안 좋은 상상을 하게 됩니다. 이별을 생각 중인데 어떻게 해야 할까요?

사자 톡 실망을 할 수도 있고 배신감이 들 수도 있습니다. 그러나 사랑한다면 상대의 허물을 덮어주어야지 허물 때문에 관계를 정리하는 건 성숙하지 못합니다. 성경의 기준으로는 우리 중 누구도 자신 있게 자신이 깨끗하다고 말할 수 없습니다. 우리 크리스천은 아무리 더러운 죄를 지어도 예수님의 보혈의 능력으로 눈보다 더 희게 그 죄가 씻기는 회개와 용서의 능력을 믿는 사람들입니다.

그동안 사실대로 말하지 못했던 여자친구의 심정을 이해할 수 있도록 은혜를 구하는 건 어떨까요. 앞으로 형제님도 하나님께 그리고 사랑하는 사람에게 용서를 구할 상황이 반드시 옵니다. 지금은 앞선 것 같으나 내 죄성을 직면하고 무너지는 순간이 오기 마련이지요. 그러니 오히려 한 차원 더 높은 사랑을 할 기회로 여기고, 애인과의 관계보다 예수님과의 관계가 더욱 인격적이고 성숙한 단계로 접어드는 계기가 되길 바랍니다.

사자에게 물어 봐 목회자 자녀인 27세 여성입니다. 고등학생 때 사귀던 교회 오빠로 인해 혼전순결을 잃었습니다. 그 뒤로 연애를 할 때마다 넘어졌어요. 아무리 말씀을 보고 기도를 해도 제 모습이 너무 추악하고 더러워서 그 기억이 떠나질 않습니다. 실수했던 자신이 너무 싫고 용서가 되지 않습니다. 하나님께서 과연 저를 용서해주실까요?

사자 톡 예수님의 보혈의 능력은 시커먼 우리 죄를 눈보다 더 희게 씻기세요. 예전에 어떤 목사님 아들의 간증을 들었어요. 그도 과거 기억 때문에 많이 힘들었다고 해요. 그런데 하나님이 '너는 깨끗하다. 너는 순결하다'라고 말씀하셨다고 했어요. 물론 결혼 전에 성 경험을 한 건 물리적인 사실입니다. 죄를 지은 거죠. 그 사실은 바뀌지 않아요.
그러나 예수님의 이름으로 그 죄를 회개하고 돌아서면 하나님께서는 죄를 기억지도 않는다고 하셨어요. 예배자의 마음의 평강과 평안을 뺏는 두려움과 분노는 사단이 죄책감을 이용해서 하나님과 멀어지게 하는 겁니다. 그 기억을 완벽하게 잊을 수는 없을 거예요. 하지만 예수님 이름의 능력으로 그 기억을 뛰어넘을 수는 있어요. 당당히 소리 내어 이렇게 선포하세요.
"예수님 이름의 능력으로 명한다. 나를 옭아매고 있는 나쁜 사단아, 지금 당장 떠나가라!"
자신의 육성으로 예수님 이름의 능력으로 죄를 이김을 선포하는 것은 영적으로도 매우 중요한 원리를 담고 있어요. 보혈찬송을 부르는 것도 좋아요. 나쁜 생각이 들 때마다 보혈의 능력을 선포하세요!

그 기억을 잊으려고 노력하는 행위 자체가 그 기억을 강화합니다. 대신 다른 활동을 하는 걸 추천합니다. 독서를 하거나 자신이 건강하게 열중할 수 있는 복음적 자기계발 취미를 찾는 게 좋아요. 예배자의 삶에 집중하세요. 하나님의 용서하심과 끝까지 사랑하시는 은혜를 체험하길 응원합니다.

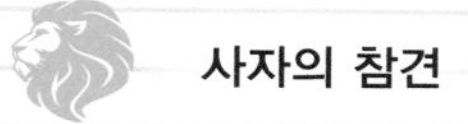

## 사자의 참견

밥 같은 연애를 하자
밥 같은 연애는 곧 성령충만이다

연애와 신앙을 별개로 생각하는 것,
이것이 피자 같은 연애의 핵심이다

'성욕이라는 피아노 건반을 악보에 맞게
눌러야 할 때 누르는 게' 중요하다

성관계는 결혼 후,
배우자와만 하는 것이다

# 10 음란물 시청과 자위를 어떻게 하면 끊을 수 있을까요

#내가 보는 게 곧 나다 #습관을 바꿔라 #디지털 디톡스

음란물 시청이 우리 뇌에 어떤 실제적인 악영향을 주는지에 대한 자료는 많다. 예를 들어, 음란물 시청 시 뇌의 특정 부위(선조체)가 쪼그라든다, 음란물에 중독된 뇌의 전전두엽에 부식(erosion)이 일어난다, 음란물을 보며 자위행위를 자주 하는 사람은 그렇지 않은 사람보다 발기 부전 위험이 증가한다, 중독적 행위에 의한 도파민 과다 분비가 악영향을 준다는 이야기는 여기서 더 자세히 언급하지 않겠다.

나는 크리스천 청년들이 생활적인 측면에서 어떻게 하면 음란물 시청과 자위를 끊을 수 있는지 내 수준, 내 논법으로 이야기하려 한다.

음란물 시청과 자위를 끊는 방법은 두 가지다. 첫째, 자신의 미디어 콘텐츠 소비 환경을 완전히 바꾸어야 한다. 둘째, 이전과는 '다른 생각'을 해야 한다. 즉 평소 자기 뇌의 고착화된 신경회로가 아닌 '새로운 신경회로'를 만들어야 한다.

이 둘을 한마디로 표현하면 "습관을 바꿔야 한다." 자신이 처음 음란물 시청과 자위를 시작한 때부터 현재까지 기간을 계산해보자. 이 습관은 생각보다 오래 지속된 내 (죄 된) 삶의 일부임을 알게 될 것이다. 당신은 한 달에 몇 번 음란물 시청과 자위를 하는가? 만약 그 기간과 횟수만큼 독서를 했다고 생각해보자. 책을 읽을 때도 소량의 도파민이 분비된다.

나 자신이 어떤 보상을 선택하느냐에 따라 인생이 달라진다. 물론 이건 선택의 문제가 아니다. 음란물 시청과 자위는 당연히 끊어야 할 죄이기 때문이다. 사도 바울의 말처럼 "음행하는 사람은 자기 몸에게 죄를 짓는 것"(고전 6:18)이며 내 몸은 내 것이 아니라 "하나님에게서 받은 것"(고전 6:19)이다. 그러므로 내 안에 계시는 "성령님의 성전"(고전 6:19)을 위해서라도 우리는 음란물 시청과 자위를 끊고 이겨내야 한다. 우리의 몸으로 하나님께 영광 올려드림은 크리스천의 엄중하고 거룩한 책무이다.

자신의 미디어 콘텐츠 소비 환경과 패턴을 생각해보자. 요즘은 대부분의 청년이 TV나 노트북보다 스마트폰을 사용한다. 스마트폰에는 자기 영혼의 모양이 그대로 담겨있다. 사람들과 나눈 대화, 시청기록, 최근 검색어, 자주 사용하는 앱에 자신의 뇌의 습성과 패턴이 그대로 있다고 보면 된다. 그래서 몇몇 범죄자와 피의자들을 조사할 때 빠지지 않는 필수 물품이 스마트폰과 디지털 기기이다.

남에게 보여주는 공적인 모습이 당신의 인격이 아니라 스마트폰에 남은 흔적이 실제 당신의 인격이다. 내가 검색하는 게 곧 나고, 내가 보는 게 곧 나 자신이다.

자신의 디지털 기록에 복음적 콘텐츠보다 세속 콘텐츠가 더 많다면, 더 나아가 음란물 시청 흔적이 깊고 진하다면 현재 그의 영성은 그리 건강하지 않다는 뜻이다. 인정하기 싫겠으나 '피자 같은 크리스천'일 가망이 크다. 그럼 어떻게 해야 할까. 지금 당장 스마트폰 자체를 없애는 게 해결책일까? 아니다. 그건 실현 불가능할 뿐더러 건강한 해결 방식도 아니다.

내가 비정상적으로 자주 사용하는 앱을 일시적으로 또 반복적으로 지우는 게 도움이 된다. 일종의 '간헐적 디지털 디톡스'다. 대표적으로 유튜브, 인스타그램 및 기타 SNS, 게임, 쇼핑몰, 사진 편집 앱 등을 지워보라. 말씀보다 열심히 보는 각종 뉴스 사이트도 마찬가지다. 포털사이트 앱이나 자신이 가입하고 활동하는 커뮤니티 앱 또는 바로가기 앱도 마찬가지다.

정말 해악한 것들은 단번에 계정을 삭제 및 탈퇴하는 것도 좋다. 하지만 조절만 하면 충분히 유익을 얻을 수 있는 것들은 영구 계정 삭제보다 일정 기간 앱을 지우는 방식을 추천한다. 중독이라고 할 만큼 비정상적으로 자주 사용하는 앱을 지우면 우리는 그 서비스를 이용하지 못하거나 우회해서 접속해야 하는데 그러면 자연스럽게 접촉 빈도가 줄어든다. 스마트폰 홈 화면이 음식 진열대라고 한다면 내 눈이 가장 많이 가는 곳에 진열된 인스턴트 음식을 치우는 셈이다.

나 스스로 가하는 일종의 넛지(nudge, 강압하지 않고 부드러운 개입으로 더 좋은 선택을 할 수 있도록 유도하는 방법)다. 우리가 무분별하게 보는 인터넷 콘텐츠 곳곳에 숨어있는(또는 대놓고 드러내는) 성적인 콘텐츠는 음란물 시청이나 자위에 대한 욕구의 트리거(trigger, 방아쇠)가 된다.

랭킹뉴스 서비스에 올라온 한 장의 사진 또는 영상, 인스타그램에 뜨는 사진, 게임 속 여자 캐릭터의 자극적인 성 상품화, 유튜브 추천 목록에 뜨는 자극적인 영상들이 그 일환이다. 요즘은 인공지능 알고리즘 프로그램이 내 과거 선택을 분석해 '알아서' 내가 좋아할 만한 콘텐츠를 소개한다.

그러니 아예 그 프레임으로 들어가지 말아야 한다. 들어가는 문을 없애자. 성적인 자극을 받을 만한 확률을 줄이는 게 중요하다. 그럼 처음에는 피자 조미료에 익숙해져 일상의 다른 자극을 찾거나 일종의 금단 현상이 생기지만 곧 밥 같은 생활을 천천히 되찾는다.

#새로운 정보 주입 #말씀에 노출되라 #당당하고 뻔뻔하게

또 다른 방법이 있다면, 새로운 생각을 해야 한다. 그러려면 새로운 생각의 재료들이 있어야 한다. '새롭다'는 말에 유의하자. 이미 내 머릿속에 담긴 정보가 아닌 새로운 정보가 밖에서 안으로 주입되는 걸 뜻한다. 대표적인 게 '독서'다.

대개 음란물 시청과 자위를 끊기 위해 '음란물을 끊어야 해', '음란물을 절대 안 볼 거야. 나 자신과의 약속을 무너뜨리지 말자', '이 사진(또는 영상)을 보니 음란물을 보고 싶지만 참아야 해'라고 생각한다. 자신도 모르게 음란물과 자위를 묵상하는 꼴이다.

프레임 이론(정치·사회학적 인지구조의 틀, 즉 프레임의 힘을 설명하는 이론)의 창시자 조지 레이코프(George Lakoff)는 "내가 하지 말아야 할 것을 되새기는 게 오히려 그 생각의 영향을 강화시킨다"라고 말한다. 그래서 그의 책 제목이 《코끼리는 생각하지 마》이다.

그런데 아예 생각조차 하지 않는 게 어떻게 가능할까? 다른 생각, 즉 다른 정보를 주입하면 된다. 관심사를 바꾸는 거다. 방 안에서 혼자 정신 수양하는 것보다 열심히 산책하는 것도 새로운 정보를 주입하는 일이다. 맑은 공기, 신선한 바람, 평소 보지 못했던 동네의 모습을 접하며 새로운 정보에 노출되자. 실제로 산책 또는 달리기 같은 유산소 운동은 여러 유익한 호르몬을 분비한다.

인터넷 성경 필사도 추천한다. 요즘은 기독교 사이트에서 성경 필사 서비스를 제공한다. 예전에는 음란물이 나오던 내 모니터에 성경 말씀이 배열되면 나는 키보드를 두드려 그 말씀을 필사하면 된다. 잡념이 떠나가고 말씀이 눈에 들어온다. 손목이 아프고 손가락이 피곤하지만 그것도 성경 필사의 장점 패키지다. 말씀에 최대한 많이 노출되도록 노력하자.

혼자 방에서 작업할 때도 창문을 열고 햇빛을 보자. 자기 방 대청소를 하자. 서랍 속 물건들을 정리하자. 1년 넘게 손을 안 댄 것들은 버려도 무방하다. 책상을 깔끔하고 깨끗하게 하자. 컴퓨터, 스마트폰 대청소도 마찬가지다. 최근 검색어, 최근 기록을 지우자. 물론 내가 무얼 했는지 하나님은 모두 아신다. 디지털 대청소는 자기 자신에게 또 다른 동기부여가 된다.

여기서 중요한 건, 포기하지 않는 '뻔뻔함'이다. 믿음의 가장 좋은 친구는 뻔뻔함이다. 몇 달 동안 승리하다가 한 번에 무너질 수도 있다. 앞을 향해 10킬로미터 전진한 것 같은데 한 번에 180킬로미터 뒤로 물러난 느낌이다. 상실감도 크지만 무엇보다 죄인 줄 알면서도 또다시 그 구렁텅이에서 허덕이는 자신에 대한 자괴감과 절망에 눌린다. 도저히 하나님께 다시 회개할 염치가 생기지 않는다.

그럴 때라도 무릎 꿇고 죄를 고백하며 눈보다 더 희게 죄를 씻으시는 예수님의 보혈의 능력을 의지하고 믿으라. 남들에게는 미친 짓처럼 보이겠으나 우린 남의 눈이 아니라 예수님과 나의 관계를 최우선으로 해야 한다.

한두 번의 자위가 우리를 결국 어떤 파국으로 이끌지 어떻게 알 수 있는가. "건강하게 즐기기만 하면 된다. 성욕을 해소하는 건 오히려 건강에 도움이 된다"라는 매우 편향된 세상 정보를 성경보다 더 믿고 따르는 게 어떻게 크리스천의 모습이라 할 수 있겠나. "믿음으로 하지 않는 것은 모두 죄"(롬 14:23)다. 왜 이렇게 숨 막히게 예수 믿느냐고 묻는 사람이 있다면 이렇게 말해주자. 예수님은 원래 이렇게 믿는 거라고.

그러니 백 번 넘어졌다 하더라도 백한 번 다시 일어나자. 그 어떤 숫자적 상징이 아니다. 진짜 백한 번 일어나라. 예수님의 이름의 능력을 의지하자. 우리는 하나님의 존귀한 자녀이며 거룩한 사명을 부여받은 사명자다. 그러니 사단이 심어놓은 영적인 다람쥐 쳇바퀴를 부숴버리자.

넘어져도 당당히 다시 일어나자. 한 번도 안 넘어지는 것도 믿음이지만, 백 번 넘어져서 백한 번 다시 일어나는 것도 믿음이기 때문이다.

사자에게 물어봐 20대 초반 남자입니다. 정말 남자가 자위를 끊을 수 있다고 생각하시나요? 그건 불가능해요. 별의별 방법을 다 썼지만 절대 못 끊겠습니다. 그렇게 숨 막히게 말하면 교회에 다니고 싶던 사람도 부담돼서 못 가요. 좀 현실적인 조언은 없나요?

사자 톡 법규를 무시하는 사람이 많아진다고 해서 빨간 신호등 자체를 없애는 경우는 없어요. 그 둘은 전혀 별개의 영역입니다. 옳고 그른 것을 판단하는 성경 기준은 움직이지 않습니다. 이 절대성은 복음을 구성하는 핵심 요소이지요. 만약 왜 기독교만 그렇게 배타적이냐고 묻는다면 저는 오히려 세상 모든 종교, 하물며 무신론이라는 종교 역시 배타성이 기본 요소라고 말하고 싶어요. 다들 자기가 옳다고 주장하니까요. "기독교는 틀렸어. 우리 모두 화합해야 해"라고 하는 상대주의 역시 그 상대성만이 옳다고 주장하는 절대성을 띠지요. 쉽게 말해, 상대주의는 근본 자체가 거짓입니다. 우리는 죄와 싸워 이길 수 없어요. 백전백패입니다. 그러나 예수님은 백전백승입니다.
사람은 아는 만큼 보는 법입니다. 형제님이 알고 확신하는 정보의 수준을 점검할 필요가 있어요. 보혈의 능력은 습관을 바꿉니다. 문제는 본인이 얼마나 그 능력을 의지하느냐에 따른 선택에 달렸다고 봅니다. 이것이 기독교 세계관에서 도출되는 가장 현실적이고 사실적인 조언입니다. 부디 이번에는 다른 시도와 결과를 접하기를 진심으로 기도하고 응원하겠습니다.

사자에게 물어 봐 저는 10대 후반 여성입니다. 몇 년 전, 우연히 자위를 하게 되었는데 도저히 못 끊겠어요. 너무 괴롭고 힘든데 자위를 하지 않으면 배가 심하게 아플 정도입니다. 아무리 기도하고 애써도 안 됩니다.

사자 톡 패턴이 이미 습관화된 것으로 보입니다. 몸이 기억하고 반응하는 거죠. 배가 심하게 아플 정도라면 전문가의 상담과 지도를 받아야 합니다. 또는 서점에서 '중독'에 관련된 책을 읽어보는 것도 도움이 될 겁니다. 다만 세상 학문은 무신론, 진화론에 의거한 논증이 많으니 필요한 부분을 잘 선별하시고요.
제가 말씀드릴 수 있는 건, 지금 그렇게 괴로워하고 끊으려 하는 그 의지가 매우 소중하다는 거예요. 포기하지 마세요. 죄에서 허덕이던 우리가 예수님을 믿고 구원을 받았어요. 이보다 더 큰 기적이 어디 있겠어요. 내 삶의 죄 된 습관의 뿌리가 아무리 깊어도 예수님은 능치 못하실 일이 없으십니다.
힘내세요. 적극적으로 전문가의 도움을 받고, 관련 서적을 읽어보세요. 이전과는 전혀 다른 새 정보와 지식으로 자매님은 완전히 다른 차원의 삶을 살게 될 겁니다.

# 11 남자와 여자는 친구가 될 수 없나요

#이성사람친구 #무지이거나 자기 과신이거나 #핵심은 성(sex)

남자와 여자는 친구가 될 수 없다. 될 수 있다고 생각하는 사람은 아직 무지하거나 자신을 속이는 사람이다. 여기서 말하는 친구의 개념은 표면적으로 좋은 관계를 유지하는 수준의 인간관계를 말하는 게 아니다. 남자와 여자가 사귀지 않는 상태로 동성 친구가 함께 다니듯 친구'처럼' 붙어 다니고 연락하는 등 깊은 감정교류를 나누는 걸 말한다. 쉽게 말해 '남사친, 여사친'(이성사람친구)은 '썸 타는 사이'와 다르다.

특히 크리스천들은 애인 또는 배우자가 있어도 소그룹 교제, 나눔, 케어, 상담 등의 이유로 이성과 반복적으로 만날 기회가 많다. 다른 사람들과 있든 단둘이 있든 본질은 '지속적으로 자주 만난다'는 것인데, 사람은 자주 만날수록 상대에 대한 호감도가 올라간다. 이를 사회심리학적 용어로 '단순 노출 효과'(Mere Exposure Effect)라고 한다. 이 때문에 미국 기혼자의 3분의 1은 동네 친구, 직장 동료, 교회 또는 학교 친구와 결혼한다고 한다.

이처럼 같은 장소에서 자주 보는 사람과 결혼하기도 하지만 동일 조건에서 바람도 많이 피운다는 점을 간과해서는 안 된다. 즉, 단순 노출 효과 때문에 사랑이 시작되기도 하고, 바람(=음란과 간통)이 시작되기도 한다. 남자와 여자는 친구가 될 수 없다는 '진실'을 외면한 결과다. 무지 때문이든 자기 과신 때문이든 본질은 둘 다 '교만'이다.

물론 정말 이성으로 느껴지지 않는 '이성사람친구'도 있다. 사람마다 모든 음식을 '맛있다'고 느끼지 않는 것과 같다. 그러나 그 음식을 먹을 순 있다. '저 음식은 안 당긴다'와 '저건 음식이다'는 전혀 별개의 영역이다. 전자는 취향, 후자는 본질에 관한 이야기다. 음식은 먹을 수 있고, 인간은 식욕이 있다. 남자와 여자는 아이가 생기게 할 수 있고, 인간은 성욕이 있다. 수많은 젊은이가 음란에 허덕인다. 그렇다. 여기서도 핵심은 성(sex)이다.

아직 성관계 경험이 없는 사람과 경험이 있는 사람을 구분해서 살펴보자. 아직 성관계를 하지 않은 사람은 남녀가 주고받는 내밀한 성적 신호를 모른다. 예를 들어 여자 아이돌 가수의 특정 안무가 무엇을 연상시키는지, 저 광고에 어떤 성적인 코드가 어떻게 숨어있는지, 성적인 농담을 주고받으며 왜 시시덕거리는지 잘 모른다. 그 안의 '섹스 시그널'을 못 본다.

이런 사람은 '이성사람친구'를 사귀는 데 있어 그 의도가 비교적 순수하다. 이는 커피를 한 번도 안 마셔본 사람은 아무리 몸이 피곤하고 지쳐도 커피 생각이 나지 않는 것과 같다. 그러나 야근 다음 날, 식사 후 마시는 아이스 아메리카노 한 잔의 목 넘김을 아는 사람은 커피라는 지식이 경험이 되고, 그것이 욕구가 된다. 내내 커피를 마시고 싶은 건 아니지만 커피를 마시고 싶은 순간이 되면 커피를 마시거나 참거나 해야 하는 새로운 옵션이 생긴다.

마찬가지로 자위를 하거나 바람을 피우거나 윤락업소에 간 경험이 있는 사람은 다시 그 죄를 반복해서 짓거나 죽을 때까지 참아야 하는 '새로운 죄의 굴레 옵션'이 생긴다. 그 유혹은 보다 구체적이며 직접적이다. 그래서 경험이 무섭다. 아닌 걸 알면 되도록 하지 말자. 그게 지혜다.

그렇다고 성관계 경험이 없는 남녀의 '이성사람친구' 관계가 무조건 안전하다는 말은 아니다. 경험이 없다는 게 곧 죄에서 자유롭다는 말은 아니기 때문이다. 우리는 미처 인지하지 못하더라도 본능적으로 음란을 좇는다. 예수님의 구원의 은혜가 없다면 우리는 평생 죄의 노예다. 성 경험이 없는 남녀가 이성사람친구로 좋은 관계를 유지하는 것처럼 보여도, 그 균형은 금세 깨지거나 변한다. 그걸 표현하느냐 하지 않느냐의 차이다.

또한 상대에게 본능적인 성적 반응을 경험하기도 한다. 남자의 경우 '여사친'이 짧은 치마나 가슴 부위가 파인 옷이나 상체가 도드라지는 옷을 입을 때, 붙어 다니면서 간간이 경험하는 사소한 스킨십에 성적 반응을 경험한다. 여자도 '남사친'이 정서적으로 든든하게 느껴지거나 문득 남자다운 면을 발견하면 이성적 호감을 느낄 수 있다.

남녀가 서로 싫지 않음을 바탕으로 특별한 이유 없이 만남을 유지하는 건 이성적 즐거움(enjoy)이 본질이다. 애인 또는 배우자가 아닌 다른 이성과 이런 관계를 의도적으로 지속하는 것도 음란이다.

여기서 잊지 말아야 할 맹점이 있다. 설령 남녀 둘 다 성 경험이 없더라도 각자의 삶에서 음란물 시청 및 자위 경험이 있거나 무분별한 세상 콘텐츠(로맨스 영화, 드라마, 아이돌 가수 팬픽, 섹스 심벌 가득한 뮤직비디오, 게임, 음담패설을 쿨한 것으로 포장하는 우려되는 수준의 갖가지 예능 프로그램 등) 소비에 젖어있을 수 있다.

그래서 본인도 모르는 사이에 선과 악에 대한 성경적 기준이 무너져 있다면, 즉 예수님을 안 믿는 것은 아니나 의도적으로 덜 믿는 피자 크리스천으로 살고 있다면, 이 둘은 담백하고 건전한 거리를 둔 '이성사람친구'라고 말하기 어렵다. 이건 거룩한 절제와 인내가 동반된 예배자의 삶이 아니다. 이들은 거룩으로 죄를 이기고 있는 상태가 아니라, 아직 죄 지을 기회가 오지 않았을 뿐이다.

성 경험이 있는 남녀라면 더 말할 것도 없다. 그들은 '밥 같은 연애'의 장점은 누리면서 그에 동반되는 책무는 회피한다. 오늘날 얼마나 많은 사람이 '이성사람친구'라는 명분으로 은밀한 데이트를 즐기고 있는가. 그러다 결국 비루한 음란의 결과를 맺고야 만다. 그들은 "이건 정말 실수였다"라고 말하지만 그건 명백한 거짓말이다. 팥을 심으면 팥이 나고, 콩을 심으면 콩이 난다. 잘못된 기준은 잘못된 행동을 초래한다. '그 실수'는 원인이 아니라 결과다.

애초에 바른 기준을 가진 사람[=반석 위에 집을 지은 사람(마 7:24), 성경 말씀을 실제 삶으로 실천하는 사람]은 '이성사람친구'라는 명분으로 자신까지 속이며 은밀한 데이트를 하지 않는다. 기억하자. 이건 '썸 타는 사이'를 논하는 게 아니다. 건강한 연애의 도입부를 뭉개는 것도 아니다. 남녀가 서로 도덕적, 영적인 안전장치를 해야 한다는 기본 가이드라인 자체를 거부하는 사람들의 무지와 교만을 지적하는 것이다.

애인 또는 배우자가 있는 사람은 '이성사람친구' 관계를 정리해야 한다(여기서 말하는 애인은 '밥 같은 연애관'을 가진 사람이다. 연애와 결혼은 별개가 아니다. 결혼할 마음으로 연애하자. 결혼할 준비가 됐을 때 연애하자). 애인 이외에 심리적 애인 관계인 이성이 있다면 아예 연락을 끊어야 하며 비교적 평범한 '이성사람친구'와의 관계도 긴장을 풀지 말고 안전거리를 두어야 한다.

부득이 '이성사람친구'와 업무상 둘이 만나야 할 때는 공개적인 장소에서 되도록 낮에 만나고, 용건 이외에 불필요한 연락과 만남은 갖지 않아야 한다. 또 되도록 늦은 저녁에는 연락을 삼가며 메시지 단어 하나 이모티콘 하나도 오해의 소지가 없어야 한다.

애인 또는 배우자에게 하는 것보다 과도한 친절을 베풀어서도 안 된다. 동정심을 명분으로 지나친 관심을 쏟는 것도 금지다. 정말 안타까운 상황이라면 그 동정과 긍휼과 중보를 애인 또는 배우자와 공유하여 함께 위로하라.

부부간에 신앙적 대화가 되지 않는다면 어쩔 수 없겠으나 그럴 때는 더욱 배우자와의 신뢰를 최우선으로 해야 한다. 가장 걱정하고 신경 써야 할 대상은 서로 사랑을 약속한 내 애인 또는 배우자이다. 내게 가장 좋은 친구는 예수님이시며, 그다음이 배우자다(결혼 전, 애인 관계는 아직 한몸이 되기 전이기에 지나친 정서적, 정신적 연합은 건전하지 않다).

남자와 여자는 친구가 될 수 없다. 넘지 말아야 할 선을 인지하며 건강한 거리감을 지켜나가자. 애인 또는 배우자보다 이성사람친구에 대한 관심 빈도수가 높거나 가까우면 안 된다. 그게 남자와 여자의 올바른 친구 관계이자 가능한 친구 관계이다. 자신을 믿지 말고 애인 또는 배우자 외의 어떤 이성에게도 영적 안전거리를 좁히지 말자. 그게 신앙과 생활이 합일된 진짜 거룩의 영성이다.

사랑하는 사람이 불쾌해할 만한 행동을 하지 말자. 애초에 그런 환경 자체를 만들지 않기 위해 사랑하는 사람과 구체적인 가이드라인을 함께 만들어가는 것도 좋다. 굳이 이렇게까지 할 필요가 있을까 싶겠지만 진지한 결혼을 준비하는 남녀에게는 반드시 필요한 과정이다. 두 사람의 깊은 인격적 연합은 자기 영혼의 정직과 정결로 이루어지기 때문이다.

일상에 젖어있는 음란을 청산하자. 각종 커뮤니티 관계를 명분 삼아 은근히 즐기는 남녀 간 부정직한 행위를 중단하자. 이 시대 젊은 세대의 회복과 부흥은 남녀 관계에 대한 성경적 질서와 기준을 다시 세우는 것부터 시작된다. 내가 부흥의 매개가 될지, 불의의 도구가 될지는 오늘 내 선택과 실천에 달렸다. 우리의 참된 친구 예수 그리스도를 통해 한 차원 높은 신앙 레벨로 들어서길 진심으로 응원한다.

사자에게 물어봐 2년째 연애 중이에요. 남자친구에게는 저랑 사귀기 전부터 절친인 여자친구가 있어요. 그런데 그가 여사친과 오래 통화하며 제게도 하지 않은 이야기를 하면 너무 마음이 아파요. 셋이서 한 번 같이 밥을 먹었는데 순간순간 불쾌했습니다. 남자친구가 자신을 못 믿느냐고 하는데 제가 너무 과민한 건가요?

사자 톡 연애를 시작하는 동시에 모든 '이성사람친구' 관계를 단번에 끊는 것은 비현실적인 측면이 있습니다. 그러나 사랑하는 사람과 진지한 연애를 시작했다면 그 관계를 정리하거나 교류의 톤을 현저히 낮추는 게 올바른 일입니다.

자매님을 정말 사랑한다고 하면서 자매님이 불쾌해하고 불편해하는 일을 지속적으로 하는 건 앞뒤가 맞지 않지요. 물론 아직 결혼 전이니 서로의 사생활을 지켜줘야 하는 영역이 분명 존재합니다.

그러나 남자친구의 그런 인간관계는 지금 진지하게 교정하는 게 좋아요. 결혼을 한다고 성향과 습관이 단번에 바뀌지 않거든요. 자매님의 연애가 밥 같은 연애인지 피자 같은 연애인지, 연애의 열매가 거룩인지 음란인지도 함께 살펴보시고요.

사자에게 물어 봐 저는 2년째 연애 중인데, 제 동기 남자들과 야구 관람도 하고 고민 상담을 해주려고 밥도 먹고 커피도 마셔요. 남자친구도 가끔 여사친을 만나요. 저는 쿨하게 넘어가고요. 단지 연애를 하고 있다는 이유만으로 이런 것까지 하지 말라는 건 너무 꽉 막힌 사고가 아닌가요? 직장도 다니고 사회생활도 해야 하는데 조금은 비현실적인 조언 같아요. 제 사생활도 있는 거잖아요.

사자 톡 만약 써주신 내용이(애인과 서로 '사생활'을 지켜준다는 이유로 '이성사람친구'와 만남 및 감정적 교류를 지속하는 것을 시기심이나 질투심 없이 쿨하게 인정해주는 것) 모두 사실이라면, 두 분은 엇비슷한 연애관을 갖고 계신 것으로 보입니다. 다만 두 분이 결혼까지 하게 된다면 이 '쿨한 사생활'에 대한 전면적인 개념 재정립이 필요할 겁니다. 결혼하면 반드시 함께 희생하고 절제해야 할 '진짜 삶의 문제'에 당면하거든요.
예를 들어, 나는 자정 넘어까지 육아를 하는데 남편은 직장 문제로 힘들어하는 여사친을 새벽까지 위로하고 올 수도 있어요. 불쾌하게 들릴지도 모르나, 저는 두 분이 피자 같은 연애관에 의한 '콘셉트 연애'라고 유추합니다.
지금은 그 생활과 생각이 쿨하고 세련된 것처럼 보이나 언젠가 당면할 삶의 진솔한 문제 앞에 머리와 가슴이 따로인 '진실'을 마주할 수 있어요. 그걸 겸허히 인정하며 자신의 세계관을 교정하거나 편향적인 '내로남불'로 죽을 때까지 자신을 속이며 살아가는 두 가지 길이 있겠지요.
사회생활을 하지 말라는 게 아니라 사회생활을 하는 마음의 결을 바꾸라는 겁니다. 사생활이라 구분 짓는 개념에 피자 조미료를 빼자는 말이지요. 그것이 자매님이 진정 행복하고 의미 있게 살 수 있는 정답입니다. 혹시라도 연애 기간 중에 남자친구에게 불만이 생기거나 시기심, 질투심이 든다면 그건 건강한 신호입니다. 그때 제가 해준 말이 조금이나마 도움이 되길 바랍니다.

# PART 2

; 신앙 따로 일상 따로, 하나가 될 수 있을까

INTRO

## 용기 내어 물어도 속 시원히 풀리지 않던 의문들

#본질적인 해답 #지성과 실천 #왕께 순종

내 독서 여정은 19세 즈음 인격적으로 하나님을 만난 뒤, 그분이 너무 궁금해서 스스로 기독교 서적을 펼쳐 정독하면서 시작되었다. 그전까지 난 축구와 게임을 좋아했다. 그러나 하나님을 만나고 그분을 알고 싶은 강한 갈망에 사로잡혀 책을 읽기 시작한 이후 내게 축구와 게임은 '의미'를 잃었다. '진짜 의미'를 깨달았다는 표현이 더 적확하다.

그때부터 내 습관과 취미가 본질적으로 바뀌었다. 대학교 4년 동안은 성경과 기독교 서적 위주로 읽었다. 옳고 그름에 대한 올바른 분별 기준을 세운 시기였다. 그 뒤로는 일반 서적을 많이 읽었다. '내가 만약 잘못된 책을 읽고 경도되면 어떡하지?'라는 걱정도 있었으나 하나님의 보호하심은 내 생각보다 신실하고 강력하셨다.

갑자기 왜 독서를 이야기할까? '기독교 변증서' 때문이다. 그전에는 기독교 변증이 뭔지도 몰랐다. 복음의 사실성이 이런 식으로 입증되는 줄 전혀 몰랐다. 그러나 C. S. 루이스의 《순전한 기독교》를 시작으로 최근 여러 기독교 변증서를 읽다 보니 모태신앙이었으나 평소 신앙생활에 대해 궁금해도 쉽게 물어보지 못했던 내 안의 많은 물음표가 하나하나 해소되었다(창조과학도 매우 유용했다).

'성경이 사실이었구나. 논리적인 입증이 가능하구나!'

내 신앙이 갖던 추상성이 걷히고, 내 삶에서 신앙과 생활이 더욱 구체적으로 일치되었다. 창세기 1장 1절을 과도한 의미부여와 추상적 확신으로 믿는다고 외치는 게 아니라 말씀 자체가 너무도 당연하고 명백하니 믿어졌다. 이해가 되면 신앙은 절로 좋아진다. 물론 우리의 의지와 이성적 사고의 한계는 명확하다. 하나님께로 가까이 갈 수 있는 지식은, 오직 하나님의 은혜로 우리의 우둔한 어둠에서 벗어나야만 얻을 수 있다.

내가 이해해서 신앙이 단단해지기보다 하나님께서 이해시켜주시는 은혜로 인해 믿음이 단단해진다. 또한 머리로 이해된 것으로만 끝나면 죽은 신앙이다. 교만의 활로가 열린다. 그러나 온전한 지성은 실천으로 귀결된다. 모래 위에 지은 집과 반석 위에 지은 집의 본질적 차이는 '실천'이다(마 7:25). 독서량보다 마음밭이 중요한 이유이다. 성경보다 좋은 책은 없다.

인간의 일생 동안 겪는 숱한 고민에 대한 해답이 모두 성경에 들어 있다. 성경 속 단어와 표현이 어려워 멀리한다면 〈쉬운성경〉이나 〈현대인의성경〉처럼 보다 익숙하고 쉬운 언어로 쓰인 성경을 읽으면 큰 도움이 된다. 또 너무 힘들어 큰 위기감이 몰려올 때는 찬송가를 펼쳐 부르면 된다. 요즘 CCM에서는 나올 수 없는 깊고 넓은 여운의 무게감으로 영혼이 참 평안을 누릴 수 있다.

그런데 왜 그토록 많은 크리스천이 이 본질적인 해답을 알고도 묻고 또 묻는 걸까. 두 가지다. 첫째는 그리스 이성철학이 기반인 계몽주의적 공교육과 사회 시스템에서 나고 자란 우리는 뭐든(본인의 지적 수준에 제한되지만) 이성으로 납득이 되어야만 하는 일종의 강박에 시달린다. 하나님의 선하신 섭리를 어떻게든 본인 이해력 수준으로 잡아 내리려 한다.

비록 지금은 이해되지 않으나 하나님의 깊으신 뜻을 믿고 순종하고 인내하겠다는 개념을 삶에 적용하지 않는다. 신앙이 인스턴트화되었다(이성이 모두 틀렸다는 건 아니다. 다만 오염된 이성철학을 '옳다'라고 믿는 확증 편향을 지적하는 거다).

둘째는 정말 몰라서 묻는 거다. 성경에 답이 있다는 말처럼 정확하면서도 어려운 말이 어디 있을까. 지금 이 상황에서 어떤 성경 말씀을 어떻게 해석하고 적용해야 하는지 '제대로' 알 수 있는 사람이 누가 있을까. 오직 하나님께서만 아실 뿐이다. 그래서 우리보다 믿음이 좋아 보이는, 기독교 시스템 안에서 검증된 사람에게 자신의 처지와 해결책을 묻고 또 묻는다.

난 (아직) 신학도가 아니다. 한 명의 청년 성도일 뿐이다. 내가 어찌 교회를 이끌고 성도를 양육하는 목사님의 애타는 심정을 알 수 있겠는가. 3인칭 관찰자 시점과 1인칭 주인공 시점은 전혀 다르다. 지

레짐작과 경험은 본질이 다르다.

그래서 인간 영혼의 길라잡이 역할을 해주는 영적 리더의 조언 수준에 한참 못 미치기에 내 유튜브를 보고 메일을 보낸 분들에게 답을 할 때면 심적인 부담이 크다. 그와 동시에 얼마나 급했으면 영상 속 청년 성도에게 자신의 가장 내밀한 이야기를 쏟아냈을까 싶어 조금이나마 도움이 되도록 내 생각을 몇 자 적어 보낸다(지금은 바쁜 일정 탓에 메일 답장을 잘 못 한다. 묻는 내용에 대한 나의 거의 모든 대답이 이 책에 있음이 어찌 그리 감사한지!).

크리스천 청년들의 신앙 고민에 답하는 내 생각은 부분적이고 깊지 않다. 다만 내 경험과 공부한 정보와 통찰을 녹이는 데 주안점을 두었다. 크리스천이라면 누구나 궁금할 법한 내용이지만 혹여 믿음이 안 좋은 사람으로 여겨질까 싶어 누구에게도 쉽게 못 물었던 것들, 용기 내어 물어도 속 시원히 풀리지 않던 의문들을 해결하는 데 작은 도움 정도만 된다면 감사할 뿐이다.

인간관계나 사회생활의 실질적 처세에 대해서는 3부에서 설명하기로 하고, 이번 장은 신앙의 내면에 초점을 맞췄다. 부디 이 내용을 통해 지식의 교만이 아닌, 예수님을 믿는 사랑이 더욱 뜨거워지길 바란다. 우리가 최종적으로 할 일은 지식 습득이 아닌 '왕께 순종'이기 때문이다. 어떻게 하면 내 자아를 주님께 양도할 수 있는지, 하나님과 나만 아는 내 마음의 동기가 어떻게 더욱 청결해질 수 있는지, 내게 분부하신 놀라운 사명을 어떻게 발견할 수 있는지를 탐구하는 데 도움이 되길 바란다.

## 1 하나님의 뜻 vs 내 뜻, 어떻게 분별하나요

# 세 가지 분별 # 속마음 박스 뜯기 # 믿음 좋은 신앙인 코스프레

크리스천으로 살아가면서 제일 많이 하는 고민은 뭘까? 아마 '무엇이 하나님의 뜻인가, 하나님의 뜻과 내 뜻을 어떻게 분별할 것인가' 일 것이다. 이는 신앙 수준이 높은 크리스천이라고 해서 벗어날 수 있는 문제가 아니다. 물론 성숙자와 새신자가 서로 고민하는 내용의 영적 수준이 다르겠지만 그럼에도 모두 하나님의 뜻이 무언지 갈등한다.

우리는 자칫 신앙이 좋아 보이는 사람들은 이런 고민을 안 하고도 쉽게 하나님의 뜻을 분별할 거라고 생각하는데 사실 그렇지 않다. 오히려 그런 사람일수록 하나님의 뜻을 분별하기 위해 더욱 치열하게 고민할 가능성이 크다. 이는 신앙의 성숙도를 떠나 신앙인이라면 평생 겪어야 할 문제다.

하물며 수많은 크리스천 청년들은 오죽할까. 그들도 치열하다. 무엇이 더 나은 선택인지 엄청 고민하고 갈등한다. 정답을 찾아 이리저리 헤맨다. 자신이 믿을 만하다고 여기는 사람의 이메일이나 SNS 계정으로 메시지를 보내기도 한다.

전공을 살려 취업 준비를 해야 할지 아니면 하루라도 빨리 공무원 시험 준비를 해야 할지(반대로 공무원 시험 공부를 그만두고 다른 진로를 알아봐야 할지), 퇴사를 해야 할지 버텨야 할지, 계속 연애를 해야 할지 헤어져야 할지, 단기 선교를 가야 할지 말아야 할지, 교회를 옮겨야 할지 말아야 할지, 이 친구와 인연을 정리해야 할지 끝까지 품어줘야 할지 등 하나같이 청년의 때에 큰 영향을 줄 수 있는 선택지들이다. 특히 20대는 자신의 진로와 결혼에 대한 윤곽이 잡히기 시작할 때인 만큼 더더욱 선택에 신중할 수밖에 없다.

무엇이 하나님의 뜻인가를 묻는 이런 질문들에 대한 정답은 물론 '케바케'(case by case, 사람마다 솔루션이 각기 다르다는 뜻)다. 각자 부름 받은 사명, 영성의 수준, 처한 환경, 하나님과의 관계가 다르기에 바른 선택을 할 순종 사안 역시 개인에 맞춰 바라봐야 한다.

예를 들어, 나서기 좋아하는 기질의 사람은 특정 상황에서 나서서 말하기보다 침묵이 순종일 수 있다. 반면, 내향적인 사람은 특정 상황에서 입술을 벌려 용기 내어 말하는 게 순종일 수 있다. 개인마다 요구하시는 자기 부인 항목이 다르다.

그러므로 옆에서 하나님의 뜻을 분별하도록 돕는 넓은 의미의 신앙 안내는 가능하더라도 결국 그 뜻을 분별하고 선택함은 본인과 하나님의 내밀한 일대일 관계에서 이루어진다. 타인의 조언은 그저 조언일 뿐, 신앙 여정에 유익한 지도를 얻었다 할지라도 직접 걸어가는 건 본인 몫이다.

이제 그 지도 보는 법을 알아보자. 먼저 '무엇을'(what) 골라야 할지 모르겠는 경우다. 일단 고민이 복음적인지 아닌지부터 따져보자. A와 B 중에서 어떤 게 더 복음적인지 살펴봐야 한다. 사실 이 문제에 해답을 찾는 건 쉽다.

본인이 이미 그 정답을 알고 있는 경우가 대부분이다. 문제는 본인이 그 정답과 마주할 용기가 있느냐, 더 나아가 그 정답을 겸허히 인정하고 실천할 의지가 있느냐이다. 사람은 제대로 된 정답을 알려준다고 바뀌는 존재가 아니다. 정답은 우리 주위에 널려있다(서점이나 교회에 성경책은 널려있다. 성경 말씀을 몰라서 하나님을 안 믿는 게 아니다).

본인이 그 정답을 선택할 것이냐가 관건이다. 하나님께서 침묵하시는 게 아니라 스스로 의도적으로 귀를 막고 얼굴을 돌린 거다. 하나님께 묻기도 전에 이미 자기 마음이 가는 선택지가 따로 있기 때문이다. 즉 애초에 뜻을 구하는 의도가 정말 궁금해서 하나님께 묻는 게 아니라 자신의 뜻을 관철하려고 떼를 쓰는 방식이다. 죄를 짓기 위한 일종의 명분 쌓기다.

이런 말을 하면 처음에는 당황하면서 아니라고 하거나 기분 나쁜 내색을 할 수도 있다. 그러나 조용히 그리고 차분히 기도하면 이내 본인이 하나님 음성의 볼륨을 일부러 낮추고 있었음을 깨닫는다. 복음과 반복음은 헷갈리지 않는다. 자신의 마음이 혼탁해진 것뿐이다.

겸허히 인정하고, 복음을 선택하자. 정답은 본인이 이미 알고 있다. 순종 여부가 본질이다.

그럼 A와 B 모두 복음적이라고 생각이 될 때는 어떻게 해야 할까. 여기에서도 마음의 동기를 살펴야 한다. 겉으로는 복음적인 것처럼 보여도 그 선택이 자신의 신앙적 평판과 체면을 위한 것은 아닌지, 즉 이 선택이 '겸손 코스프레', '믿음 좋은 신앙인 코스프레'의 일환은 아닌지 점검해야 한다.

요즘은 "오른손이 하는 것을 왼손이 모르게"(마 6:3) 했다는 걸 홍보하는 사람들이 너무 많다. 그러나 우리의 모든 선택의 이유와 목적은 예수님뿐이어야 한다. 그분이 모든 주목과 영광을 받으셔야 한다. 그러니 자기 마음의 동기를 소독하고 어떤 것이 내가 아닌 예수님이 드러나실 선택인지, 내가 아닌 그분이 큰 영광을 받으실 선택인지를 기준 삼아 곰곰이 따져보자.

남에게 확인받으려 묻지 말고 방문을 닫고 혼자 조용히 기도하자. 하나님 앞에서 기도할 때조차 가면을 쓰지 말자. 머리로 아는 걸 외우지 말고 마음에 있는 말을 하자. 마음 구석으로 밀어놓은 내 진짜 속마음 박스를 뜯자. 내 박스 안 케케묵은 독가스가 환기되어야 한다. 이처럼 하나님 이외의 것들로 인정받으려고 하는 마음을 모두 꺼내놓으면 분별 센서 기능이 좋아진다.

하루를 잡거나 일주일 동안 시간을 정해 신약성경을 일독하는 것도 도움이 된다. 말씀 그 자체가 우리에게 찔림이 되어 영혼을 깨끗하게 소독하기 때문이다. 기독교 서적을 읽는 것도 도움이 된다. 신앙인이 갖는 대부분의 (믿음이라 착각하는 편협한) 옹고집은 교만과 무지가 그 기반이기에 하나님을 아는 지식이 많을수록 영혼에 유익한 선택을 할 확률이 높아진다.

마지막 단계가 제일 어렵다. 신앙의 고수들이 겪는 가장 치열한 고민인데 진실한 마음으로 '하나님의 뜻이라고 여겨지는 두 가지 선택지 중에서 분별하는 문제'다(혹시 청년들 중 본인이 신앙의 고수라 생각하는 이가 있다면 회개하자). 하나님께서는 낮은 자의 마음을 품은 자들이 치열하게 갈등하고 고민하는 과정 자체를 묵묵히 바라보시는 경우가 많다.

우리가 하나님의 뜻을 간절히 구하는 과정에서 영적 성장이 이뤄지기 때문이다. 이건 방치가 아니다. 마치 자녀에게 수학 공식을 무작정 외우게 하는 것보다 자녀가 그 원리를 스스로 이해하고 풀 수 있는 능력을 갖추기까지 기다려주는 게 진정 그 아이를 위하는 부모의 마음인 것처럼.

우리는 지금까지 "예수님은 내가 복음 안에서 무얼 선택해도 그 선택보다 나 자신을 귀히 여기신다"는 말을 많이 들어왔다. 그러나 이 말은 반만 맞다. 그럼에도 선택은 중요하다. 성경은 하나님의 음성을 듣고 그 뜻을 믿음으로 선택한 사람들의 이야기로 넘쳐난다.

마음의 동기와 과정도 중요하지만 우리의 실제 선택과 그에 따른 믿음의 결과 역시 중요하다. 자칫 마음의 동기와 뜻을 찾는 과정에 과도한 의미부여를 하면 반복음적 선택을 하고도 자기합리화를 할 수 있다. 하나님께선 안 괜찮으신데 본인은 괜찮다고 하는 꼴이다.

#고민보다 GO #자연스럽고 담백하게 #적극적인 실천

그럼 대체 어떻게 선택해야 할까. 나는 롤랑 조페(Roland Joffe) 감독의 영화 〈미션〉(1986)에서 그 답을 찾았다. 18세기 말, 열강의 정치적 이해관계 때문에 '과라니족' 원주민들이 죽음의 위기에 처한다. 원주민 마을을 대상으로 선교활동을 해온 '가브리엘 신부'와 그의 제자 '로드리고'는 절체절명의 위기에서 서로 완전히 다른 주장을 한다.

신부는 침략자들이 총칼을 들이미는 상황에서도 끝까지 비폭력 저항운동을 해야 한다고 주장했고, 그의 제자는 총칼을 들고 무력 저항운동을 해야 한다고 주장했다. 결국 둘은 모두 선교지를 지키기 위해 자신이 옳다고 여기는 저항운동을 하다 죽는다. 영화는 폐허가 된 마을에서 기적적으로 살아남은 어린 소년과 소녀가 함께 다른 지역으로 떠나는 장면을 보여주며 마무리된다.

아마도 그들은 복음을 품고, 또 복음을 위해 여러 방면으로 목숨을 바쳐 싸웠던 어른들의 희생을 직접 목도하며 또 다른 예수 공동체를 세우지 않았을까(영화 시나리오상 '목사'가 아닌 '신부'가 등장한다. 그러나 여기서는 크리스천의 건강한 의미부여 개념으로 영화를 소비하고 내 이야기를 이해했으면 한다. 기독교와 천주교는 '완전히' 다르다).

이 영화의 핵심 인사이트는 첫째, 두 사람이 서로 다른 선택을 했지만 결국 각자 부르심 받은 모양대로 아버지 하나님의 '온전한' 사명을 이루었다는 점이다. 그들의 인생이 하나님께서 그리시는 인류 구원이라는 큰 그림의 거룩한 퍼즐 조각이 되었다. 우리는 모든 것을 알 수 없다. 그러나 시간이 지나면 아버지 하나님의 위대하신 섭리의 정교함과 겸손하심에 감탄하게 된다. 그러니 신앙 안에서 첨예하게 대립하는 일이 있다면 서로 옳다고 생각하는 길을 뚜벅뚜벅 걸어가면 그만이다. 마치 크게 싸운 뒤 사도 바울과 바나바가 각자 갈 바를 갔듯(그렇다고 다툼을 종용하는 건 아니다).

둘째, 고민만 한 게 아니라 실제로 선택하고 실천했다는 점이다. 하나님의 뜻이 맞다고 확신한다면 그 길을 자신 있게 걸어가야 한다. 특히 한국 기독교인들은 신앙에 있어 지나치게 수동적인 면을 보이는데, 그런 태도는 자칫 '특별한 음성' (같은 것)만이 하나님의 뜻이라는 기복 신앙으로 이어질 수 있다.

그러나 내 삶을 하나님께서 지켜주시고 보호해주신다는 확실한 믿음으로 하루하루 '자연스럽고' '담백하게' 살아가는 것도 믿음이다. 이런 의미에서 예배자 자신의 자유의지에 대한 신뢰도 믿음의 한 부분이라고 본다. 그러니 치열하게 고민하는 '동시에' 직접 걸어가라.

요즘 많은 청년이 앉아서 고민하고 눈 감고 기도만 한다. 마치 구글링하듯 앉아서 하나님의 뜻만 구한다. 하지만 물에 대해 공부하는 것과 물을 직접 마셔보는 것은 다르다. 바다 사진을 보는 것과 직접 바다에서 헤엄치는 것이 다르듯. 앉아서 고민하지 말고 살아가면서 고민하자. 순간순간 개입하시는 하나님의 손길을 더욱 내밀하게 느낄 수 있을 것이다.

진로를 고민하기 전에 전공과목 공부부터 열심히 하자. 공무원 시험에 재도전을 하든 과감히 정리하든 우선 매일 할 바에 최선을 다하자. 그만둘 시나리오면 그만둘 계기가 온다. 이 직장과 저 직장 중 어느 곳이 더 좋은지 모르겠다면 우선 이력서부터 쓰자. 그리고 면접 심사에 통과하자. 둘 다 합격하면 위 세 가지 사례를 빗대어 고민하면 된다. 유튜버가 되고 싶은데 하나님의 뜻이 무엇인지 모르겠다면 일단 스마트폰으로 5분이든 10분이든 영상을 찍어 업로드하자. 어차피 아무도 안 본다.

무슨 말인가. 적극적인 실천을 통해 얻어지는 지식과 느낌도 소중한 하나님의 은혜다. 상상과 현실은 다르다. 하나님의 뜻을 상상하고 예상하는 것과 실제 그 뜻을 '체험하는' 건 아주 다르다. 특히 아직 경험이 부족한 청년들이 새겨야 할 말이다.

나 역시 누구보다 치열하게 하나님의 뜻을 구했다. 그중 가장 큰 고민은 스스로 천직이라 생각했던 목사가 되는 게 맞는지 아니면 평신도 예술가 '책읽는사자'가 맞는지였다. 하나님의 뜻을 구하며 그 뜻을 인정하고 겸허히 받아들이기까지 약 12년이 걸렸다. 무척 고통스러웠다. 목사가 되어 하나님의 말씀을 선포하기를 강렬히 원했기 때문이다.

그러나 난 앉아만 있지 않았다. 서점에 가서 책을 읽고 각종 아이디어를 실천하고 거기에서 얻은 작은 성공과 실패의 데이터를 꾸준히 쌓았다(지금도 마찬가지다). 내 고민은 여전히 내 고민이고, 내 슬픔은 여전히 내 슬픔이었다. 그럼에도 내게 주어진 이 소중한 '오늘 하루'에 최선을 다하는 게 하나님께 온전한 영광을 올려드리는 예배자의 책무라 생각했다.

마찬가지로 청년 크리스천들이 하나님의 뜻을 구하는 동시에 자신에게 주어진 하루에 최선을 다하는 게 가장 강력한 하나님의 응답임을 깨달았으면 한다. 나는 알지 못하나 하나님의 뜻을 구하는 절규와 고통이 역설적으로 가장 아름답게 울려 퍼지는 내 영혼의 찬송이다. 그러니 부디 깨닫고 끝까지 견디길 응원한다. 당신의 인생 그 자체가 위대하신 하나님의 뜻이기 때문이다.

사자에게 물어 봐 28세 취준생입니다. 제 주위에는 공무원 준비하다가 폐인 된 친구도 많고, 교사가 됐다고 좋아하던 친구가 막상 학교에 가보니 생각한 것과 너무 다르다며 힘들어하기도 합니다. 대기업은 아예 공채를 없애는 추세고요. 저도 이력서를 쓸 때마다 자괴감이 듭니다. 내 집 마련이나 결혼까진 바라지도 않습니다. 하나님을 열심히 믿었는데 왜 이렇게 힘들어야 하는지 모르겠어요. 하나님의 뜻은 무엇일까요. 제가 뭘 잘못하고 있는 걸까요?

사자 톡 취업 문제는 청년들이 겪는 가장 대표적인 고통입니다. 미래에 대한 불안, 실패한 것 같은 좌절이 축적되어 인간 본연의 존귀함까지 훼손될 수 있지요. 이 문제는 시대적인 상황, 사회구조적인 문제, 개인의 문제를 복합적으로 생각해야 합니다. 어느 한쪽으로 경도되어 상황 인식의 균형이 깨지면 본인이 더 힘들 수 있거든요.

저는 세상이 말하는 성공 기준이 아닌 복음이 제시하는 '승리 기준'으로 하루를 살길 권면합니다. '오늘도 아무 성과 없이 하루가 끝났어. 또 실패군'이 아니라 '오늘도 하나님의 영광을 위해 내가 살아드렸어. 비록 눈에 보이는 성과는 없어도 잘 견디며 이겨냈어. 하나님 감사합니다. 제 하루의 영광을 받으소서!'라고 말입니다.

오글거리고 비현실적인 솔루션이라 생각할지 모르겠으나 전 세계 누구에게나 24시간은 동등하게 주어집니다. 그 시간을 어떤 마음으로 어떻게 활용하느냐는 본인의 선택이지요. 내가 보낸 하루에 대한 의미와 해석을 달리 생각할 수 있는 '관점'을 바꾸는 게 변화의 시작입니다. 주어진 국가, 사회, 가정의 환경은 당장 바꿀 수 없어도 내 생각과 행동은 바꿀 수 있지요. 잠언이나 로마서 또는 신약성경을 소리 내어 읽는 것도 도움이 됩니다. 삶의 우선순위에 '주일 예배'를 영순위로 두고 현실 기도제목 영순위를 '하나님나라와 의를 위하는 것'으로 두세요. 방 청소와 스마트폰 및 PC의 디지털 청소를 하고, 적당한 산책이나 유산소 운동을 하는 것도 도움이 됩니다.

상황을 달리 인식하려면 성령 하나님의 도움과 더불어 '새 지식'이 있어야 합니다. 힘들 때마다 교회와 서점에 가서 책을 읽고 영적 견문을 넓히세요. 인생이 많이 달라질 겁니다.

## 2 하나님은 왜 이런 고통을 주시는 건가요

# 피조물의 태도 # 고통의 이유 # 하나님을 향한 신뢰

선하신 하나님께서 왜 끔찍한 고통을 방치하시는가. 이 문제는 크리스천 역사 속에서 아주 오래전부터 다뤄온 부분이다. 이는 넌크리스천이 기독교를 공격하거나 비아냥대는 단골 메뉴인 동시에 (넌크리스천이든 크리스천이든) 역설적으로 인간이 하나님을 만나는 축복의 통로가 되기도 한다.

그럼에도 많은 크리스천이 인간의 상식으로는 이해할 수 없는 삶의 고통을 마주하면 '도대체 하나님은 왜 이런 일을 방치하시지? 하나님이 계시긴 한 걸까'라고 의문을 품는다. 교회생활을 열심히 하던 사람들도 도무지 견딜 수 없는 지난한 고통의 문제 앞에서 하나님을 원망하거나 그분을 떠나기도 한다.

그들은 하나님께 배신감을 품는다. (내가 당신을 그렇게 믿고 따랐는데) 어떻게 내게 이럴 수 있느냐는 것이다. 조금 직설적으로 말하면, 하나님을 인간 수준으로 생각하는 무지와 그분을 신뢰하지 않는 교만이 그 본질이다. 한순간에 재산과 자식을 잃고 악성 종기에 시달리면서도 "이 모든 일을 당하고도 범죄하거나 하나님을 원망하지 않았"던 욥과 정반대의 리액션이다(욥 1:22).

그렇다고 그들을 질책할 수만은 없다. 그들도 정말 괴로웠을 테니 말이다. 고통도 힘들지만 그것을 이해하지 못하는 괴로움도 무척 컸을 것이다. 그래서 훌륭한 기독교 변증가들은 내부적으로나 외부적으로나 '고통의 문제'에 대한 기독교 변증의 필요성을 절감했고, 그들이 갖고 있는 복음의 날카롭고 예리한 논조로 많은 이에게 참된 기독교를 변증했다.

가장 대표적인 저자와 책으로는 C. S. 루이스의 《고통의 문제》, 팀 켈러의 《팀 켈러, 고통에 답하다》, 알리스터 맥그래스의 《알리스터 맥그래스의 기독교 변증》 등이 있다(크리스천이라면 평생 한 번은 읽어야 할 책들이다. 저자마다 자신의 논법과 적절한 비유로 하나님의 선하심을 설파하고 있으니 꼭 읽길 권한다).

물론 위의 책들을 읽더라도 막상 고통을 만나면 여전히 힘들 것이다. 그러나 고통의 이유를 이해하기에 좀 더 성숙한 대처와 판단이 가능하다. 하나님을 아는 지식의 유익이다.

나는 이 책을 통해 아주 기초적인 접근과 안내만 하려 한다. 왜냐면 내게는 고통의 문제를 다룰 만한 성숙하고 전문적인 지식이 현저히 낮고, 저명한 기독교 변증가들도 책 한 권으로 설명해야 하는 주제를 몇 페이지 남짓으로 압축할 재량도 없기 때문이다. 다만 내가 가진 문제의식과 더불어 고통에 대해 간략히 설명하되 신앙인으로서 경험한 내용을 토대로 말해보겠다.

우선 문제의식부터 시작하자. 예나 지금이나 수많은 크리스천이 고통의 문제를 생각한다. 그러나 요즘은 고통의 문제를 생각하는 질문자의 태도(attitude)가 달라졌다. 점점 짙어지는 인본주의라는 세속화 때문이다. '피조물 질문자'가 창조주께 갖춰야 할 최소한의 경외심은 사라지고, 더 완악한 자기애적 이기심이 그 자리를 대체했다.

하지만 "여호와를 두려워하는 것이 지식의 첫걸음"(잠 1:7)이다. 만약 이 첫 번째 단추가 잘못 채워졌다면 설령 자신이 겪는 고통의 이유를 듣더라도 원망이 사그라들기는커녕 다른 이유를 들며 계속 하나님과 주위 사람을 원망하고 (그 어떤) 책임을 전가할 가능성이 크다. 다시 한번 말하지만 인간은 정답을 안다고 바뀌는 존재가 아니기 때문이다.

이런 의미에서 "왜 내가 이런 고통을 당해야 하는가"라고 묻는 사람은 어쩌면 그 대답을 들을 준비가 안 된 사람일 수 있다. 애초에 고통의 원인을 알고 싶다기보다 그저 분풀이 대상을 찾고 싶은 건지도 모른다. 그러므로 우리는 태도부터 바로잡아야 한다. 지식의 올바른 첫걸음을 내딛는 게 고통의 문제를 제대로 깨닫고 이해할 수 있는 복음의 방향키다.

우리가 잘 아는 야고보서 말씀이다. "사람이 시험을 받을 때 하나님께 시험을 받는다고 생각해서는 안 됩니다. 하나님은 악한 시험을 받지도 않으시고 사람을 시험하시지도 않습니다. 사람이 시험을 받는 것은 자기 욕심에 끌려 유혹을 받기 때문입니다"(약 1:13,14). 이 말씀은 고통의 문제에 다가가기 위한 첫 번째 전제다.

오늘날 매우 많은 크리스천이 자신의 무지와 교만으로 사단의 유혹과 미혹에 끌려 죄를 선택했음에도 죄의 결과와 파장의 화살을 하나님께 돌린다. 잘못은 본인이 해놓고 '그러니까' 하나님을 떠난다고 한다. 그러나 콩을 심으면 콩이 나고, 팥을 심으면 팥이 나는 법이다. "못된 나무는 나쁜 열매를 맺기 마련이다"(마 7:17).

그건 하나님께서 주신 시험과 고통이 아니라, 본인이 선택한 죄의 결과일 뿐이다. 죄짓지 말라는 수억 편의 설교와 조언이 흘러나오는 라디오, TV, 말씀 앱, 유튜브 영상, 기독교 서적은 물론 자신의 책상이나 책장에 66권 약 1,787쪽에 달하는 하나님의 말씀과 경고가 있음에도 그 말씀을 의도적으로 망각하고 거절한 탓까지 하나님께 돌리지는 말자.

밥 먹을 시간이 있으면 성경 읽을 시간도 있다. 유튜브, 인스타그램, 페이스북, 포털사이트 랭킹뉴스 등 각종 커뮤니티 게시판을 들여다볼 시간이 있으면 수많은 건강한 복음 콘텐츠를 소비할 시간도 있다. 우리는 하루에도 수십, 수백 번 복음을 거절하고 무관심을 '선택'한다.

이런 의미에서 기억력과 실천은 영성이며, 망각과 무지는 죄악이다. 우리에게 조금이라도 염치가 있다면 예수 그리스도를 내어주신 아버지 하나님께 '또다시' 왜 내게 이런 고통을 주느냐고, 하나님 살아계시는 것 맞느냐고 하는 등의 '민망한 반항'을 할 수는 없을 것이다.

그러므로 우리는 고통의 문제를 이야기하기 전에 우리의 '오염된 신앙'을 돌아봐야 한다. 사람들은 하나님을 잊었다. 예전에는 '신은 왜 이런 고통을 주는가'라고 물었다면 지금은 질문의 전제 자체에 신을 제외시킨다. 하물며 크리스천까지 신본주의 관점이 아닌 인본주의 관점으로 하나님의 말씀을 멋대로 해석하고 잘못된 의미를 부여한다. 예수는 친구이긴 한데 신(GOD)은 아니라는 식이다.

그들은 십자가에 달려 죽으신 주님께는 죄송하지만 그 끔찍하고 버거운 고통은 주님만 홀로 담당하시고 자신들은 전혀 다른 유(類)의 평안과 행복을 누리겠다는 태도를 취한다. 그것은 거짓말이다. 예수님은 우리에게 "너희가 나 때문에 모든 사람에게서 미움을 받을 것"(마 10:22)이라고 하셨기 때문이다. 즉 예수님을 믿고 따른다는 건 내가 더한 손해를 볼 줄 알고도 오직 그분을 위해 '자진해서' 고통 속으로 들어가는 것과 같다.

성경은 우리가 이해할 수 없는 이야기로 넘쳐난다. 그 성경을 사실로 믿고 예수를 주로 시인하는 크리스천의 삶 역시 사람의 머리로 이해할 수 있는 게 아니다. 그러니 본질은 자신이 '땅의 관점을 갖고 있는가, 하늘의 관점을 갖고 있는가'이다. 왜 이런 고통이 내게 찾아왔는가를 묻기보다 이를 통해 어떻게 예수님을 더 깊이 만날 건가를 고민해야 옳다.

고통은 예수 그리스도께 달려갈 수 있는 고속도로다. 고통이 주는 순결한 유익이다. 본인의 영적·지적 수준으로 이해할 수 없다고 틀리거나 잘못된 일은 아니다. 특히 매사에 (본인의 지적 수준은 고려하지 않고) 이성적이고 합리적인 설명을 요구하는 청년들의 경우 인본주의적 이해보다 하나님을 향한 신뢰와 믿음을 선택하는 게 더욱 필요하다. 하루하루 내 삶이 이해되어서 살아가는 게 아니라 '그냥' 살아지고 있다는 것에 숨겨진 진리를 발견하자는 말이다.

#뜯어고쳐야 할 죄인 #사랑하기 때문에 #설명이 아닌 믿음

도저히 설명할 수 없는 불가항력적인 고통의 문제를 우린 어떻게 이해해야 할까. C. S. 루이스는 《고통의 문제》에서 '친절'과 '사랑' 개념을 비교하여 설명한다. 우리는 친절을 사랑이라고 생각할 수 있지만 친절은 사랑이 아니라 그 일부이다.

카페 바리스타를 생각해보자. 바리스타가 손님에게 환한 미소와 친절을 베푸는 건 손님을 사랑해서가 아니라 별 관심이 없기에 그렇다. 또한 학교나 직장에서 평판이 매우 좋지 않은 사람, 실제로 잘못을 아무렇지도 않게 저지르는 사람이 있다고 생각해보자. 우리는 그와 마주칠 때마다 기계적인 친절을 베풀며 최대한 정서적 거리를 벌리려고 할 것이다.

만약 그의 나쁜 버릇을 고쳐주려는 마음을 먹는다면 조언자는 큰 스트레스를 감수해야 한다. 그러나 굳이 그렇게 하지 않는다. 즉 사랑을 벗어난 친절은 당사자가 잘되든 그렇지 않든 별 관심이 없을 때

보이는 태도다. 더 나아가 의도적으로 그와 멀어지고 싶을 때 우리는 친절이라는 무기를 사용하기도 한다.

그런데 그 평판이 매우 좋지 않은 사람의 부모는 어떨까. 그에게 무조건적 친절을 베풀까. 아니다. 오히려 정반대일 가능성이 높다. 부모는 자식의 잘못된 점을 어떻게든 고쳐주기 위해 타협하지 않은 '올바른 소리'를 하고, 자식의 경제권과 외출권을 일시적으로 제한할 수도 있다. 하지만 자식은 본인의 잘못은 생각하지 않고 '부모가 나를 이해하지 못한다'고, '왜 부모면서 이토록 나를 힘들고 괴롭게 하냐'고 떼쓰며 반항할 것이다.

그럼에도 부모는 자식이 느끼는 괴로움과 전혀 별개로 단호한 훈육을 멈추지 않을 것이다. 자식을 진심으로 사랑하기 때문이다. 우리는 저 못된 자식보다 더하면 더했지 덜하지 않다. 평판이 안 좋은 사람 정도가 아니라 '죄인'이다. 우리에게 '뜯어'고쳐야 할 죄 된 습관이 얼마나 많은가. 그런데도 내치지 않고 작정하고 사랑해주시는 하나님의 사랑을 상상이나 할 수 있는가!

이어서 C. S. 루이스는 몇 가지 유비(analogy, 두 개의 사물이 여러 면에서 비슷하다는 것을 근거로 다른 속성도 유사할 것이라고 추론하는 일)를 든다. 첫 번째 유비는 예술가가 자기 작품에 쏟아붓는 사랑이다. 창작가가 정성을 쏟는 작품일수록 그 작품이 아무리 괴로워한들(?) 자신의 마음에 흡족할 때까지 수정하고 교정한다. 우리는 하나님께서 가장 아끼시는 작품이다. 우리의 고통은 역설적으로 가장 '아름다워'지는 과정이다. 처절한 아름다움, 그것이 고통이다.

두 번째는 주인이 동물에게 보이는 사랑이다. 애견이든 애묘든 사람과 함께 살려면 예방주사를 맞고, 깨끗하게 씻어야 한다. 배변 훈련도 해야 한다. 안타깝게도 이 모든 건 동물이 '기질적으로' 싫어하는 일들이다. 하지만 동물이 예방주사 맞기를 극도로 싫어하고 괴로워한다고 해서 주인이 치료를 받지 않게 하는 '친절'을 베풀까? 전혀 아니다. 동물은 그 고통을 감내해야만 주인과 '함께' 살 수 있다.

세 번째는 아들을 향한 아버지의 사랑이다. 아버지는 뛰어난 지혜와 지식, 넘치는 사랑과 경험으로 '아버지가 원하는 자녀의 모습'이 되도록 훈육한다. C. S. 루이스는 이것을 '권위 있는 자와 순종하는 자의 관계'로 설명했다. 요즘 세대는 권위와 순종을 무조건 나쁘게 여기며 수평적 관계가 세련되고 좋다고 주장하지만, 그건 옳지 않다.

우리는 하나님이 만드셨다. 창조주와 피조물이 어떻게 동등하며 수평적 관계가 형성되는가. 하나님은 인격적이지만 '신'(GOD)이시다. 완전한 사랑이시며(요일 4:8) 선(善) 그 자체이시다. 그런 분이 우리를 책임져주시며 인도하신다. 우리는 믿고 따르기만 하면 된다. 설령 고통을 겪어도 그건 내가 보다 좋아지고 선해지는 과정이지 실패와 낙오의 결과가 아니다. 성공과 실패, 승리와 패배의 기준은 하나님이시다. 내 인생의 옳고 그름의 채점은 그분이 하신다.

그러나 이 지점에서 신앙인의 '마지막' 고통의 문제를 직면한다. 도저히 사람의 머리로는 이해할 수 없는 불가항력적인 고통을 마주하면 기도할 정신이 없고, 기도할 마음도 안 생긴다. 하루하루가 지옥이다. 말씀을 펼쳐도 눈에 안 들어오고 말씀을 들어도 귀에 안 들어

온다. 말씀만이 위로가 되는 걸 머리로는 아는데도 실제로는 위로가 안 된다.

걷고 걷고 또 걸어도 도저히 터널의 끝이 보이지 않는다. 지긋지긋한 고통의 터널을 벗어났으면 좋겠는데 하나님께서는 기절하기 직전에 마실 물만 챙겨주시는 것 같다. 은혜인데 은혜가 되지 않는다. 3년이 지나도, 7년이 지나도, 10년이 지나도 터널의 끝이 보이지 않는다. 정금같이 단련된다는 조언도 이 불 같은 괴로움을 적셔주지 못한다. 그게 고통이다.

마지막 고통은 바로 그 고통 중에 마주하는 내 영혼의 처참한 현실을 목도하는 데서 오는 절망이다. 그게 고통이다. 알면서도 안 믿어지는 눈물의 절규. 자신의 바닥이 부서진 '진짜 바닥'이 진짜 고통이다. 베드로가 예수님을 세 번 부인했을 때, 그분과 눈을 마주친 뒤 밖에 나가 한없이 울었던 이유가 바로 이것이 아니었을까.

그런데 역설적으로 바로 이 지점이 예수 그리스도의 위대한 사랑을 깨닫는 은혜의 접점이다. 인간은 더럽고 추악한 진짜 나를 마주해야 깨닫는다. '예수님이 이런 (최악의) 나를 알고도 사랑하셨다는 말이야? 이런 나를 위해 십자가에 달려 죽으셨다고!?'라고 말이다. 그제야 우리는 예수께 영혼의 무릎을 꿇는다.

그 어둡고 침울했던 긴긴 고통의 터널을 함께 걸어주셨던 땀범벅, 피범벅 예수 그리스도, 나의 구원자, 나의 메시아를 만난다. 우리는 고통을 통해 예수님의 더 깊은 사랑을 깨닫는다.

크리스천이든 넌크리스천이든 사람은 누구나 고통을 겪는다. 인생은 고통의 연속이다. 그걸 받아들이자. 넌크리스천은 어떻게든 고통을 피하려 하지만 크리스천은 다르다. 기꺼이 감내하며 고통 속에서 주를 만난다. 제아무리 잘나고 고집 센 넌크리스천도 고통의 문제 앞에 자신의 나약함을 마주하며 하나님을 찾는다. 중요한 건 고통의 이유(reason)를 아는 것보다 고통의 의미(meaning)를 깨닫는 것이다. 결국 우리에게 필요한 건 설명이 아닌 믿음이다.

고통 속에 있는 자여, 오늘 하루도 주를 위해 '살아드리라.' 그것이 승리다. 억지로 무얼 성취하려 하지 말고 그저 하루하루 주의 은혜에 몸을 맡기라. "한 날의 괴로움은 그날의 것으로 충분하다"(마 6:34). 오늘도 그 문제가 해결되지 않았다면 오늘은 그냥 그런 날인 거다. 고통은 이겨내는 게 아니라 견디는 것이다. 나 역시 아직 청년이지만 그럼에도 당신에게 자신 있게 말할 수 있는 건 고통은 반드시 '끝난다'는 것이다.

안 믿어지면 안 믿어지는 대로, 덜 믿어지면 덜 믿어지는 대로 자연스럽게 걸어가라. 나머지는 하나님께서 책임져주신다. 그저 믿고 걸어가라. 때가 되면 겸허히 깨닫는다. 이 세상은 각자의 고통 속에서 만난 예수님을 증거하는 사람들로 가득하다. 당신도 마찬가지다. 그러니 그 고통 속에서 예수님을 만나라. 이것이 고통이 처절하게 아름다운 이유이다.

사자에게 물어 봐 저는 30대 초반 크리스천 여성입니다. 최근 결혼을 앞둔 예비 배우자가 바람피운 사실을 알았어요. 파혼은 차치하더라도 일단 용서가 안 되더군요. 제게 보였던 가식적인 모습을 생각할수록 화가 납니다. 만일 들키지 않았다면 어떻게 했을까요?
저도 교회 다니는 사람이라 이러면 안 되는 걸 알지만 기독교인에 대한 환멸이 드는 것도 사실입니다. 제가 이 상황을 어떻게 받아들여야 할까요? 이런 고통의 시간을 통해 주님께 더 다가갈 수 있다는 말조차 받아들이기 어렵습니다.

사자 톡 사람마다 인격과 신앙 수준이 각기 다르기에 두 분이 결혼해야 할지 말아야 할지를 판단하거나 조언하는 건 지양하겠습니다. 어디까지나 제 개인적인 신앙관에 의거한 의견을 제시할게요.
사랑하는 사람에 대한 신뢰가 무너졌을 때 오는 배신감과 절망은 이루 말할 수 없을 정도로 고통스럽습니다. 그를 사랑하고 믿었던 만큼 아픔은 배가되어 돌아오겠지요. 이 경우, 관계를 정리하는 커플이 대부분이고, 주위에서도 그게 현명하다고 조언할 겁니다(저 역시 사람과 사례에 따라 관계를 정리하라고 할 때가 있습니다).
그러나 '내가 기대했던 사랑'이 무너지는 순간, 오히려 '신(神)적인 사랑'을 경험하는 이들도 있습니다. 처음에는 상대에게 깊은 원망과 분노가 차오르지만 결국 그렇게 미워하던 그와 별반 다르지 않은 내 죄성을 자각하기도 하고, '난 이 사실을 알고 이렇게 실망했는데 예수님은 이런 나의 부족함을 알고도 미리 사랑해주시고 생명을 지불하셨다는 거야!?' 하며 그분의 위대하신 사랑을 인격적으로 체험하기도 합니다.

이런 의미에서 고통은 예수님의 사랑을 깨닫는 고속도로인 셈이지요. 신앙에 대한 인식이 달라지는 겁니다. 만약 잘못을 저지른 상대가 처절한 회개를 한다면, 둘의 관계가 더욱 단단해지는 계기가 될 수도 있습니다. 말고의 귀를 자를 만큼 예수님 사랑이 남달랐던 베드로와 얼마 뒤 예수님을 세 번이나 저주했던 베드로의 나약함과 처참함을 생각해보십시오. 어쩌면 타인을 향한 신뢰보다 자신에 대한 신뢰가 깨지는 게 더 아프고 힘든지도 모릅니다. 차라리 남을 원망하는 건 명분이라도 있으니까요. 그러나 베드로는 자신에게 배신당하고서야 예수님을 '진짜' 만나는 은혜를 체험합니다. 용서받은 자만이 아는 '더 큰 사랑', '진짜 예수님의 사랑'이지요.

남자친구와 자매님의 관계보다 자매님과 예수님의 관계에 더욱 집중하십시오. 그 안에 정답이 있습니다. 그를 미워하는 스스로를 먼저 용서하세요. 관계를 정리하거나 이어 나가는 것보다 중요한 건, 이 상황을 통해 자매님이 예수님의 사랑을 깨닫는 겁니다. 고통을 통해 영적으로 성숙하는 건 위선이 아닙니다. 오히려 이런 고통의 문제 속에서도 끝까지 자신의 마음만 생각하는 게 위선일 수 있지요.

분명 너무 힘든 시기일 줄 압니다. 미국의 제40대 대통령 로널드 레이건이 피살당한 경찰의 아내에게 쓴 편지에 담긴 위로의 말로 마무리 짓겠습니다. 힘내십시오.

우리를 위한 하나님의 계획에서 '왜'라는 질문은 아무도 확실히 대답해

줄 수 없습니다. … 하지만 우리 각자를 향한 그 계획이 어떤 것이든 우리는 그분의 지혜와 자비를 신뢰할 뿐이지요. … 우리는 우리 각자를 향한 하나님의 계획을 신뢰해야 합니다.

– 폴 켄고르(Paul Kengor), 《레이건 일레븐》, 68,69쪽

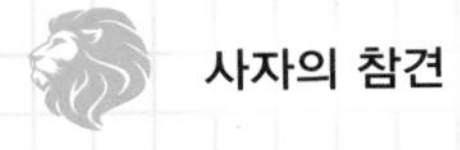

## 사자의 참견

복음을 선택하자

순종 여부가 본질이다

하나님의 뜻을 구하는 동시에

주어진 하루에 최선을 다하는 게

가장 강력한 하나님의 응답임을 깨달았으면 한다

고통의 이유(reason)를 아는 것보다

고통의 의미(meaning)를 깨닫는 것이 중요하다

# 3 교회에 오래 다녔는데 솔직히 예수님을 못 만났어요

# 믿긴 믿는데 # 진짜 제대로 믿는 걸까 # 확신의 부재

신앙생활을 하다 보면 가끔 예수님을 '만난' 이후로 단번에, 매우 극적으로 변한 사람을 만나게 된다. 놀기 좋아하던 한 고등학생이 예수님을 만난 후 예배와 공부에 전념해 결국 명문대에 들어가고, 꿈 없이 방황하던 청소년이 예수님을 만나고 의사가 되어 전 세계 최빈국을 돌아다니며 의료 선교를 하고, 어느 불량 청년이 예수님을 만난 이후 어두웠던 과거를 청산하고 신학교에 진학해 훌륭한 목사가 된 이야기 말이다.

더 영화 같은 이야기도 많다. 술과 담배 심지어 마약에 절어 살다가 예수님을 만나고 단번에 모든 중독을 끊은 사람, 예수님을 만나고 죽을병이 나은 시한부 환자, 천국과 지옥을 다녀와 '실제' 예수님을 만난 사람, 자살 시도 전에 예수님을 만나 극적인 기사회생을 체험한 사람, 기독교 핍박 국가의 테러 상황 속에서 예수님을 만나 기적적으로 목숨을 건진 사람 등 논리적으로 설명이 불가한 신비한 체험을 한 사람들의 이야기를 책이나 영상을 통해 접할 수 있다.

이 이야기는 모두 실화이며 살아있는 증언이다. 그들은 정말 예수님을 만났다(이들의 말이 거짓이거나 일종의 정신착란이라고 주장하려면 여태껏 전 인류 역사상 예수님을 만났다고 주장하는 수십, 수백억 사람이 모두 정신병 환자라는 것을 의료학적, 정신분석학적으로 증명해내야 한다). 예수님을 만난 간증을 하는 이들은 서로 만난 적이 없음에도 엇비슷한 공통점을 갖는다.

강렬한 눈빛, 확신에 찬 목소리, 차분한 얼굴, 흔들리지 않는 믿음으로 자신의 인생을 걸고 평생 예수님을 전하는 사람이 된다는 점이다. 그들은 자신의 어두웠던 과거를 부끄러워하기는커녕 오히려 "예수님이 이런 나를 변화시키셨다"라고 당당하게 외친다. 마치 베드로와 사도 바울처럼.

이들의 외침과 간증은 많은 사람에게 '나도 저렇게 멋지게 예수 믿어야지'라는 귀감이 되며 도전의식을 준다. 또 그들처럼 예수님을 만나고 싶은 열망이 생기기도 한다. 그러나 모든 크리스천이 위 사례들처럼 극적인 신앙적 경험을 하는 건 아니다. 초자연적인 신비 체험으로 예수님을 만나거나 그에 준하는 기적을 체험하는 사람은 소수이다.

누구나 천국과 지옥을 경험하거나 단번에 극적인 의료학적 치유를 경험하는 건 아니다. 구하고 찾고 문을 두드리라는 말씀(마 7:7)을 붙잡고 제아무리 금식 기도를 한다고 해도 우리 모두 물 위를 걸을 수 있는 건 아니다. 왜 그들은 그렇게 예수님을 만났는지, 나는 왜 그런 유형으로 만나지 못하는지는 알 수 없다. 다만 각자 아버지 하나님께서 부르신 모양과 뜻이 다르며 하나님께서는 내게 항상 선하고 좋은 것을 주심을 기억하자. 우리는 '저런 경험'은 없을지 몰라도 하나님이 선물로 주신 '각자의 경험'이 있는 고귀한 간증자들이다.

만약 예수님은 이미 그 사람 안에 함께하시는데 정작 본인은 예수님을 만났는지 잘 모르겠다고 하면 어떻게 될까? 의외로 이런 고민을 하는 청년이 엄청 많다. 특히 모태신앙인이거나 교회생활을 오래 한 크리스천이 많은 우리나라 교회 문화에서 이 문제는 매우 중요하다.

이들은 태어날 때부터 또는 아주 어릴 적부터 교회생활을 했기에 교회와 관련된 모든 게 자연스럽고 당연하다. 각종 방학 캠프나 단기 선교, 교회 부흥회와 컨퍼런스에 참여해 가끔은 눈물을 흘리기도 했고, 옷이 땀에 젖을 정도로 뜨겁게 찬양하기도 했으며, 난생처음 교회 친구들 눈치 보지 않고 큰 소리로 기도해보기도 했다. 그러나 "예수님을 만났다"라고 확실하게 말하기는 애매하다. 예수님을 믿는데 진짜 제대로 믿는 건지 확신이 없다.

조금만 더 깊게 들어가보자. 예수 믿으면 천국에 가는 건 아는데 자신이 정말 천국에 갈지 확신이 없다. 또 자신이 정말 죽을 수밖에 없는 죄인이라는 것도 이해가 안 가고 마음에 와닿지 않는다. 그래서 예수님이 내 죄를 위해 십자가에 달리셨고, 사흘 만에 부활하셨고, 지금 나와 함께 계심에 대한 확신도 미미하다.

이런 고민을 토로하고 싶은데 아쉽게도 대부분의 교회 문화에서는 진지하게 말할 분위기가 아니다. 자칫 이런 '진짜 속마음'을 말했다간 믿음 없는 친구, 위험한 의심에 빠진 친구 '취급'을 당할 수 있다. 일종의 과잉보호(?) 대상이 되기도 한다.

이보다 더 최악은 아예 이런 고민조차 제대로 해본 적 없거나 교회 분위기가 이런 진지한 자극을 제공해주지 못하는 경우다. 이들은 왜 교회를 다니는지도 불명확하다. 교회에 자주 나온다고 자연스럽게 믿음이 좋아지는 건 아니라는 이야기다.

그래서 20대 초중반에 본격적인 '세상 맛'을 알거나 취업 후 본격적인 '세상 타성'에 젖어갈 즈음, 교회를 떠날 가능성이 무척 크다. 떠날지 안 떠날지의 문제라기보다 그 어떤 세상 자극에 언제라도 교회를 떠날 수 있는 빈약한 신앙 토양이 문제다. 이런 문제점 중 하나가 예수님을 만났다는, 현재 자신이 예수님과 함께하고 있다는 확신의 부재가 아닐까. 이들은 복음을 배워서(learn) 안 것이지 느껴서(feel) 안 것이 아니기 때문이다.

### # 예수님만 하실 수 있는 일 # 깊은 교제

그럼 크리스천이 예수님을 만났다는 건 무슨 뜻일까. 우리가 평소 사람을 만나듯 그런 식으로 만난다는 걸까. 물론 아니다. 예수님을 '육안으로' 보거나 그분의 음성을 '귀로' 직접 들은 사람들은 2천 년 전, 예수님이 성육신하셨을 당시 가족, 친인척, 제자들, 따르던 무리, 박해했던 무리, 유대 지도자, 빌라도 등 예수님과 관계 있는 사람들

뿐이었다. 하물며 사도 바울도 예수님을 직접 만나지 못했다. 그는 예수님 승천 뒤, 다메섹으로 가는 사막 한가운데서 강한 빛과 음성으로(행 9:1-16) 예수님을 만났다[훗날 사도 바울 개인의 깊은 영적 체험은(고후 12:2-4) 논외로 한다].

오늘날 크리스천이 예수님을 만났다고 표현하는 건 성경 말씀, 예배, 기도와 찬양 가운데 또는 생활 속 전혀 예상치 못했던 시점에서 내 마음을 강타하는 강렬한 복음적 자각, 깨달음, 뉘우침을 말하는 것이다. 이들은 예수님을 직접 보지는 못했으나 '예수님만이' 하실 수 있는 일을 체득했다.

그분만 하실 수 있는 일이란, 우리가 어제보다 더 복음적으로 살아가려는 거룩한 부담감을 느끼며 실제 내 생활이 복음적으로 바뀌는 '모든 것'을 의미한다. 하물며 '내가 예수님을 잘 믿는 건지, 못 믿는 건지' 고민하는 자체도 본인은 인지하지 못해도 스스로 예수님을 매우 진지하게 인지하고 있음을 방증한다.

넌크리스천은 그런 고민을 하지 못한다. 인간은 아예 무관심하거나 전혀 사실로 믿지 않는 것에 대해 고민하지 않기 때문이다. 비록 신앙 수준이 높지 않더라도 그 고민의 방향성 자체가 틀린 건 아니다. 오히려 신앙인만이 누릴 수 있는 '축복의 고민'이다. 예수님만이 하실 수 있는 나 자신의 '참된 변화'다.

"예수님을 만났다"라는 말은 예수님만이 하실 수 있는 일을 경험함에서 오는 뚜렷한 확신의 다른 표현이다. 그 분별의 기준은 자신의 경험이다. 다른 사람 앞에서 밝고 쾌활하고 행복한 것처럼 자신을 연출하는 데 성공할지 몰라도 스스로는 안다. 돈과 명예, 권력이 있고 훌륭하다는 사람들의 자기계발적인 조언과 위로가 대단하다 할지라도 그것만으로는 채울 수 없는 영혼의 깊은 공허와 무력, 우울과 분노가 있다는 진실 말이다.

그러나 예수님은 바로 이 마음을 만지시고, 붙잡고 뒤흔드시고, 채우고 보호하신다. 모태신앙을 비롯해 오랫동안 교회생활을 해온 많은 청년이 "내가 예수님을 만난 건지 잘 모르겠다"라고 얘기하는 이유는, 태어날 때부터 또는 아주 어릴 적부터 귀중한 은혜(양심의 가책, 신앙적 부담감, 깊은 공허함에 대한 예수님의 터치하심 등)를 이미 당연하게 누리고 있기 때문이다. 마치 늘 자연스럽게 내쉬는 호흡처럼.

'믿음이 없는 것'과 '믿음이 없다고 생각하는 것'은 다르다. '예수님을 만나지 못한 것'과 '예수님을 만나지 못했다고 생각하는 것'도 다르고, '확실히 안 믿는 것'과 '안 믿어지는 것 같아 고민하는 것' 역시 다르다. 물론 결론적으로 우리 모두 예수님을 만나야 한다.

그러나 많은 크리스천 청년이 이미 그들 안에 예수님을 사랑하는 마음과 믿음이 있으면서도 자각하지 못한다. 이것도 일종의 사단의 고차원적 미혹이라고 생각한다. 다섯 달란트 받은 자가 한 달란트 받은 것처럼 행동하는 건 겸손이 아닌 교만이다. 마찬가지로 날마다 자연스럽게 예수님과 동행하는 크리스천이 예수님을 아직 못 만난 것처럼 여기며 사는 것도 비슷하다.

예수님을 진정 내 구주로 인정하는가? 확답을 못 하겠다면 그 반대 질문에 대답해보라. 당신은 예수님을 '자기 스스로 살아계신 하나님의 아들이라 주장한 미치광이'라고 믿는가? 오늘날 모든 역사의 분기점이 그의 탄생 전과 후로 나뉘는 아버지 하나님의 놀라우신 섭리가 우연이라고 생각하는가? 지금까지 예수님을 위해 자신을 희생한 순결한 순교자들의 신앙이 모두 세뇌, 망상, 정신분열의 일환이라 생각하는가?

자신이 지금까지 걸어왔던 신앙생활의 여정이 정말 무미건조하고 인생에 아무 영향과 자극을 주지 못한 허송세월에 불과했다고 단정할 수 있는가? 그렇다면 아무런 의미도 없는 성경책을 지금 당장 쓰레기통에 던져버릴 수 있는가? 절대 아니다. 하물며 당신의 귀한 시간을 들여 이 책도 여기까지 읽어 내려가고 있지 않은가. 평소 아무 의식 없이 호흡하고 있다고 해서 내 주위에 산소가 없는 게 아니다. 어딜 가나 산소가 가득하기에 의식하지 않고 호흡할 수 있는 것이다.

예수님을 만났다 함이 예수님만이 하실 수 있는 일에 대한 경험과 그 체득적 지식의 다른 표현이라고 한다면, 당신과 내가 예수님을 향한 거룩한 갈망으로 치열하게 글을 쓰고 또 읽는 이 진지한 숙고와 소통 역시 그분의 개입하심일 것이다. 우리가 과연 예수님의 은혜 없이 이런 일을 나눌 수 있을까. 전혀 아니다.

이 모든 건, 그분을 통해서만 이룰 수 있는 성령의 거룩한 교제다. 그러니 이 귀한 사실을 깨닫게 해주신 예수께 지금 이 순간 짧게라도 감사기도를 올려드리자. 믿어지든 그렇지 않든, 당신과 예수님의 깊은 교제는 오늘도 여전히 유효하다.

사자에게 물어봐 저는 목회자의 딸이자 16년째 교회 반주를 하고 있는 30대 초반 자매입니다. 어릴 적부터 교회생활을 해왔는데 사실 저는 방언기도도 못 하고 부끄러움도 많아서 큰 소리로 "주여!" 하고 기도도 못 합니다. 그래서 하나님과 대화하고, 예수님 음성을 듣고, 신비한 체험도 하고, 신앙에 확신이 있다는 크리스천을 보면 솔직히 부럽습니다. 저도 진짜 뜨거운 경험을 하고 싶어요. 이런 제가 잘못일까요?

사자 톡 첫째, 자매님이 '부러워하는 사람들'의 실제 신앙의 수준은 자매님이 예상하는 것보다 저조할 가능성이 높습니다. 물론 섣부른 일반화의 오류를 범하지 않는 게 중요합니다. 그러나 신앙의 열심처럼 보이는 '표면적 열심'과 실제 그 사람의 '영성의 깊이'는 정비례하지 않습니다. 제가 심각하게 문제의식을 갖는 것 역시 신앙과 생활의 분리됨이니까요.

교회에서 뜨겁게 찬양하고 기도하는 사람들의 '조용한' 카드 내역서도 하나님 보시기에 흠 없길 노력해야 합니다. 최근 인터넷 검색어, 내비게이션의 최근 목적지 역시 마찬가지고요. 특히 목회자 자녀처럼 평생 교회 문화가 익숙한 분들은 크리스천의 사회생활의 민낯을 모르는 경우가 많습니다. 문제는 뜨거워 보이는 믿음이 아니라 실제 행동입니다. 자매님이 16년 동안 반주를 해왔다면 그 묵묵한 순종과 실천은 매우 값지며 특별하다는 걸 알았으면 합니다.

둘째, 우리는 "사랑을 추구하고 영적인 선물을 사모"(고전 14:1)해야 합니다. 자매님의 갈망은 건강합니다. 자신의 기질을 초월한 신앙적 체험과 실천을 바라는 마음을 계속 견지하며 하나님께 그 뜻을 지속적으로 구하시길 권합니다. 동시에 신앙심이 깊은 분 중에도 방언기도나 큰 소리로 기도하지 못하는 분도 많습니다. 왜 그런지에 대한 아버지 하나님의 깊으신 뜻을 우리는 알 수 없지요.

다만 현재 자매님이 '자연스럽게' 신앙생활 하는 걸 평가절하하지 않길 바랍니다. 몸이 뜨거운 것과 심령이 뜨거운 건 다릅니다. 인간적 열심과 영적인 은혜의 힘은 다르기 때문이지요. 또한 자매님의 신앙생활은 다른 의미에서 '매우 뜨거울 수' 있습니다. 익숙하다고 해서 덜 특별한 건 아닙니다. 자매님의 개성도 하나님이 부여하셨어요.

신앙생활은 균형이 중요합니다. 자매님이 이미 '당연하게' 누리고 또 갖고 있는 고귀한 은사들을 소중히 간직하며 자매님이 구하는 열심과 체험으로 예수님을 믿는 믿음이 더욱 성장하길 진심으로 응원합니다.

# 4 크리스천은 어떤 마음으로 소비해야 하나요

# 나만 위해 쓰는 사람 # 영혼 영수증 # 소비도 영성이다

매년 10월 말 즈음, 국내 서점가를 강타하는 책 장르가 있다. 신년이 다가오기 전에 쏟아져 나오는 각종 미래예측서들이다. 이 중 가장 많이 찾는 책이 《트렌드 코리아》 시리즈이다. 2009년부터 출간된 이 책의 영향력은 적지 않다. 매년 이듬해 10대 트렌드를 선정하는데, 그 분석 내용과 각종 신조어는 곧 여러 언론사를 통해 재생산되고, 새해 한국 소비 시장에 주요 키워드가 된다.

물론 책 내용이 과하거나 억지스러운 부분도 있다. 미래예측서가 갖는 구조적 한계도 뚜렷하다. 그럼에도 많은 이들이 이 책을 읽는 이유는, 사람들의 '실제 소비 데이터'를 기준으로 분석·예측하는 논거 방식 때문이다.

예를 들어, 올해 국내 자동차 판매율이 세단보다 SUV가 앞서기 시작했다면 가족 단위의 레저 및 여행을 중시하는 라이프스타일이 강해졌다고 볼 수 있다. 자동차를 하나의 사회적 위신을 나타내는 상징적 수단으로 생각하기보다 차 자체의 편의성과 실용성을 더욱 중시한다고 분석할 수도 있다. 또한 자연스럽게 캠핑 및 레저 관련 산업의 성장도 예측 가능하다. 즉 엉뚱한 예언이 아니라 실제 사람들의 각종 소비 빅 데이터(big data)를 전문적으로 분석하고 해석해서 모호하고 먼 미래가 아니라 우리 생활과 밀접한 1년 단위 미래를 예측하는 것이다.

여기서 중요한 점은 미래를 예측하는 분석 기준이 사람들의 '소비'라는 것이다. 우리 영성과 신앙의 분석도 마찬가지다. 사람은 마음이 가는 곳에 돈을 쓴다. 개인의 소비 내역은 그의 세계관과 삶의 우선순위를 '있는 그대로' 보여준다. 한 달 수입 중 통신비, 교통비, 주거비, 식비 등 생계에 관한 고정 지출을 제외한 '그다음 지출'이 중요하다.

무형 가치와 미래 가치를 중요하게 여기는 사람은, 독서 및 자기계발 등 교육비에 지출하거나 맛있는 배달 음식을 먹고 싶은 유혹을 참고 견디며 적금을 들 수도 있겠다. 반대로 편향된 욜로(You Only Live Once의 앞 글자를 딴 것, 현재 자신의 행복을 가장 중시하는 태도) 문화를 중시하는 청년은 자기 월급의 50퍼센트 또는 그 이상의 돈을 외제차 할부 값, 국내외 여행비, 각종 사치품 소비에 쓸 수도 있다.

또 어떤 이들은 이름도 없이 빛도 없이 자영업하는 부모님의 대출이자 상환을 도울 수도 있고, 해외 선교사역 후원을 하거나 각종 시민 단체, 비영리재단에 후원할 수도 있다. 반대로 게임 관련 아이템에 과도한 유료 결제를 하거나 복권을 비롯해 각종 운과 중독에 기댄 인터넷 도박에 빠질 수도 있다. 이 밖에도 자신의 건강을 생각해 젊을 때부터 각종 영양제나 야채 및 음식 재료를 사는 사람이 있는가 하면 배달 음식 앱을 통해 과도한 식비를 지출하는 사람도 있다.

나만 위해 쓰는 사람이 있고 남을 위해 쓰는 사람도 있다. 이런 의미에서 소비도 영성이다. 소비는 그 사람의 우선순위와 실제 선택과 실천이 그대로 반영되는 '영혼 영수증'이다.

#재물이냐 하나님이냐 #왜 하필 돈일까 #덤의 원리

그렇다면 크리스천은 돈을 어떻게 소비해야 할까. 어떻게 쇼핑해야 할까. 우선 전제하고 넘어갈 게 있다. 헌금이다. 꼭 십일조 헌금과 주정헌금을 하자. 요즘 들어 (특히) 십일조 헌금에 비판적인 사람들이 있다. 그러나 창세기 시대나 요즘 시대나 하나님께 딴지 거는 사람은 언제나 있었다. 그들이 말하는 명분은 다분히 합리적으로 들린다. 그래서 어느 시대건 동조하거나 동요하는 사람들이 많았다.

하지만 하나님을 따르는 삶은 세상이 보기에 언제나 탈합리·탈논리적이다. 성령으로 잉태되어 동정녀 마리아의 몸에서 나신 예수 그리스도의 탄생부터 그렇다. 크리스천은 복음의 논리로 살아야 한다. 물질관 역시 넌크리스천과 전혀 다른 관점을 갖고 소비생활에 임해야 한다.

그렇다면 물질에 대한 복음 논리는 무엇일까? 심플하다. "하나님과 재물을 함께 섬길 수 없다"(마 6:24). "아무리 영화를 누리며 살아도 깨닫지 못하는 사람은 짐승처럼 죽으리라"(시 49:20). 촌스러운 이분법이 아니라 우주를 가르는 절대 진리다. 이 세상 어떤 인간도 하나님과 재물을 동시에 사랑할 순 없다. 그래서 신앙적 소비생활의 대전제는 '재물보다 하나님을 더욱 사랑하는 것'이다. 이 결단의 순수한 표현 방식 중 하나가 바로 헌금이다.

그럼 왜 하필 돈일까. 우리가 돈을 제일 사랑하기 때문이다. 만약 온 세상 사람의 신용과 거래가 쌀로 이뤄졌다면 아마 우리는 주일마다 헌미를 드렸을 것이다. 이런 의미에서 헌금의 본질은 내 자아를 주님께 내어드렸다는 믿음의 고백이다. 돈에 대한 자신의 태도가 곧 그의 진짜 영성이다. 예수님을 잘 믿고 싶거나 그분 안에서 축복을 누리고픈 사람은 가장 먼저 헌금생활부터 점검하자. 이게 크리스천 쇼핑 가이드라인의 첫 번째 단추다.

옷을 산다고 가정해보자. 우리는 옷을 왜 살까. 신체와 체온을 보호하는 기능적 이유 말고도 옷은 개인의 많은 정보를 드러낸다. 사회적 계층이나 재산 수준, 직업을 드러낼 수도 있고, 개성과 기호, 가치관을 나타내기도 한다. 특히 요즘은 (피자 같은) 심미적 만족을 위해 옷을 구매하거나 내면의 공허함과 불만족으로 인해 중독적으로 옷을 구매하는 사람도 많다.

현재 우리나라처럼 서비스 산업이 완숙한 성장을 이룬 나라에서는

'생명을 지키기 위해' 옷을 사 입는 사람은 거의 없다. 옷의 기능적 역할보다 사회적 역할이 더욱 크다. 그래서 누구나 이왕이면 더 멋지고 예쁜 옷을 입고 싶어 한다. 옷장에 안 입고 쌓아둔 옷도 많은데 정작 내일 입고 나갈 옷은 없다고 한다(이런 푸념을 하는 자식 세대를 이해 못 하고 잔소리하는 부모 세대도 정작 결혼식이나 동호회, 중요한 절기 예배 때마다 입고 갈 옷이 마땅치 않다고 말한다. 물론 자식들이 볼 때 부모님은 항상 옷이 많아 보인다).

이런 것들을 일방적인 푸념, 가난한 마음에 반하는 배부른 소리라고 치부할 수도 없다. 사회생활을 하다 보면 정말 때와 장소에 맞는 옷을 입는 게 중요하기 때문이다. 예수님도 물론 천국의 비유이지만 잔치에 초대된 손님 중 "예복을 입지 않은 한 사람을 보고"(마 22:11) 그를 쫓아내는 비유를 하시기도 했다.

청년들 역시 면접을 보러 가면서 반바지에 슬리퍼를 신고 가는 사람은 없다. 즉 옷이 없다고 말하는 건 대개 집에서 편하게 입는 옷을 말하는 게 아니라 때와 장소에 맞는 (효율적으로 돌려 입을 수 있는 최소한의) 옷이 없다는 말이다. 특히 사회생활을 하는 여성은 한 달에 오피스룩 및 기타 필요한 옷을 살 돈을 따로 떼어놓기도 한다. '내일 뭐 입지?'라는 고민에서 자유로운 사람이 몇 안 된다. 그래서 자신이 자주 가는 인터넷 쇼핑몰이나 대형쇼핑몰, 백화점에서 시간을 많이 보낸다.

그렇다면 현재 옷을 고르느라 시간과 돈을 쓰는 모든 사람이 옳다는 걸까? 당연히 아니다. 사람들이 (돌려 입을 수 있는) 최소한의 옷이 필요해서 쇼핑하는 거라면 그때그때 정말 '필요한 옷만' 사야 한다. 어느 정도 수량이 갖춰졌으면 당분간 옷에 관심을 둘 필요도 없어야 한다. 그러나 현실은 다르다. 우린 필요해서 소비하기보다 필요하다고 '느껴서' 소비한다. 때로는 단지 예쁘고 갖고 싶어서 소비하는 경우도 매우 많다.

옷뿐 아니라 가방, 텀블러, 스마트폰, 각종 디지털 기기와 액세서리, 화장품, 신발 등도 마찬가지다. 그만 사는 사람은 없다. 다만 돈이 부족할 뿐이다. 이게 진실이다. 그래서 나보다 나를 더 잘 아시는 예수님이 "네 보물이 있는 곳에 네 마음도 있다. 아무도 두 주인을 섬길 수 없다. 그렇게 되면 한편을 미워하고 다른 편을 사랑하든가 아니면 한편에게는 충성을 다하고 다른 편은 무시하게 될 것이다. 너희는 하나님과 재물을 함께 섬길 수 없다"(마 6:21,24)라고 말씀하셨던 것이다.

곧바로 이 말씀 뒤에 "너희 생명을 위해 무엇을 먹을까, 무엇을 마실까, 너희 몸을 위해 무엇을 입을까 걱정하지 말아라"(마 6:25), "너희는 먼저 하나님의 나라와 그의 의를 구하라. 그러면 이 모든 것을 너희에게 덤으로 주실 것이다"(마 6:33)라고 말씀하셨다.

예수님은 가장 기초적인 욕구인 생명을 위해서도 걱정하지 말라고 하시는데(=신체와 체온 보호를 위한 옷 구매) 하물며 충동구매나 욕구 충족을 위한 쇼핑 고민과 걱정은 말할 것도 없다. 우리에게 소비란 하나님께서 우리에게 알아서 채워주시는 '덤 방식'이다.

#지갑을 거룩하게 #쇼핑의 주인공 #생각의 가난 부수기

크리스천의 올바른 소비는 그 순서에 답이 있다. '먼저' 하나님나라와 의를 구하면 된다. 그러면 하나님께서는 이 모든 것을 덤으로 주신다. 성경 66권을 사실로 믿는 사람은 이것 역시 수학보다 더 신실하고 정확한 하나님의 공식으로 믿어야 한다. 예수님을 믿는 사람은 예수님의 이 말씀 역시 그대로 믿고 따라야 한다(그래서 예수 믿기 힘들다는 거다).

그럼 덤으로 채워진다는 말은 무슨 뜻일까. 자고 일어나면 인공지능 알고리즘처럼 떨어진 케첩이나 달걀, 식용유, 쌀, 화장지가 집 앞으로 택배가 오듯 배달된다는 뜻일까. 물론 아니다. 나는 이것을 '고르는 개념'과 '찾는 개념'으로 이해한다. 옷을 예로 들면, 백화점의 수백 수천 벌의 옷을 내 욕망의 기준으로 고르는 게 아니라, '오늘 이 시간 하나님께서 내게 주시는 옷을 찾는다'는 말이다.

자칫 우리의 자유의지를 훼손한다고 오해할 수 있으나 문맥상 의미를 잘 파악하자. 이는 아브라함 카이퍼의 말처럼 "예수 그리스도의 주권은 모든 삶의 개별 영역에서 인정되어야" 함을 역설하는 것이다. 쇼핑의 주인공도 예수님이시다. 크든 작든 소비하는 목적과 이유 역시 '오직 하나님께 영광'이어야 한다는 말이다. 이런 의미에서 크리스천의 소비는 '고름'(choose)이 아닌 '찾음'(look for)이다.

하나님나라와 의를 먼저 구한다는 건 내 기호와 욕구보다 모든 영역에서 하나님께 순종하겠다는 믿음의 다른 표현이다. 자신은 충분히 50만 원짜리 지갑을 살 능력이 있지만 하나님의 감동으로 보다 검소한 소비를 하는 것이다. 반대로 평생 10원 하나도 하나님보다 더 아끼던 사람이 검소와 절약이라고 생각하는 '생각의 가난'을 깨부숴야 할 때도 있다.

이는 돈을 펑펑 쓰라는 게 아니다. 사도 바울의 말처럼 '어떤 형편에서도 스스로 만족하는 법을 배워 가난하게 사는 법도 알고 부유하게 사는 법도 아는' 삶의 지혜와 균형을 찾으라는 거다(빌 4:11,12). 여기에서 만족은 당연히 '피자 같은 만족'이 아닌 '밥 같은 만족'이다. 하나님나라와 의를 먼저 구함에서만 누릴 수 있는 참된 만족만이 건강한 소비생활을 누리게 한다.

요즘 무조건 가난하게 사는 게 믿음 좋은 것이며, 자본주의는 사회악이라고 규정하는 크리스천들이 있다. 예수님도 청빈하셨다며 소비 자체를 악으로 몰아간다. 그들의 주장대로라면 부자는 그야말로 악인이다. 그러나 이건 틀린 말이다. 부자가 악하면 하나님께서 아브라함과 욥에게 '그런 복'을 주지 않으셔야 했다. 성경에는 훌륭하고 믿음 좋은 부자들의 이야기가 꽤 많이 나온다.

예수님도 "부자는 하늘나라에 들어가기가 매우 어렵다"(마 19:23)라고 하셨지 불가능하다고 말씀하지 않으셨다. 예수님의 시체를 장사한 아리마대 요셉도 우리 시대로 말하면 기득권 부자다. 그는 "자기의 새 무덤"(마 27:60)을 소유하고 있었다. 하나님께서는 자신의 독생자 예수 그리스도를 장사하기 위해 아리마대 요셉의 공권력과 부를 사용하셨다. 말씀이 이러한데도 부자는 악인이라는 엉뚱한 소리를 한다면 무지한 것이고, 알면서도 그런다면 사악한 의도가 있는 것 아닐까.

이 시대는 크리스천의 건강한 소비관이 무척 중요하다. 우리 중 누구는 서울 시내 아파트를 매매할 여유가 있고, 정기적으로 해외여행을 가거나 멋진 옷과 운동화를 살 수 있을 것이다. 만약 우리가 예수께 "저들은 대체 무슨 복을 받아 저런 삶을 삽니까?"라고 따져 묻는다면 예수님은 두 가지를 말씀하실 것이다.

첫째, 물론 물질의 복도 주께서 주시는 소중한 복이지만 예수님이 주시는 복은 저게 다가 아니라고, 여덟 가지나 되는 '다른 복'이 있다고 말이다(마 5:3-12). 둘째, 저 사람은 왜 저렇게 살고 나는 왜 이렇게 살아야 하느냐고 묻는 우리에게 "그것이 네게 무슨 상관이냐? 너는 나를 따르라"(요 21:22)라고 말씀하실 것이다.

즉 우리가 돈을 생각하는 것과 하나님께서 돈을 생각하시는 기준과 관점이 완전히 다르다. 그러니 어떤 소비도 걱정하지 말고 다만 하나님나라와 의를 구하라고, 그러면 이 모든 것을 우리에게 덤으로 주신다고 약속하신다.

마음의 순서를 지키라. 지갑까지 거룩해지라. 소비 그 자체로 자존감과 만족감을 누리려는 본질은 죄임을 알아야 한다. 이 세상 누구도 두 주인을 섬길 수 없다는 사실을 기억하자. 복음 이외의 것으로 채워지는 건 반드시 부작용이 따른다. 마트에서 장을 볼 때 물건 하나하나 고를 때마다 무릎 꿇고 기도하고 사라는 말이 아니다. 평소 일상 가운데 온전한 예배자가 되라는 뜻이다. 필수재를 사든, 사치재를 사든 하나님나라와 의를 위해 목숨을 거는 크리스천 청년이 되어야 한다.

요즘 이러저러한 전문가들은 공유 경제를 근거 삼아 오늘날 전 세계적 소비 트렌드가 2030 밀레니얼 세대가 주축이 되어 '소유'(have) 개념에서 '경험'(experience) 개념으로 바뀌고 있다고 주장한다. 일리가 있는 부분도 있으나 소비의 형태가 바뀐 것이지 소비의 본질이 바뀐 건 아니다. 우리는 세상이 무얼 주장하고 어떻게 바뀌든 마음을 지키면 된다. 그 안에서 생명이 나기 때문이다(잠 4:23). 멋진 예배자가 되자. 그게 가장 스마트한 소비자가 되는 길이다.

사자에게 물어봐 저는 32세 직장인 크리스천입니다. 직장 동료들이 점심시간마다 한 브랜드 커피점에 가서 커피를 마십니다. 그런데 그 카페는 반기독교적 가치를 홍보하는 걸로 알고 있습니다. 그럼 그 카페를 이용하는 건 나쁜 것 아닌가요? 올바른 예배자가 되려면 반성경적 기업 리스트를 만들어 불매운동을 해야 할까요?

사자 톡 말씀하신 주장은 자칫 편향된 근본주의로 빠질 수 있습니다. 위 논리대로라면 크리스천은 성경적 가치를 표방하는 기업 제품만 사용해야 한다는 것인데, 그럼 형제님이 지금 사는 집에서도 당장 나와야 할 겁니다. 그 집 시공사와 건축사 사장 중 넌크리스천이 있어서 건축 당시 고사를 지냈을 수도 있으니까요. 그 집을 지은 인부들도 크리스천이었어야 하고요. 이불과 침대, 책상, 컴퓨터도 마찬가지입니다.
주식회사의 주주들 중 제사를 지내는 사람, 점을 보는 사람이 있을 수도 있습니다. 정부 사람들 중 우상숭배자가 있는 지역구 또는 상임위에서 나오는 행정 명령이나 국회 법안들을 일일이 따져봐야 합니다. 그러다 보면 이민을 가야 할지도 모르지요.
스스로 하나님의 절대주권의 영역을 축소하지 말아야 합니다. 우리는 산에 숨어 지내는 게 아니라 세상에 들어가 소금의 짠맛을 내는 사람들입니다. 어둠 속에서 밝은 빛을 내야 하지요. 형제님의 마음의 중심은 귀합니다. 그러나 자칫 내 기준과 판단이 곧 '복음'으로 둔갑할 수 있습니다. 안식일에 병을 고치면 안 된다고 예수님을 핍박하던 종교지도자들처럼요(요 5:10).

제 생각은 이렇습니다. 첫째, 글로벌 기업이 국내 지부에서도 대놓고 반성경적 가치를 광고한다면 또는 국내 기업이 그런 일을 자행한다면 문제를 사회적으로 공론화하여 (필요에 따라) 불매운동을 벌일 수도 있다고 생각합니다.

둘째, 그렇다고 그 제품을 소비하는 다른 크리스천을 정죄하는 건 다른 문제입니다. 자신의 의견을 피력하고 설득할 수는 있으나 자신의 의견을 따르지 않는 사람을 정죄하는 건 성급하며 옳지 못합니다.

셋째, 만약 특정 기업의 반성경적 캠페인과 광고가 우리 사회에 악영향을 끼치고 반기독교적 사회 정서를 심각하게 부추기는 수준이라면 크리스천은 '한마음'으로 좀 더 적극적인 목소리를 내야 한다고 생각합니다.

제가 사회적·신앙적 공감대를 주요 전제로 여기고 있음을 유념해주십시오. 다만 개인의 믿음으로 철저히 불매운동을 하겠다고 하면 자신의 믿음대로 하시면 됩니다.

사자에게 물어 봐 하나님과 재물을 함께 섬길 수 없다면 돈은 악한 것 아닌가요? 그렇다면 우리가 돈을 버는 행위도 모두 악한 건가요?

사자 톡 세계적인 복음주의 조직신학자 웨인 그루뎀(Wayne A. Grudem)의 《하나님을 영화롭게 하는 비즈니스》에서 인용해 답을 하겠습니다. 돈 자체는 악한 게 아닙니다. 물론 "돈을 사랑하는 것이 온갖 악의 뿌리가 됩니다. 이것을 가지려고 열망하는 사람들이 믿음에서 떠나 방황하다가 많은 고통을 당하고 마음의 상처를 입습니다"(딤전 6:10)라는 말씀이 있으나 '돈이 일만 악의 뿌리'가 아니라 '돈을 사랑함이 일만 악의 뿌리'입니다. 돈은 '교환의 매개물'입니다. 그 본질은 중립적이지요. 사람의 마음, 즉 우선순위가 문제입니다.
만약 돈이 악하다면 교회를 짓거나 선교 후원을 하거나 기타 성경적 가치관으로 사업을 하는 모든 '선한 일'은 어떻게 설명할 수 있을까요. 하나님의 선한 가치를 드러내는 사업 역시 기도와 동시에 돈이 필요합니다. 기독교 정신의 비영리단체가 개발도상국 아이들을 도와주는 방법도 아이들에게 하나님의 사랑과 더불어 돈을 후원하는 겁니다.
저는 크리스천 성도들이 세상에서 소금과 빛이 된다는 건 '잘났는데 가난하게 살라'는 말이 아니라고 생각합니다. 각자 자기에게 맡기신 달란트의 분량대로 열심히 일하고, 그에 따른 보응과 보상도 합당하게 받아야 한다고 생각해요.
다만 그 물질에서 하나님의 것을 구별하여 드리고(대표적으로 십일조 생활) 각자 생활 수준에 맞게 사회적 약자나 도움이 필요한 곳에 좋은 청지기 역할을 감당해야 합니다. 국내 미혼모 시설이나 입양센터, 성경적 성교육 센터나 성경적 가치를 전하는 여러 단체 등 우리가 조금만 관심 갖고 돌아보면 우리의 물질이 유용하게 쓰일 곳이 정말 많습니다.

성경에는 "은도 내 것이요 금도 내 것이다"(학 2:8)라고 분명히 쓰여있습니다. 이 세상 모든 돈의 주인은 하나님이십니다. 우리는 이 땅에서 좋은 청지기 역할을 잘 감당할 수 있도록 최선을 다해 살아가야 합니다.

## 사자의 참견

소비도 영성이다
마음의 순서를 지키라

그 순서에 답이 있다
'먼저' 하나님나라와 의를 구하면 된다

내 기호와 욕구보다 모든 영역에서
하나님께 순종하겠다는 믿음의 다른 표현이다

## 5 크리스천이 입어야 하는 패션이 정해져 있나요

#패션은 메시지다 #자기 브랜딩 #미적 기준

크리스천의 옷차림을 이야기하기 전, 먼저 남자와 여자의 성별(sex)부터 간단히 짚고 넘어가자. 크리스천은 창세기 말씀대로 인간의 생물학적 성은 남자와 여자 단 두 개의 성밖에 없다고 믿는다['간성'(intersex)은 성염색체 질환으로 분류된다고 한다. 의학적으로 제3, 제4의 또 다른 성별로 분류되지 않는다]. 또한 남자는 남자의 옷을, 여자는 여자의 옷을 입어야 한다(신 22:5)는 하나님의 말씀을 진리로 받아들인다.

이 말은 '남자다운 옷'이 따로 있고, '여자다운 옷'이 따로 있음을 의미한다. 성경 66권을 사실로 믿는다는 건 오늘날 유니섹스(unisex, 남녀 겸용, 의상이나 헤어스타일 등 여러 면에서 남성과 여성의 구별이 없어진 것을 이르는 말)와 젠더리스(genderless, 성과 나이의 파괴를 주 특성으로 하는 패션의 새로운 경향) 트렌드가 팽배해져 가는 시대에도 믿음이 전혀 흔들리지 않고 '크리스천다운 옷차림'을 고수한다는 말이다.

한 분야에서 오랫동안 일한 사람들이 비슷하게 하는 말이 있다. 구두닦이 장인은 구두만 봐도 그 사람에 대해 알 수 있고, 택시기사는 손님이 자동차 문을 여닫는 소리만 들어도 알 수 있다고 한다. 한 의사는 진찰실에 들어오는 환자의 안색만 봐도 대략 진단할 수 있을 정도이다. 애서가들은 책 표지와 목차 더 나아가 작가가 쓴 프롤로그만 읽어도 대략적인 책 분위기와 인사이트 수준을 가늠할 수 있다.

당연히 의류업에 종사하는 사람도 마찬가지다. 어느 옷을 어떻게 입었느냐를 통해 상대를 대략 파악할 수 있다. 꼭 장인이나 전문가가 아니어도 사람의 첫인상과 목소리, 그에게서 뿜어져 나오는 각종 비언어적 행동과 전체적인 분위기로 파악할 수 있다.

특별한 예지력이 없어도 저마다 반복 학습을 통해 일종의 데이터를 갖는다. 예측 타율이 낮으면 편견이고, 타율이 높으면 분석력이다. 물론 모든 예감이 맞는 건 아니겠으나 그렇다고 인간의 직관력을 무조건 가치 절하하는 것도 지혜롭지 않다[관련 내용은 말콤 글래드웰(Malcolm Gladwell)의 《블링크》를 보라].

위 사례들을 통해 알 수 있는 중요한 사실은 인간의 영혼의 모양과 상태는 반드시 '밖으로' 드러난다는 것이다. 누군가 택시 문을 여닫고 의자에 앉는 것만으로도 대략적인 인격을 판단할 수 있을 정도로 말이다. 옷도 마찬가지다. 사회적 영향력이 있는 사람일수록 자신의 패션에 기획된 의도를 담는다.

한 나라의 향방을 결정하는 대선 토론회 같은 경우 대선 후보들의 옷부터 헤어스타일 심지어 가르마 방향까지 철저히 기획된 브랜딩이며 연출이다. 진보적인 성향을 드러내고 싶은 사람들이 의도적으로 '파격적인 옷'을 입는 것도 같은 맥락이다. 일반인 역시 마찬가지다. 요즘 다양한 SNS 채널에서 적극적으로 '퍼스널 브랜딩'을 하는 '인플루언서'가 많은데 그들도 자신이 의도하는 모습을 연출함으로써 각자 브랜드를 구축한다. 이런 의미에서 패션은 곧 메시지다. 옷차림에 자신이 옳다고 여기는 신념이 농축되어 있다.

좀 더 세밀히 생각해보자. 어떻게 패션에 개인의 가치관이 투영될까? 한 달 소득 대비 의류비 지출이 현저히 적은 사람은 낭비벽 없는 절제력 강한 미니멀리스트거나 아예 패션에 무관심한 실용주의자일 수 있다. 마치 (자신의 연봉에 비해 턱없이 값싼) 후드티만 입고 다니는 실리콘밸리 IT개발자들처럼.

반대로 소득 대비 의류비 지출이 높은 사람은 쇼핑중독자, 미래를 위한 저축보다 단기적 만족을 우선순위로 삼는 욜로족 혹은 영민한 마케터일 수 있다. 자신을 브랜딩하기 위해 패션에 전략적인 '투자'를 단행하는 사람 말이다. 이런 이들은 자기계발적 도전의식이 뛰어난 사람일 수도 있겠다.

옷을 사는 방법에서도 각자의 가치관이 드러난다. 인터넷보다 상대적으로 비싼 줄 알면서도 일부러 오프라인 매장에서 옷을 구매하는 사람은 아날로그적 소비가 더 스마트하다고 여기는 사람이거나 인터넷 구매에 대한 편견으로 새로운 도전을 하지 않는 보수적인 사람일 수 있다. 반대로 인터넷 쇼핑몰을 통해 옷을 구매하는 사람은 가격 경쟁력을 우선하거나 오프라인 매장에 갈 시간과 수고를 아끼려는 실용주의자일 수 있다.

비싼 옷을 사서 오랫동안 아껴 입는 사람이 있는 반면, 비교적 저렴한 옷을 자주 사 입는 사람들도 있다. 옷의 모양을 보고 사는 사람도 있고, 소재를 더 중요하게 여기는 사람도 있다. 옷을 살 때마다 어두운 톤이나 넉넉한 사이즈를 고르는 사람도 있고, 밝고 화려하거나 신체의 특정 부위가 도드라지는 옷을 고르는 사람도 있다.

이처럼 패션은 수많은 선택의 결과이며 비록 인지하지 못하더라도 그 선택에는 평소 자신의 가치관, 삶의 우선순위, 소비관, 미적 기준 등이 담겨있다. 신앙관은 당연지사다.

# 젠틀&니트 # 옷은 거들 뿐 # 크리스천의 아름다움

크리스천은 항상 깨끗한 옷을 입고(전 9:8), 단정한 몸가짐을 해야 한다(딤전 2:9). 예수님을 따르는 제자답게 옷을 입으라는 말이다. 옷차림에도 샤론의 꽃 예수의 향기가 나야 한다. 더 정확히 말하자면 내 패션관이 성경 안에 거해야 한다. 깨끗한 옷을 입으라는 말은 항상 새 옷을 입으라는 게 아니라 언제나 마음을 청결하게 하듯, 실생활도 청결하라는 말씀이다.

예수님은 귀신을 지칭하실 때 '더러운 귀신'이라고 말씀하셨다(마 12:43, 막 1:23, 3:30 등 다수). 더러움은 하나님의 속성이 아니다. 그분을 따르는 우리도 마찬가지다. 말끔하기 위해 노력하자. 말처럼 쉬운 게 아니다. 그러려면 생활 습관 전체가 바뀌어야 하기 때문이다. 단순히 세탁한 옷을 입는다고 해결되는 문제가 아니다. 항상 깨끗한 옷을 입으려고 노력하면 자연스럽게 내 습관과 생각이 달라진다. 예배자의 외적 열매는 젠틀(gentle)과 니트(neat)다.

또한 우리는 단정해야 한다. '단정하다'의 사전적 정의는 "옷차림새나 몸가짐 따위가 얌전하고 바르다"이다. 그럼 크리스천은 항상 어둡고 칙칙한 옷만 입으라는 걸까. 크리스천은 패션학과에 진학하지 말고, 운동복도 입지 말고, 유행하는 옷은 아예 구매하지 말라는 걸까. 그 말이 아니다.

본인이 멋지고 예쁘다고 생각하는 미적 기준을 '밥'처럼 만들어야 한다는 말이다. 우리는 화려함, 자유분방함, 섹시함과 같은 말초적 자극성을 아름답다(=멋지다, 예쁘다)고 여기는 게 아니라 심플함, 우아함, 고상함, 단아함 같은 것을 아름답게 여겨야 한다. 실제 예술적으로 더욱 높은 가치를 인정받는 아름다움은 당연히 후자이다.

여자의 경우 자신의 몸매와 속살을 일차원적으로 드러내는 것보다 영혼의 단정함이 자연스럽게 드러나는 게 훨씬 더 고차원적인 아름다움임을 배우고 깨달아야 한다. 제아무리 비싼 옷을 입어도 경박스러움이 흘러내리는 사람이 있는가 하면 어떤 옷을 입든 인격의 겸손함과 수수함이 주위를 따뜻하게 만드는 사람이 있다. 무슨 차이일까.

옷이 아닌 마음이다. 요즘 '패완얼'(패션의 완성은 얼굴)이라고 하지 않던가. 우리의 패션의 완성은 '영혼의 거룩'이다.

하지만 너무 많은 청년이 섹시함이 곧 아름다움이라는 '사단적 미디어 문화 프레이밍'에 세뇌당한다. 남자든 여자든 섹시하다는 말을 칭찬처럼 쓴다. 여름이면 너무 짧은 바지나 치마, 상체가 부각되는 옷을 입고 다니는 청년들을 쉽게 볼 수 있다.

더 나아가 남자가 여자처럼 입고, 여자가 남자처럼 입는다. 그걸 '세련됐다'라거나 그들만의 스웨그(swag, 자신만이 낼 수 있는 특정한 멋이나 분위기)로 여긴다. 멋과 예쁨이 성경 중심이 아닌 사람 중심이 되어버린 국가적 문란이자 국가적 음란이다. 크리스천이 핫팬츠, 레깅스, 브라탑, 크롭티, 백오픈, 속옷이 비치는 시스루를 입어도 되는가를 묻기 전에 그걸 멋지고 예쁘다고 생각하는 우리의 미적 기준이 '피자 조미료'에 오염되어 있는 건 아닌지 돌아봐야 한다.

다시 한번 말하지만, 하나님께서는 우리에게 단정하길 명하신다. 남자는 남자다운 단정함으로, 여자는 여자다운 단정함으로 옷 입어야 한다. 그게 본래의 아름다움이다. 특히, 헬스 산업이 폭발적으로 성장하고 있는 오늘날 자신의 몸매를 부각하는 게 일종의 당당함과 자신감이요 새로운 부(wealth)라고 생각하는 사회 인식이 있다.

문제는 여기에 섹시함 즉 음란의 개념이 뒤섞여 하나의 문화 트렌드가 되고 있다는 점이다. 건강한 몸(body)은 분명 좋다. 일정량 운동은 필요하다. 특히 요즘은 배달 음식과 냉동 음식 산업이 발달하여 예전보다 더 많이, 더 쉽게, 더 맛있게 먹고, 더 적게 움직인다. 자연스럽게 비만과 각종 합병증이 국민 건강에 심각한 위험 요소이다. 그래서 현대인에게 운동은 하나님이 주신 소중한 몸을 건강하게 지킬 수 있는 매우 중요한 자기관리의 한 축일 수 있다.

그러나 몸을 단련하는 것처럼 우리 영혼을 단련하지 않으면, 점점 달라지는 자기 몸을 거울에 비춰보고 사진 찍는 그 애정과 정성만큼 내 영혼의 상태를 점검하는 마음의 긴장과 인식이 없다면 영적 균형이 (심각하게) 깨졌다고 봐야 한다. 경건과 거룩의 기준이 마모된 사람들이 자기 몸을 사랑하는 건, 나르시시즘이 바탕 된 '자기애'의 단면일 뿐이다. 건강과 섹시가 혼용된 자기애.

최근 사회 이슈가 되는 '레깅스 논란'은 이런 종합적인 문맥을 함께 고려해야 한다고 본다. 운동할 때는 운동복을 입어야 한다. 입지 말라는 게 아니다. 알맞은 때 알맞은 방식으로 '크리스천답게' 입으라는 거다. 본인이 편하고 예쁘다고 해서 거리나 사람이 많은 곳에서 몸매가 적나라하게 드러나는 옷을 입고 다니는 게 우리의 '단정함'과 어울릴 수 있겠는가.

매우 짧은 바지나 치마, 가슴이 심하게 부각되는 옷들도 마찬가지다. 트렌드를 좇아가는 건 '상품'이다. 그러나 영원한 기준을 따라 사는 건 '작품'이다. 멋지고 예쁜 옷을 입지 말라는 말도, 꾸미지 말라는 말도 아니다. 옷이 개성의 표현만이 아닌 성화의 열매임을 알아야 한다.

강남역 부근 세미나실에서 모임을 마치고 집에 돌아갈 때였다. 금요일 저녁, 클럽과 술집에서 놀기 위해 정말 '작정하고' 꾸민 수많은 청년의 패션은 매우 과감하고 자극적이었다. 말 그대로 피자 월드였다.

그 인파를 거스르며 역까지 걸어가는데 우리 팀의 패션 분위기와 길가에 있는 수많은 청년의 패션 분위기가 가히 대조적이다 못해 대척점에 서있는 것 같았다. 이는 '옷을 못 입는다'는 개념보다 '옷을 다르게 입는다'는 개념이다. 내 관점에서는 우리 팀이 얼마나 '아름다워' 보였는지 모른다.

깨끗하고 단정하게 옷 입자. 트렌드를 거슬러 클래식을 고수하자. 마음부터 거룩하려 노력하는 내 경건의 모양이 옷차림에도 드러나게 하자. 아름다운 모습으로 예배드리고, 일상을 살아가자. 우리가 만날 때 서로 '그 아름다움'으로 미소 짓게 하자. 영혼의 아름다움이 우선이다. 옷은 거들 뿐이다.

사자에게 물어봐 미국에서 공부하고 한국에 돌아온 지 3년 된 32세 크리스천 여성입니다. 미국에서는 몸매가 뚱뚱하든 날씬하든 누구나 레깅스를 편하게 입고 다닙니다. 예뻐 보이려고 하는 게 아니라 진짜 편해서 입어요. 그런데 한국에서는 레깅스 입는 걸 이상하게 봅니다. 보기 불편하면 안 보면 되는데 왜 그렇게 유난인지 모르겠어요. 그냥 옷일 뿐인데 말이에요. 음흉한 생각을 하는 사람들이 이상한 것 아닌가요?

사자 톡 어떤 말씀인지 충분히 이해합니다. 그러나 제 생각은 이렇습니다. 첫째, 수적 우월함이 곧 보편(옳음)이라 주장한다면 그런 복장을 불편해하는 사람이 더 많은 곳에서는 곧바로 보편의 기준이 바뀌게 됩니다. "여기는 왜 이래?"라는 주장의 설득력이 떨어지지요. 그러나 크리스천은 어느 문화권, 어느 시대에 태어나건 동일한 기준으로 살아가는 사람입니다. 예나 지금이나 수적 열세인 경우가 많았고요.
둘째, 편의성 때문에 입고 다닌다는 실용주의는 얼핏 옳게 보일 수 있으나 결혼식, 장례식, 면접 등 중요한 일정이 있을 때 편의성을 최우선으로 생각하여 레깅스를 입고 가는 사람은 없습니다. 즉 '선택적' 실용주의라는 말이지요. 저는 크리스천이라면 그 임의적 선택의 기준이 나 자신이 아니라 성경이 되어야 한다고 생각해요.
셋째, 미국에는 그런 사람들이 많다며 한국을 경시하는 태도는 자칫 서양 우월주의로 비칠 수 있습니다. 또한 미국 내에도 레깅스 문화를 비판적으로 보는 사람들이 있어요. 이건 문화 우열의 문제가 아니라 가치관의 문제로 접근하는 게 옳다고 생각합니다. 물론 크리스천의 가치 기준은 성경이고요. 마지막으로, "나는 아무 잘못이 없고, 그렇게 생각하고 판단하는 네가 잘못이야"라는 주장은 도덕적 상대주의입니다. 문제는 내가 비판하는 명분 그대로 내가 비판을 받아도 아무런 대꾸를 할 수 없게 되지요.

쉽게 말해 자매님을 비판하는 사람들도 "나는 이렇게 생각한다니까? 난 아무 잘못이 없어. 나를 음흉한 사람 취급하는 네가 잘못된 거야"라고 말할 수 있습니다. 그래서 옳고 그름의 절대 기준은 성경입니다. 내 편의성보다 우리가 단정하길 바라시는 하나님의 마음을 우선으로 생각하여 때와 장소에 알맞은 옷을 입는 건 어떨까요?

사자에게 물어봐 저는 고등학교 2학년 크리스천 여성인데요. 크리스천은 타투도 하면 안 되나요? 구약성경에 문신하지 말라는 말씀이 있어서요. 요즘은 진짜 예쁜 타투도 많거든요.

사자 톡 저는 타투를 한다는 청년이나 청소년이 있으면 최선을 다해 말리는 편입니다. 성경에 "몸에 문신을 새기지 말아라"(레 19:28)라고 나와있지요. 더 나아가서 현명한 투자 개념으로 비유해서 설명해드리고 싶어요. 중고등학생 시기나 20대 초반에 '멋있다, 예쁘다'라고 생각하던 것들은 시간이 지나면서 점점 바뀌거든요.
어릴 적엔 로봇이나 인형을 갖고 놀지만 청소년기나 청년 때에는 관심사가 바뀌듯이 지금은 타투가 멋있고 예뻐 보이지만 나중에는 '아름다움'에 대한 가치 기준이 성숙하게 바뀝니다. 몸은 연습장이 아니에요.
경제적으로 생각해도 매우 지혜롭지 못한 처사죠. 물론 반영구 문신도 있어요. 일종의 대리만족일 수도 있겠는데요. 합리적으로 보이기도 하지만 그런 논리라면 직접 성관계는 못 하니 음란물 시청과 자위는 합리적인 대리만족이라고 주장할 수도 있다고 생각해요.
아마 자매님은 유명 연예인의 '타투'를 보고 '예쁘다'라고 생각했을 것 같아요. 그러나 아름다움의 기준과 관심사를 바꾸는 게 중요합니다. TV나 미디어가 아니라 성경 속 현숙하고 지혜로운 여인들을 생각해보면서 '과연 에스더는, 마리아는, 루디아는 타투를 했을까? 아니야. 그 분들은 더 고상한 아름다움을, 거룩을 흠모하는 그 자체로 충분히 아름다웠을 거야'라고 관심사와 기준을 바꿔보는 게 어떨까요?

## 6 크리스천은 영화도 골라 봐야 하나요

#크리스천의 문화 콘텐츠 소비 #그들의 진짜 의도 #사단의 열매

사람들의 문화 소양이 높아진 요즘, 기독교계에도 영화와 드라마, 가요 같은 문화 콘텐츠를 기독교적으로 해석하는 사람들이 더러 있다. 영화 한 편을 보고 기독교적 의미를 부여할 수 있는 장면을 논하기도 하고, 아예 작품 전체를 기독교적 시각으로 풀어 설명하기도 한다. 물론 이런 활동들은 문화 콘텐츠를 이용해 많은 크리스천이 보다 입체적인 복음적 자기계발을 할 수 있도록 돕는 좋은 매개가 될 수 있다.

그러나 그런 문화 콘텐츠를 분석하는 사람들은 대개 '문화 콘텐츠 소비자'들이지 그 콘텐츠를 창작하는 예술가는 아니다. 그래서 '실제' 그 작품이 어떤 식으로 만들어졌는지, 보는 이에게 어떤 영향을 끼치는지 잘 모르는 경우가 대부분이다. 소비자 입장의 작품 해석을 할 수밖에 없기에 그 분석이 과녁을 벗어날 때가 많다. 이럴 경우, 자칫 문화 콘텐츠에 대한 매우 잘못된 접근으로 이어질 수 있다.

결론부터 말하면, 창작자가 예수 그리스도를 왕으로 모시는 사람이 아니라면 그의 작품에는 반성경적 메시지가 담겼을 가능성이 매우 높다. 대놓고 악하거나 덜 악해 보이거나 표면적 농도만 다를 뿐, 결과적으로 우리 영혼에 반성경적 세계관을 구축하는 데 주요한 역할을 한다.

내가 '크리스천 창작자'라고 말하지 않고 '예수 그리스도를 왕으로 모시는 사람'이라고 세분화하여 표현하는 이유는, 크리스천 창작자라 해도 신본주의적 복음 질서가 바로잡혀 있지 않거나 최소한의 정치철학사적 이념 학습이 전무하면 자신의 의도와 달리 그 작품이 반기독교적인 메시지를 주입하는 불의의 도구가 될 수 있기 때문이다(실제로 그런 아티스트가 아주 많다).

그래서 크리스천은 평소 문화 콘텐츠를 소비할 때 되도록 면밀한 주의를 기울여 창작자에 대한 정보를 확인해야 한다. 인터넷에 창작자 이름을 검색해서 그의 인터뷰 기사 몇 개만 읽어봐도 대략 감이 온다. 물론 그의 '실제 사생활'은 알 수 없지만 그의 말의 내용이 세계관과 인격을 가늠할 좋은 힌트가 된다. 이것은 크리스천에게 꼭 필요한 최소한의 필터링이다. 극장이 성인(成人)의 학교라고 한다면 문화 콘텐츠는 성인의 교과서일 수 있기 때문이다.

내가 강조하는 건 창작자의 세계관과 작품 의도다. 사람은 누구나 '옳다'고 여기는 기준을 갖고 살아간다. 목사님이 성경에서 옳다고 하는 가치를 설교라는 형식을 통해 '말'로 표현하는 사람이라면 예술가는 자기가 세운 '옳다'는 기준을 예술이라는 도구로 표현하는 사람이다. 그게 글이면 문학이 되고, 장면이면 영화나 드라마, 그림이면 회화, 소리면 음악이 된다. 핵심은 창작자가 세상에 외치고자 하는 '자신만의 진짜 메시지'가 있다는 것인데, 그 메시지를 일종의 비유를 통해 전달해서 소비자는 그 비유에만 집중하게 된다.

정작 창작자가 이 작품을 왜 만들었는지, 이를 통해 이루고자 하는 '진짜 의도'가 무엇인지는 큰 관심을 두지 않는다. 오히려 본인의 편견과 편향적인 정보를 취합해 그 작품에 대한 전혀 다른 해석을 내놓기도 한다. 그래서 간혹 반성경적인 창작자가 만든 작품을 '기독교적 작품'이라고 해설하는 아이러니가 연출된다.

물론 아무리 반기독교적 가치관을 가진 창작자가 작품을 만들어도 하나님의 섭리 가운데 그 안에서 기독교적 가치를 발견할 수도 있고, 또 우리가 그 작품을 통해 실제 하나님과 가까워지는 은혜를 체험할 수도 있다. 예수님이 가장 끔찍한 형벌의 상징이었던 십자가에 달려 우리 죄를 구속해주신 복음의 역전처럼 말이다. 하지만 그렇다고 십자가 형틀 자체가 선하다고 인식되는 건 전혀 다른 문제다.

만약 예수님의 비유를 들은 사람들이 예수님의 본 의도와 달리 그 비유를 자기 마음대로 해석해 영화와 노래를 만들어 대중에게 복음에 반하는 메시지를 전파한다고 해보자. 영화 연출 기법이 뛰어나고, 배우들의 연기력이 출중하고, 이야기가 감미롭고, 음악 후렴구가 친숙하고 세련된 게 문제의 본질이 아니다. 오히려 잘 만들었기 때문에 사람들의 잠재의식 속에 예수님에 대한 잘못된 정보가 더욱 효과적으로 전파되고 쌓여간다는 게 핵심이다.

그런데 복음을 수호해야 할 책무를 지닌 기독교인들이 그 '잘못된 콘텐츠' 중 몇 장면, 몇 문장이 자기에게 부분적으로 은혜롭게 다가왔다고 해서 섣불리 그 작품을 기독교적이라고 말할 수 있을까. 오히려 반기독교적인 생각을 가진 창작자들의 사회적 영향력과 신뢰도만 높여줄 뿐이다. 즉 자기 신앙관으로 작품에 기독교적 의미를 부여하고 "그렇기에 저 작품은 기독교적 작품이다"라고 성급하게 일반화하는 것은 매우 위험하다.

현재 전 세계에 반기독교적 사상을 가진 예술가들이 아주 많다. 공신력 있는 예술기관과 예술 공동체일수록 더욱 그렇다. 어떤 예술 분야는 예술가가 '크리스천'임을 대외적으로 천명하는 게 일종의 커밍아웃이라 불릴 정도로 큰 용기가 필요하다. 주류 예술가들이 '기독교적 가치'는 예술적 가치가 없다고 생각하기 때문이다. 이들은 우리가 믿고 있는 선과 악에 대한 개념에 의문을 던지거나 오히려 악을 선이라고 칭하는 것에 높은 예술성을 부여한다.

괜히 반기독교적 영화가 세계적인 영화제에서 주목을 받는 게 아니다. 그럼에도 사람들은 하나님께 부여받은 양심이 있기에 '권선징악'을 사랑한다. 실제로 영화 속 주인공이 죽거나 악한 세력이 승리하는 줄거리의 영화는 매출이 떨어진다. 그래서 이들은 영화 속 주인공을 괴롭히는 악당에게 기독교적 가치를 집어넣는다. 예를 들어, 목사님이 알고 보니 마약범이라던가 나쁜 짓을 저지르는 사람이 교회에서 열심히 예배를 드린다던가 하는 모습을 연출한다.

또는 영화 〈킹스맨: 시크릿 에이전트〉처럼 아주 멋진 주인공이 세뇌된 교인들을 멋지게 무찌르는 모습(=매우 잔인하게 죽이는 모습)을 보여주기도 한다. 많은 영화에서 성경적 가치를 옹호하는 사람들을 표독스럽거나 매우 비합리적이고 사악한 존재로 묘사한다. 왜 그럴까. 그게 그 감독의 세계관이기 때문이다.

꼭 직접 묘사를 하지 않더라도 작품이 가진 세계관, 메시지 자체가 반성경적 가치를 띠고 있다면 더욱 위험하다. 그 작품 자체가 심미적인 아름다움을 갖고 있어서 관객은 자신도 모르게 문화 콘텐츠를 통해 점점 더 반성경적 세계관에 동화되어 악을 익숙하게 여기게 된다. 요새 청년들은 영화나 드라마 심지어 예능에서까지 혼전 성관계를 아름답고 쿨하게, 진정한 사랑처럼 묘사하는 것을 20-30년간 아무런 영적 필터링 없이 소비해왔다.

그러니까 성경적 성 가치관을 말하는 사람이 '꼰대'처럼 느껴진다. 친구들과 이야기할 때 '꼰대'처럼 보일까 봐 생각 검열, 발언 검열을 한다. 만약 힙합가수 노래나 대중가요 가사에 반성경적 메시지가 들어있다고 가정해보자. 직접적인 가사는 아닐지라도 성경에서 금하는 내용을 아름답게 묘사한다고 생각해보자. 우리도 모르게 '사단의 설교'를 수십, 수백 번 듣고 외우고 따라 부르는 셈이다.

노래만 듣는가. 우리는 유튜브, 넷플릭스, 영화, 드라마, 게임, 웹툰, 팬픽, 인스타그램, 예능 프로그램 등에 그대로 노출된다. 그러는 와중에 주일에 잠깐 교회에 가서 길어야 한 시간 정도 있다가 집에 돌아와 6.9일 동안 또다시 아무런 복음적 필터링 없이 세상 문화 콘텐츠들을 마음껏 소비하는 생활에 그대로 노출된다. 이렇듯 사단은 문화 콘텐츠를 통해 이 땅과 우리 영혼에 자신의 악한 열매를 마음껏 심어놓는다.

# 영적 무장해제 # 더 예술적인 # 복음 콘텐츠 # 성령의 신호등

한국은 영화를 좋아하는 나라다. 어느 영화가 재미있다고 소문나면 전 국민 세 명 중 한 명이 영화관에 우르르 몰려간다(영화 〈명량〉은 약 1,700만 명이 봤다고 한다. 우리나라 인구의 3분의 1 수준이다. 어떤 의미에서 이건 매우 부자연스러운 문화 현상이다).

크리스천도 예외가 아니다. 개인의 취미생활로 또는 연인끼리 필수 데이트 코스로 극장에 몰려간다. 또는 넷플릭스나 HBO, 왓챠 서비스를 이용해 방에서 영화나 미국 드라마를 몰아서 보기도 한다. 문제는 크리스천이 영화를 자기 영혼에 아무런 영향을 주지 않는 '제3의 콘텐츠'로 여긴다는 점이다. 하물며 교역자도 이런 순진한 생각을 가진 사람이 너무나도 많다.

가장 깨어있어 주의해야 할 순간에 오히려 모든 영적 무장을 해제하고 '여가'를 만끽한다. 많은 청년 크리스천이 아무런 의식 없이 하나님을 대적하는 영화를 보면서도 취미생활, 데이트 시간이라 여기며 행복해한다. 어디 영화뿐이겠는가.

문화 자체를 '악'으로 보라는 말이 아니다. 교회와 세상을 선과 악으로 생각하는 걸 '이원론적인 세계관'이라고 한다. 많은 크리스천이 이런 세계관으로 세상을 살아간다. 이런 관점에서 보면 문화는 악 중의 악이다(상당 부분 이 관점에 동의한다). 그러나 '예술'의 본래 의도가 상당히 오염되었다고 해서 예술의 본질 자체가 악한 건 아니다. 예술도 하나님의 것이다.

아브라함 카이퍼가 《칼빈주의 강연》에서 말하듯 우리는 "세상도 하나님의 피조물로 존중하여, 구원을 이루는 특별 은혜와 하나님이 세상 생활을 유지하시면서 세상에 임한 저주를 완화하고 부패 과정을 붙들어 창조주로서 자신을 영화롭게 할 목적으로 우리 생활의 자유로운 개발을 허용하려고 베푸시는 일반 은혜가 있다는 위대한 원리"를 깨달아야 한다.

쉽게 말해, 영화계든 가요계든 미술계든 이 세상 모든 영역의 주권은 오직 하나님이시며, 우리는 적극적으로 세상 문화 속으로 들어가 그 땅을 바꿔야 하는 사명이 있다. 실제로 전 인류 최초의 예술가는 아담이다. 그는 지구의 "모든 가축과 공중의 새와 들짐승의 이름을" 창작해주었다(창 2:20).

다윗은 수많은 시를 창작했으며, 악기 연주도 이스라엘 전역에 소문이 날 만큼 수준급이었다(삼상 16:18). 예술은 원래 우리 거다. 악해서 피해야 할 곳이 아니라 가서 정복해야 할 우리의 땅이다(전문적인 크리스천 예술가 멘토링은 다른 책을 통해 설명하겠다).

영화를 포함한 각종 문화 콘텐츠를 분별해서 보려면 먼저 '온전한 분별력'을 갖추는 훈련을 해야 한다. 그래서 기독교 세계관이 중요하다. 어려워할 것 없다. 성경을 읽자. 설교를 많이 듣고 기독교 서적도 많이 읽자. 복음 콘텐츠에 자신을 더욱 적극적으로 노출시켜라. 내 영혼 깊은 곳에서부터 성령의 법칙이 살아 숨 쉬게 하라.

그러면 문화 콘텐츠의 부적절한 포인트마다 거룩한 성령의 빨간 불이 밝혀질 것이다. 이 사실을 잊지 말고 기억하자. 의식만 하더라도 많은 것이 바뀐다. 그러니 아무리 유명한 영화감독, 작가, 가수라도 그가 뽐내는 창작물이 아무리 인정받을지라도 성경에서 말하는 선과 부합하지 않은 가치관을 투영하고 있다면 자신 있게 거절하고 그것을 평가하라. 거만한 영화 평론가들을 평론하라.

그 창작자의 세계관이나 창작물이 드러내놓고 너무 악하다면 다시는 그의 작품을 소비하지 말자. 또한 예술업계 종사자가 아닌 이상 영화 관람을 당연하게 생각하지 않아도 된다. '예술적 조예가 깊은 문화인' 코스프레는 안 해도 된다. 연극이나 뮤지컬, 전시회도 마찬가지다. 성경적 가치관이 단단하게 전제되지 않은 상태에서 누리는 예술적 허영은 먼지와도 같다. 우리의 믿음의 선배 중에는 예수님을 위해 이 세상 모든 걸 쓰레기처럼 여겼던 사람도 있다(빌 3:8).

그러니 남들이 보고 듣는 것을 기웃거리며 그 안에서 자신의 정체성을 확인받지 말고, 과감히 그 틀에서 벗어나 복음 콘텐츠에 몸을 맡겨라. 그게 더 예술적이다. 영화관 갈 정성으로 서점에 가서 비소설을 구매해 읽으라. 넷플릭스 변태 콘텐츠, 사단적 콘텐츠를 볼 시간에 사놓은 책의 표지를 넘겨라. 시편을 소리 내어 읽어라. 그게 가장 탁월한 예술적 소양이다.

영화를 비롯한 모든 문화 콘텐츠를 소비할 때(되도록 소비하지 않는 것이 좋지만) 항상 내 마음속 성령의 신호등을 기억하자. '이거 좀 찜찜한데?' 하는 경우는 거의 크리스천이 옳은 경우가 많다. 말로 설명할 수 없어도 엄청 찝찝한 것, 그것은 영적인 구정물일 가능성이 크다. 더 나아가 아무렇지도 않게 봤던 예능 프로그램, 유튜브 영상, 뮤직비디오에서도 영롱한 성령의 분별력을 갖추기 위해 노력하자.

드라마 홈페이지에 들어가서 PD나 극작가의 기획 의도나 프로그램 정보를 읽어보고, 예능프로그램도 PD의 기획 의도를 살펴보자. 유난 떤다고 손가락질하는 사람들까지 신경 쓸 필요 없다. 우리 길만 걸어가면 된다. 이런 게 비판적 사고를 증진시키며 AI에 대체되지 않는 스마트 크리스천이 되는 생활 속 비법이다. '매스 미디어 매트릭스'에서 빠져나와 생각의 상류층이 되는 길이다.

그동안 반성경적 문화 콘텐츠를 통해 들어왔던 사단의 모든 미혹이 예수 그리스도 이름의 능력으로 끊어지고 소독되고 환기되길 소망한다.

사자에게 물어봐 현재 영화 관련 학과에 재학 중인 학생입니다. 그렇다면 기독교인 예술가는 성경이 소재인 작품만 만들어야 하나요? 아니면 기독교적 가치관을 드러내는 작품을 만들어야 한다는 건가요? 창작의 자유가 너무 제약되는 것 같아요.

사자 톡 크리스천 예술가라고 무조건 성경 우화만 그리고, 쓰고, 찍어야 하는 건 당연히 아닙니다. 성경적 가치관에 의거한 창작 활동은 우리 생각보다 훨씬 더 다양하고 입체적인 소재를 제공합니다.
예를 들면, 남자와 여자의 건강한 사랑에 관해 시나리오를 쓸 수 있어요. 아름다운 가족애를 다룰 수도 있고, 모성애 또는 부성애를 다룰 수도 있겠네요. 권선징악 포맷을 통해 얼마든지 성경적 가치를 녹여낼 수 있고요. 그럼 작품이 촌스러워지지 않느냐는 걱정은 하지 않아도 됩니다. 여기에서 본인의 실력과 예술성이 갈린다고 생각해요.
영화계에 반성경적 가치가 창궐한 작품이 판친다 해도 인간의 영혼을 뒤흔드는 '건강한 감동'을 선사하는 작품도 (드물지만) 꾸준히 나옵니다.
성경은 촌스럽지 않아요. 오히려 극적인 요소들이 듬뿍 들어있는 예술적 영감의 원천입니다. 성경적 가치를 훼손하지 않는 선에서 얼마든지 성경인물의 내적 갈등과 이야기 구조를 차용할 수 있어요. 문제는 '그걸 볼 수 있는 눈이 있느냐' 입니다.
하나님의 진리의 운동장은 우리 생각보다 훨씬 넓습니다. 입봉을 하기 전까지 학교나 현장에서 내 믿음을 어떻게 지키느냐가 더욱 중요할 겁니다.

사자에게 물어봐 저는 배우입니다. 오디션을 보며 작품활동을 하고 있는데, 요즘은 반성경적인 코드의 작품이 대다수입니다. 또, 기획사나 연출님이 크리스천을 힘들게 하는 경우가 많고, 직업상 영화나 공연을 계속 봐야 하는데 크리스천으로서 버거울 때가 많아요. 믿음을 지키면서 이 직업을 계속할 수 없을까요?

사자 톡 저는 하나님께서 배우계에서 일하라고 택정하신 뚜렷한 열매와 증거가 없다면 '영성 있는 크리스천'과 '배우'라는 직업의 상관관계가 낮다고 봅니다. 칼빈 역시 "관객을 즐겁게 하려고 배우에게 일반적으로 요구되는 도덕적 희생"에 깊은 우려를 표명하기도 했지요. 그는 "부분적으로 다른 인물의 성격을 끊임없이 다르게 표현하다 보니 자기 개인의 인격의 형성이 방해를 받는다"라고 했습니다. 배우에게 가해지는 "도덕적 대학살"이라는 말까지 썼지요.
앞으로 계속 배우를 하려면 견디라는 조언밖에 할 말이 없습니다. 괴롭고 힘들어도 보다 나은 선택권이 주어지기를 기도하며 버텨야 하는데 '구조적'으로 힘든 일이지요. 그래서 유튜브와 같은 '제3의 콘텐츠 플랫폼'에서의 새로운 도전을 추천하는 편입니다. '배우'라는 직업의 정체성을 스스로 개척하고 확장하는 것이지요. 크리스천 배우들이 나은 환경에서 작업할 수 있도록 땅을 개간한다는 사명감으로 나아가다 보면 분명 좋은 기회가 열릴 겁니다. 다만, 배우 생활보다 예수님을 따라가고픈 진지한 갈급함이 커진다면 미련 없이 그만두는 것도 현명한 방법입니다. 하나님의 나라와 의를 먼저 구하십시오. 그다음 길이 보일 겁니다.

## 7 기독교는 정말 비과학적인가요

# 기독교와 과학의 상관관계 # 복음은 동화가 아니다 # 질서와 법칙

매우 많은 현대인이 기독교는 비과학적, 비이성적이라고 생각한다. 크리스천 중에도 그런 통념에 익숙한 사람들이 있다. 복음은 '종교적인' 이야기이기 때문에 과학과 이성이 주류인 사회에서는 '평상시에' 나눌 만한 주제가 아니라 여긴다. 이런 이분법적 사고가 고착되면 자신도 모르게 신앙과 분리된 삶을 산다.

이는 마치 성경과 과학을 전혀 별개의 것으로 여기며 우리 스스로 하나님의 주권 영역에 한계선을 긋고 담을 쌓는 것과 마찬가지다. 그러나 복음은 동화(童話)가 아닌 사실이다. 이 세상 모든 학문의 전제는 창세기 1장이며 "여호와를 두려워하는 것이 지식의 첫걸음"(잠 1:7)이다.

우리는 위의 이야기를 들으면 뜨겁게 "아멘!" 한다. 그런데 막상 대학교 세부전공이나 직장의 새 프로젝트 영역에서도 위 사실을 '진짜 사실'로 받아들이라고 한다면 어떻게 될까. 크리스천 청년들 간에도 이 부분에서 미묘한 온도 차가 생긴다.

마치 믿음 좋은 교회 친구가 자기 학교 강의실이나 직장 사무실에 불쑥 찾아온 것처럼 당황하여 "아니, 알겠는데 이런 곳에서 그런 이야기를 꼭 해야겠니?" 하며 서둘러 친구를 조용한 곳으로 데리고 나가려는 식이다. 그가 고집스럽게 '성경이 사실이라는 사실'을 믿으라고 하면 어떻게 될까. 우선 이 친구를 내보내야(?) 하니 마지못해 쓴 약을 삼키듯 눈을 질끈 감고 "아멘!" 할 것이다. 그리고 며칠 뒤 교회에서 만나면 그가 매우 비상식적이고 무례한 일을 벌인 것처럼 불쾌감을 표현할 것이다. 그의 잘못은 '성경이 사실이라는 사실'을 믿으라고 한 것밖에 없는데 말이다.

이렇듯 우리는 '교회 버전 아멘'과 '세상 버전 아멘'을 별개로 생각한다. 은연히 무리하지 않는 선에서 믿는다. 안 그래도 살기 바쁜데 성경과 과학의 간극을 채우려면 복잡하고 피곤하니 혹시 그 판도라의 상자가 열릴까 봐 잘 닫아놓는다. 한마디로 복음이 '종교'가 되는 것이다.

왜 이런 일이 일어나는가. 당사자의 믿음이 약해서? 물론 부분적으로 맞다. 그러나 주요 원인 중 하나는 올바른 교육의 부재라고 생각한다. 다행히 요즘 창조과학 관련 서적과 영상을 보는 크리스천이 늘고 있다. 2030 밀레니얼 세대는 어릴 적부터 (창조론이 제외된 상태의 반쪽짜리) 그리스 철학에 기반한 공교육을 받아 본인도 모르게 (반쪽짜리) 이성주의, 합리주의 사고관으로 세상을 바라보고 판단한다.

어른 세대가 "믿습니까?" 하면 "믿습니다! 아멘!" 하고 '그냥' 믿는다면, 다음세대는 복음에 대한 최소한의 이성적 설명을 듣고 싶어 한다. 이런 면에서 창조과학이 그들의 궁금증을 일정량 해소해준다. 그러나 편향된 이성우월주의는 위험하다. 이성은 하나님께서 인간에게 주신 소중한 선물이지만 인간은 영적인 존재이다. 인간의 일생 중 '탈이성적'인 일들이 얼마나 많이 일어나는가.

인간의 능력으로는 도저히 설명이 안 되는 영역이 있다는 걸 이해하고 인정하는 것이 겸손이다(이런 의미에서 복음이 '그냥 믿어지는 것'은 매우 높은 수준의 은혜 체험이라고 할 수 있다. 예수님이 나 같은 사람도 만나주셨다는 건 도무지 이성으로는 설명되지 않는 은혜 그 자체이기 때문이다).

다만 나는 창조과학 전문가가 아니기에 이 챕터에서는 '과학적 사고'가 성경적 세계관에서 태동되었다는 사실과 역사적 사실을 말하려 한다. 이제부터 설명할 내용을 좀 더 알고 싶다면 벤 샤피로(Ben Shapiro)의 《역사의 오른편 옳은편》을 참고하자(벤 샤피로는 유대인이며 유대교인이다. 그래서 아래 설명은 기독교인 관점으로 변환하였다).

성경적 세계관은 곧 유일신 세계관이다. 우리에게는 너무나 당연하지만 성경 속 이야기가 펼쳐졌을 당시에는 전혀 그렇지 않았다. 당시 유대 민족을 제외한 대부분 국가는 '다신론 세계관'이었다. 말 그대로 여러 신이 있다고 믿는 세계관이다. 다신론 세계관이 진짜라고 믿는 사람들과 그 공동체에서 옳다고 여겼던 것들은 다음과 같다.

첫째, 우주는 혼돈의 공간이다. 둘째, 인간은 신들의 충동적인 감정에 따라 좌지우지되는 존재론적 노예에 불과하다. 셋째, (천지창조의 명확한 시작과 끝을 모르기에) 우주와 인간의 일생은 순환론적이다(그들에게는 '명확한 시간' 개념이 없었다. 이정표 없이 그저 해가 계속 뜨고 지는 것만 쳐다보았다. 실제로 고대 그리스인, 바빌로니아인, 아메리칸 인디언, 힌두교인들이 그랬다). 넷째, 신들은 인간에게 큰 관심을 보이지 않는다. 신들은 인간의 역사에 '개입'하지 않으며, 개입한다 해도 신들의 목적에 의한 개입일 뿐이다. 또한 신들의 행동은 충동적이라 예측이 불가하다.

만약 당신이 이 모든 걸 사실이라고 믿는 세상에서 산다고 생각해 보자. 개인과 공동체의 고차원적 목적의식(=사명, 규범, 질서, 약속, 의리, 희생 등)과 그에 따른 일생의 숭고한 의미를 어떻게 발견할 수 있겠는가. 기껏해야 인간이 착하게 살아야 하는 이유가 신들의 비위를 맞춰야 하기 때문이거나 다음 생에 끔찍한 벌레로 태어나지 않기 위함인 세상에서 말이다. 잊지 말자. 성경이 없고 성경을 몰랐던 시대의 거의 모든 사람이 이렇게 살았다.

그러나 유일신 세계관을 따랐던 유대인들은 달랐다. 너무 달라서 그들의 주장 하나하나가 충격 그 자체였다. 첫째, 유대인들에게 우주는 하나님의 질서와 법칙으로 만들어진 정돈된 공간이었다. 하물며 그들은 우주 만물과 모든 피조물이 지어진 순서와 기간까지 '정확히' 알았다. 일관성이 있었다.

둘째, 인간은 누구나 동등했다. 왕이든 거지든 누구나 존귀했다. 인간은 모두 하나님의 형상으로 만들어진 존재이기 때문이다(창 1:27). 나는 부모님을 닮은 동시에 성삼위 하나님을 '닮은 존재'라는 말이다. 너무나도 놀랍지 않은가! '인권'이라는 개념과 '자유의지'라는 개념은 여기에서부터 출발한다.

셋째, 유대인들은 세상의 시작을 정확하게 알았다. 모호하고 추상적인 순환론이 아닌 메시아의 시대를 기다리는 종말론적 세계관이었다(기독교인은 그 메시아가 예수 그리스도임을 알며, 그분이 '다시' 오심을 믿는다. 마라나타 세계관이라 할 수 있다).

넷째, 어떤 이유에서인지 유대인의 신은 인간을 무척 사랑하신다. 인간의 3차원적 시공간에 틈틈이 개입하신다. 아브라함과 모세가 하나님과 '대화'하는 것을 생각해보라. 그 신은 선과 옳음 그 자체이시다. 자기가 원하는 목적을 달성하기 위해 인간 사회에 개입한다는 충동적인 잡신들과 존재부터 다른 분이시다. 얼마나 우리 인간을 사랑하시는지 외아들 예수 그리스도가 직접 인간이 되셨다. 인간을 위해 죽고 다시 살아나셨다. 말 그대로 엄청난 세계관이다. 개인과 공동체의 영원한 기준인 '사랑'은 여기에서 피어난다.

우리에게는 위 내용이 친숙하고 당연하지만 수천 년 전 당시 사회에서는 하나부터 열까지 처음 듣는 이야기였다. 인간이 만들어낼 수 있는 수준의 이야기(story)와 시스템(system)이 아니었다. 그런데 이게 도대체 과학과 무슨 상관인가. 바로 일관성이다. 우주는 질서와 법칙이 있다는 말이다. 벤 샤피로의 말을 옮긴다.

> 이 같은 세계관을 가지면 분명해지는 것이 하나 있다. 우리 인생은 고대 범신론, 다신론 세계관과 달리 주도권 투쟁 속에서 각종 신들이 혼돈 가운데 내리는 자의적 결정에 좌우되지 않는다는 사실이다. '예측 가능하고 발견 가능한 하나님'이란 개념은 과학의 영역에서도 필수적이다.
>
> 우주에 규칙성 있는 법칙이 존재한다는 가정은 서구 문명의 발전에 있어서 필수 불가결했다. 특히 과학의 발전에 있어서 그랬다. 과학은 세상을 작동시키는 보편 법칙을 탐구하기 위한 목적으로 만들어졌다. 만약 우주가 서로 연관성이라곤 전혀 찾아볼 수 없는 임의적 물질들의 집합체라면, 그래서 그 우주를 관통하는 상위 논리 체계가 존재하지 않는다면, 과학적 탐구라는 행위 그 자체가 상당 부분 무의미해질 것이다.

### # 과학의 대전제는 성경 # 예수는 역사다 # 게으름 회개

현재 우리가 배우는 과학 체계의 전제는 성경적 세계관이다. 하나님을 믿는 보에티우스(Boethius, 480-524)에 의해 이성철학이 삼학과(trivium: 문법, 수사학, 논리학)와 사과(quadrivium: 음악, 산술, 기하학,

천문학)로 체계화되었고, 신학을 바탕에 둔 스콜라 학파의 지적 탐구 시대에 소르본 대학(=파리 대학), 볼로냐 대학, 옥스퍼드 대학 등이 만들어졌다.

물리량의 기하학적 취급을 가능하게 했으며, 지동설의 선구자라 불리는 니콜 오렘(Nicole d' Oresme, 1320-1382)은 파리 대학 졸업 후 리쥐 교구의 주교로 일했다. 종교개혁 전이니 우리말로 하면 지구가 우주의 중심이라고 믿던 세상에서 교회 목사님이 지구가 지축을 중심으로 자전한다는 사실을 발견한 것이다.

또한 교회법 학위를 얻었던 브릭센의 추기경 니콜라우스 쿠사누스(Nicolaus Cusanus, 1401-1464)는 "지구가 정지된 것이 아니라 우주 공간에서 이동한다는 사실을 이론화하였"고, 니콜라스 코페르니쿠스(Nicolaus Copernicus, 1473-1543)는 "지구가 태양을 돈다는 것을 최초로 이론화하여 제시했는데", 그는 바르미아 교회에서 의료 보조원으로 일했다. 우리말로 하면 일종의 의료 선교사였다.

이게 끝이 아니다. 갈릴레오 갈릴레이(Galileo Galilei, 1564-1642)는 "과학이 인간을 하나님께 인도하는 길잡이가 될 수 있다는 신념을 포기하지 않았다." 행성들의 운동 법칙을 발견한 요하네스 케플러(Johannes Kepler, 1571-1630), 아이작 뉴턴(Isaac Newton, 1642-1727) 역시 모두 기독교인이었다. 뉴턴은 "하나님에게 대항하는 것은 무신론을 공언하는 것이며 우상숭배를 실천하는 것이다. 무신론은 너무나 비상식적이며 인류에게 해롭기에 그것을 신봉하는 사람들이 결코 많지 않다"라고 했다.

근대 과학의 선구자라 불리는 프랜시스 베이컨(Francis Bacon, 1561-1626), 르네 데카르트(René Descartes, 1596-1650) 역시 성경과 하나님을 믿는 사람들이었다. 하나님을 떠난 신계몽주의자들이 주도한 과학의 발전은 모두 기독교인들의 지성이 이루어낸 위대한 업적의 열매였다. 과학의 대전제는 바로 '성경'이었다.

무신론자들이 기독교와 과학을 분리하여 기독교는 미신적이고 기독교인은 비합리적인 사람이라 취급하는 건 그들이 인류의 역사적 사실에 대한 학문적 지식이 없음을 증명하는 꼴이다. 위대한 초대 과학자들이 신실한 기독교인이었다는 건 매우 중요하다. 그들은 하나님을 믿는 믿음 안에서 과학적 사고방식과 원리들을 밝혀냈다. 그들에게 하나님은 매우 자연스럽고 당연한 사실이자 진리였다.

지금도 마찬가지다. 전 세계 모든 과학자가 '당연히' 무신론자일 거라는 생각 자체가 무지의 소산이다. 기독교 세계관의 고결한 아이디어를 훔쳐간 (뿌리 잘린) 과학주의가 만들어낸 바벨탑은 고작 원숭이가 인간이 되었다는 진화론이자 유물론이며 우생학(優生學)이다.

그들이 기껏 발견한 결론은 '인간은 물질 덩어리이며 우주는 시간과 우연의 총합이다'에 불과하다. 그러면서 블랙홀 촬영 하나 성공했으니 '역시' 신이 없다고 말한다. 나는 무생물이 단지 긴 시간과 기막힌 우연으로 사람이 될 수 있다고 믿지 않는다. 그건 과학이 아니라 소설이다. 또 하나의 종교다.

도대체 무엇이 문제일까. 문제는 우리가 '왜 이걸 몰랐느냐'가 아니라 이 역사적 팩트를 '왜 학교에서 안 가르치느냐'는 거다. 학교에서 이 내용을 과학 교과서에 싣지 않는다면 교회에서라도 가르쳐야 하지 않았을까. 나는 그 원인을 크게 두 가지로 생각한다. 역사적 원인과 영적 원인이다.

역사적 원인은 우리나라가 '서구 문명'을 직수입했기 때문이다. 그래서 이 서구 문명이 어떤 역사적 문맥(context)을 갖는지 전혀 몰랐고, 여전히 모른다. 자동차가 만들어지기까지 어떤 정치철학적, 과학적 이야기들이 이뤄졌는지도 모르고 자동차부터 받았다는 말이다.

영적인 원인은 사단이 이 사실을 숨기고 싶어 하기 때문이다. 우리가 이 사실까지 알면 큰일나기 때문이다. 그래서 사단은 예수 그리스도를 왕으로 모시지 않는 여러 과학자와 철학가, 정치가들을 미혹해 기독교와 과학, 기독교와 정치, 기독교와 사회규범 사이를 뜯어놨다. 그 피해자가 바로 우리였던 거다.

예수 그리스도에 대한 이야기 역시 마찬가지다. 예수님은 실제 역사적 인물이며 그분의 죽음과 부활은 명징한 의료학적 사실이었다. 제자들은 실제 '다시 살아나신 예수님'을 만났으며 이 엄청난 '역사적 사실'의 증인이 되었다. 우리가 기도하는 예수님은 단 한 분뿐이신 바로 이 예수님이시다.

리 스트로벨(Lee Strobel)의 《예수는 역사다》라는 책을 보라. 기독교의 허구성을 드러내려 했던 기자가 각종 전문가를 심층 취재하면서 오히려 기독교의 사실성을 인정할 수밖에 없었다. 그는 예일대 법대에서 석사학위를 받고 14년간 《시카고 트리뷴》에서 법률 담당 기자로 일했다. 철저한 무신론자였던 그는 이제 철저한 기독교 변증가이자 목사로서 예수님의 신실한 종으로 살고 있다.

나는 크리스천 청년들이 창세기 1장 1절을 '진짜 사실'로 믿길 바란다. 가장 고결한 이성적 사고방식이란, 예수 그리스도의 부활을 이해하는 것이다. 우리는 이해 못 한다. 하나님의 전적인 은혜로만 이해되고 믿어질 수 있는 신비이다. 인간 이성의 완성은 오직 예수 그리스도께 굴종하는 것이다.

이제 우리는 사단의 미혹을 걷어내고 교회 담 밖 이 세상 모든 만물과 모든 지식이 하나님의 영역이며 성경 안에 들어있다는 사실을 공부하고 배워야 한다. 그리고 적극적으로 알려야 한다. 아직도 많은 청년이 기독교를 비과학적이라고 생각하여 예수님을 버리고 세상으로 들어가기 때문이다. 과학뿐 아니라 정치철학사를 공부하다 보면 우리가 얼마나 모르고, 얼마나 속고 있었는지 속속들이 깨닫게 된다.

이 책을 읽는 크리스천 청년들이여, 그러니 공부하자. 제발 독서하자. 사단이 끊은 다리를 우리가 이어야 한다. 그러려면 우리부터 배워야 한다. 우리가 대한민국 크리스천으로 살아가고 있는 이유는, 밤새 게임하기 위함이 아니요, 유튜브를 보기 위함도 아니요, 전국 방방곡곡 더 나아가 전 세계 핫플레이스를 찾아다니며 인스타그램에 사진을 올리기 위함도 아니다. 내 전공 서적에서 하나님의 흔적을 지워버린 사단의 미혹에 분노해야 한다. 분한 만큼 공부하고 알려야 한다. 그게 끊어진 다리를 잇는 일이다.

그동안 너무 무지했던 우리의 게으름을 철저히 회개하자. 다른 게 한국교회의 부흥과 회복이 아니니다. 하나님께서 선물해주신 당신의 영롱한 지성으로 교회 밖 모든 분야에 스며있는 하나님의 주권과 계획하심을 깨달아, 다시 오실 예수 그리스도의 길을 예비하는 멋진 사명자가 되자. 부디 모두 살아있는 지성을 갖춘 '스마트 크리스천'이 되길 바란다.

사자에게 물어봐 저는 26세 심리학 석사 과정 중인 대학원생입니다. 심리학 공부를 할 때마다 크리스천으로서 마음이 힘들 때가 많습니다. 반성경적 가치가 뒤섞여 매우 혼란스러워요. 곧 관련 업종 종사자가 될 텐데 심각하게 다른 직업군을 알아봐야 할까요? 크리스천으로서 어떻게 해야 할까요?

사자 톡 생각보다 간단합니다. 기독교 세계관이라는 필터로 학설 창시자를 살펴보십시오. 정신분석의 창시자로 불리는 지그문트 프로이트(Sigmund Freud)와 개인심리학을 수립한 알프레드 아들러(Alfred Adler), 로고테라피 창시자 빅터 프랭클(Viktor Frankl)까지. 그들이 '예수 그리스도를 왕으로 모시는 사람이었는가 아니었는가'가 1차 필터링입니다.
무신론, 유물론, 진화론적 관점에서 나온 학설은 부분적으로 유의미한 관찰과 우리에게 도움이 되는 꽤 괜찮은 분석과 해석이 있을지 모르나 결과적으로 그 학설의 방향성은 성경적 가치를 향해 있을 가능성이 매우 희박합니다. 한 예로 프로이트는 종교(=기독교)를 아동기에 겪는 신경증(노이로제)의 일환으로 여기지요. 즉, '인간은 영혼이 있으며 우리들의 생각과 행동은 하나님의 은혜와 사단의 미혹의 영향을 받는다'라는 전제를 사실로 받아들이느냐 아니냐가 중요합니다. 예수 그리스도를 내 인생의 왕으로 모시느냐가 핵심이죠.
그럼 크리스천 심리학도는 어떻게 해야 할까요. 당장 자퇴서를 내야 할까요? 아닙니다. 오히려 성경적 관점의 가설을 세우고 기존 논리들을 설득력 있게 논박하는 논문을 쓰기 위해 노력해야 합니다. 논문에 하나님의 이름을 넣으라는 게 아닙니다. 성경적 세계관이 선포하는 '올바른 질서'가 논문과 발제에 스며들어 있어야 합니다.

올바른 복음 필터만 장착한다면 어떤 책을 읽어도 '분별'됩니다. 유의미한 내용을 취하여 본인이 세운 멋진 '성경적 가설'을 입증하기 바랍니다.

PART 3

; 인생 사명과 생계 문제 사이,
현실적인 해답이 있을까

INTRO

## 신앙과 실력, 다 갖추고 싶지만 고달픈 현실에 쭈그리가 되어있다면

# 취업과 이직 # 신앙적 솔루션 # 크리스천 미래 경쟁력

3부는 크리스천 청년들의 취업과 직장생활에 대한 현실적인 조언에 초점을 맞췄다. 재능 발견, 회사 지원, 복음적 자기계발, 크리스천 직장생활, 비즈니스 인간관계 처세, 이직에 대해 이야기할 것이다. 더불어 '4차 산업혁명'이라는 격변의 시대에 크리스천 청년들이 어떻게 미래 경쟁력을 갖춰야 하는지도 살펴보려 한다.

물론 모든 해답은 성경에 있다. 하나님께서 인도하신다. 우리는 "영적인 진실한 예배"(요 4:24)를 올려드리고 열심히 기도하며 찬양하면 된다. "계획은 사람이 세우지만 그 결과는 하나님께 달려있기" 때문이다(잠 16:1).

하지만 많은 크리스천 청년에게는 이 복음의 진리에 도달하기까지 조금 더 친절한 '중간 설명'이 필요하다. 자신이 겪고 있는 문제는 매우 현실적인데 이에 대한 신앙적 솔루션은 자칫 모호하고 추상적이라고 생각할 수 있다. 그래서 복음이 진리라고 고백은 하면서 실제 고민은 세상의 교수님, 기업인, 정치인, 방송인, 인플루언서 등에게 상담하는 상황이 발생한다. 목사님과 전도사님은 대략 어떤 말을 해줄지 예측이 된다면서. 그들의 신앙 조언은 어딘가 2퍼센트 부족하다고 느낀다. 여러모로 안타깝고 난해한 상황이다.

그럼 교회 밖 세상 전문가에게 듣는 조언은 모두 나쁜가? 그 소리에 귀를 닫아야 하는가? 쉽게 단정하는 건 위험하다. 만약 크리스천이 해주는 조언과 가르침만 옳고, 그 말만 들어야 한다면, 유치원부터 초·중·고, 대학에 이르기까지 만난 넌크리스천 교사들이 가르쳤던 교육 내용은 모두 거짓이 되기 때문이다.

비록 넌크리스천이라도 그들의 전문성, 세상 지식 및 경험에서 나오는 인사이트 중 훌륭한 점이 있다. 실제로 많은 크리스천 청년이 그들에게서 다양한 도움을 받는다. 그러나 한 가지 유의할 점은 그들의 의견 역시 전부 옳지는 않다는 것이다. 특히 기술적인 정보 전달이나 객관적 사실에 대한 정보 전달을 넘어 인생의 가르침 영역까지 조언의 범주가 넓어지면 더욱 그렇다.

넌크리스천 전문가의 조언은 부분적으로 옳고 유용할 수 있으나 그들이 '사실'이라고 믿는 세계관이 창세기 1장 1절 말씀 즉, 하나님의 존재 자체를 부정한다면 그들이 제시하는 솔루션은 반(反)복음적일 가망이 높다. 복음주의 크리스천은 자신이 (의도적) 바보 취급을 받는 한이 있더라도 성경을 사실, 진실, 진리 그 자체로 믿는 사람들이다.

하나님께서 이 세상을 '6일 동안' 창조하셨으며 그분의 외아들 예수님의 십자가와 부활 사건은 역사적으로 증명 가능한 '실제 사건'이고, 우리는 다시 오실 예수님을 기다리며 그분이 옳다 하시는 것을 '선'이라 믿고, 그분을 닮아가길 소망하는 사람들이다.

하지만 내게 조언하는 '전문가'가 (과학만능주의에 의거한) 진화론, 빅뱅론, 무신론, 유물론, 사회과학, 인지과학, 신경과학 및 각종 임상실험 통계'만' 사실로 믿는다면, 거기서 도출되는 인생 조언은 대개 크리스천의 삶에 좋지 않은 영향을 미친다.

그래서 취업이나 직장 문제처럼 자신의 생계와 인생에 매우 직접적인 영향을 끼치는 질문의 답을 교회 밖에서 듣고, 거기서 제시하는 '합리적인 길'에 동조한다면 성경과 교회 문화에 이질감을 느끼고 생명력 없는 종교생활에 머물다가 결국 기회(?)가 되면 교회에 자연스레 발길을 끊기 마련이다.

안타깝게도 이런 패턴으로 교회를 떠난 젊은 크리스천들이 얼마나 많은가. 그들에게 교회생활이란 아직 세상 현실을 모를 때 열정을 다했던 '지난날의 좋은 추억' 정도에 지나지 않는다. 직장생활은 곧 신앙생활의 합리적 마무리 코스가 되어버린다. 매번 좁은 길, 자기 부인, 십자가를 지는 삶만 강조하는 부담스러운 복음의 원액 말고, 적당한 인맥 커뮤니티에서 누릴 수 있는 이점만 얻는다.

#고통은 실재다 #진퇴양난 #거룩한 퍼즐 조각

이런 의미에서 아직 타성에 젖지 않은 크리스천 청년들이나 이미 직장생활을 하며 신앙이 마모되고 있는 크리스천 청년들에게 실제 삶에 적용할 수 있는 '복음 처세'의 구체적인 설명은 매우 중요하다. 어쩌면 교회를 떠난 청년들은 스스로 떠난 게 아니라 길을 나섰다가 자신도 모르게 길을 잃은 상태일 수도 있다. 믿음이 식은 것처럼 보이나 오히려 믿고 싶어 갈망하는 영적 상태일 수도 있다.

청년들에게 진로와 취업, 직장 문제는 정말 심각한 고통의 문제다. 이들의 고통은 '실재'다. 2030 밀레니얼 세대와 Z세대 크리스천이 직면한 현실은 여러모로 녹록지 않다. 가장 열심히 공부하고 노력하는 세대임에도 여러 환경적 문제로 절망적인 취업난에 허덕이고 있다. 단순히 "요즘 청년들은 눈이 너무 높아"라고 단언할 수 없는 복잡한 문제다. 반대로 "기성세대는 전부 틀렸어"라는 접근도 마찬가지다.

개인적, 사회적, 신앙적인 문제 등 복잡다단한 요인을 균형 있게 살펴야 한다. 그러나 이것도 끝이 아니다. MZ세대(1980년대 초-2000년대 초에 출생한 밀레니얼 세대와 1990년대 중반-2000년대 초반에 출생한 Z세대의 통칭)는 '4차 산업혁명'이라는 엄청난 변수까지 맞닥뜨렸다. 말 그대로 진퇴양난이다.

하지만 기억하자. 우리는 하나님을 믿는 사람들이다. 우리에게는 목적과 믿음이 있다. 대학생, 취준생, 직장인이라는 정체성으로 사는 오늘 하루도 하나님의 섭리 가운데 맞춰지고 있는 거룩한 퍼즐 조각이다. 하나님의 권능은 교회 담 안에 국한되지 않는다. 그분은 교회

밖에서도 동일하게 역사하신다. 이는 우리의 취업과 직장생활도 하나님의 법칙에 따라야 함을 의미한다.

물론 절대 쉬운 일이 아니다. 각자 하나님이 부르신 모양과 방법이 다르기 때문이다. 누군가는 인기 강사, 취업 컨설팅 전문가, 헤드헌터의 말과 정반대로 행동해야 할 수도 있다. 그 누군가가 당신일 수도 있다. 그래서 하나님이 내 인생을 책임지신다는 말씀이 얼마나 무서운(?) 말씀인지 깨달아가는 시즌이 바로 이 청년의 때가 아닐까.

인생의 진리는 '케바케'(case by case의 준말)라는 말도 있지 않은가. 사람마다 필요한 조언이 다르기에 내 논지가 본인에게 적용되지 않는다고 느끼거나 나와 다른 생각을 갖는 건 매우 자연스럽다고 말하고 싶다. '복음이라는 절대성 안에서의 다양성'은 필연적이다. 오히려 우리 공동체가 건강하게 살아있음을 나타내는 증거이기도 하다.

이런 의미에서 내 논지가 조금은 편향됐다고 생각한다면 2부 내용을 상기해주길 바란다. 이 책에서 전하고자 하는 논지의 통시적 이해와 문맥적 균형을 이해해준다면 작가로서 더할 나위 없이 고마울 것이다.

# 1 사명이란 무엇이며, 사명을 발견하려면 어떻게 해야 하나요
## _크리스천 취업 준비 첫걸음

# 자각 # 내가 아니라 # 하나님의 이야기

'사명'의 사전적 정의는 "맡겨진 임무"이다. 즉 크리스천에게 사명이란, 일평생 해내야 할 개인 과제와도 같다. 과제의 핵심 주제는 '오직 하나님께 영광!'이다. 이 인간 본연의 임무를 어떻게 수행할지는 개개인의 역량(=달란트)에 따라 다르다. 대개 청년이 사명에 대해 고민하는 내용은 크게 두 가지로, '내가 무얼 잘하는지 모르겠다'와 '내가 무얼 해야 하나님이 기뻐하실까'이다.

그러나 이 지점에서 약간의 조정이 필요하다. 물론 어릴 적부터 특출한 재능을 뽐내거나 목표하는 직업군이 뚜렷한 청소년도 있다. 하지만 현재 한국의 대부분의 청소년과 청년은 성적에 맞춰 대학과 전공을 선택하거나 사정에 맞게 취업하는 경우가 훨씬 많다.

한 구인 구직 사이트 설문에 따르면 취업준비생 열 명 중 네 명은 대학 전공과는 무관한 준비를 하고 있다고 한다. 그 이면을 좀 더 들여다보자. 전공 관련 취업 준비를 하는 나머지 여섯 명은 자기 전공에 확신이 있었을까? 오히려 타 전공과목으로 취업이 불가하거나 그 문턱이 너무 높아서 전공 관련 구직을 하는 건 아닐까? 혹 이것이 '이공계열 입시전쟁'의 본질은 아닐까? 그렇다면 크리스천 청년들이 사명을 두고 기도할 때, 하나님이 모두에게 이공계 진학과 더불어 코딩(coding)이 기본이라고 응답을 주신 걸까?

나는 예술학부를 졸업하고 예술대학원에 재학 중이다. 그러나 현재 내게 오는 대부분의 강연 요청 주제는 예술과 문화에 대해서가 아니라 크리스천 청년을 위한 다양한 분야의 멘토링이나 기독교 세계관 전반에 관해서다. 또한 '사자그라운드'라는 스타트업을 통해 여러 가지 비즈니스를 구상 중이다(유튜브는 복음 전파를 위한 '비즈니스 도구'에 불과하다).

아이러니하게도 약 12년 동안 내가 진짜 소망했던 유일한 직업은 '목사'였다. 그렇다면 현재 나는 전공과 상관없는 일을 하며, 목회를 하고 있지도 않으니 내 사명을 제대로 이루지 못한 걸까? 예술학과에 진학하여 지난한 세월을 걸어오며 기도 응답을 잘못 들은 걸까? 전혀 그렇지 않다. 그때도 맞고, 지금도 맞다. 사명이란 내가 만들어가는 게 아니라 '자각'하는 것이기 때문이다.

나는 아직 내 사명을 온전히 모른다. 오늘도 하나님께서 현재진행형으로 이뤄가시는 중이기 때문이다. 3년 뒤 갑자기 신학대학원으로 인도하시거나 해외 선교사로 파송하시거나 아니면 전혀 예상치 못했던 다른 분야로 이끄실지도 모른다. 아마 천국에 가서 내 인생을 되돌아볼 때라야 온전히 알 수 있지 않을까.

나를 통해 빚어가셨던 '하나님의 사명'이 무엇인지, 나아가 내 사명이 마라나타를 위한 하나님의 크신 섭리 가운데 작은 퍼즐 조각으로써 어떤 역할을 했는지 비로소 이해하게 될 것이다.

이런 의미에서 크리스천에게 사명이란 스스로 이뤄가는 게 아니라 하나님의 운행하심을 자각하는 거라고 표현했다. 사명은 단순히 만 19세 즈음 대학 전공을 선택하거나 졸업반 즈음 취업 준비와 면접에 합격하는 등에 국한된 개념이 아니다. 하루하루 살아가는 내 영혼의 마음속 동기의 문제다. 사명은 하나님께서 친히 인도하신다.

### # 다양한 경험 # 독서 혁신 # 아는 만큼 기도한다

그렇다면 우리는 그저 가만히 있으면 될까? 물론 아니다. 주어진 여건 안에서 매일 최선을 다해 살아야 한다. 여기에 도움이 될 두 가지 팁이 있다. 첫째, 성경적 가치 안에서 최대한 많이 경험하라. 둘째, 최대한 많이 독서하라.

전자는 직접 경험이고, 후자는 간접 경험이다. 많이 경험할수록 내 기질과 적성, 재능을 발견할 '확률이 높아진다.' 기독교는 '경험의 종교'라는 말이 있듯이, 나는 신앙이나 자기계발의 측면에서도 '체득 지식'을 중요히 여긴다. 환경이 녹록지 않아 여러 체험을 하지 못하거나 책을 읽지 못한다는 사람이 있을 수 있다. 전공 서적을 사고 생활비 쓰기도 빠듯한데 다양한 경험은 웬 말이고 독서가 웬 말이냐는 거다. 이 말은 반은 맞고, 반은 틀렸다.

첫째, 우리는 누구나 다양한 경험을 한다. 문제는 그 경험에 어떤 의미를 부여하느냐이다. 똑같은 편의점 아르바이트를 해도 '다른 애들은 학비 걱정, 월세 걱정, 살림 걱정할 필요가 없는데 우리 집은 가난해서 난 편의점 알바나 하고 있네. 세상은 불공평해!'라고 의미부여 하는 사람이 있다. 반면, 각종 프로모션과 고객 응대 매뉴얼을 유심히 관찰하고 시즌마다 잘나가는 상품을 눈여겨보면서 대기업의 제품 분류의 장단점을 생각하거나 손님의 유형별 특징을 연구할 수도 있다(그래서 편의점은 기업의 마케팅과 홍보의 최전선이라고 한다).

똑같은 시공간에 어떤 의미를 부여하느냐에 따라 얻어가는 게 천차만별이다. 물론 외국으로 유학을 떠나거나 가입비가 높은 각종 사회 클럽이나 동아리 활동을 하는 것도 좋다. 하지만 그게 전부가 아니다. 만약 주어진 '경제적 조건'에 따라 인생이 결정된다는 급진적 논리가 사실이라면 현재 사회적으로 성공한 사람들이나 유명 인플루언서들은 모두 부잣집 아들딸이어야 하지 않은가.

《포노 사피엔스》를 쓴 최재붕 성균관대 교수는 스마트폰 인류의 특징 중 하나를 '실력주의'라고 말한다. 쉽게 말해, 우리가 유튜브 '구독' 버튼을 누를 때 그 유튜버의 학벌이나 조건을 따지지 않는다. 오히려 유튜버 개인의 직관적 실력으로 대중의 선택을 받고 성공하는 시대라는 것이다. 그러니 다양한 경험을 할 수 없는 환경 탓만 하기보다 주어진 하루에 의미와 품격을 부여하며 자기계발적 삶을 이룰 수 있어야 한다. 그 와중에 자신도 모르게 사명을 이룰 역량이 자라난다. 내 기질과 적성, 재능을 발견할 확률은 당연히 높아진다.

둘째, 최대한 독서하자. 다시 한번 말하지만, 우리나라 국민 연평균 독서율은 전 세계 166위라고 한다. 주변에서 책 읽는 사람을 쉽게 보지 못하는 이유가 여기 있다. 등하굣길이나 출퇴근 시간에 스마트폰이 아닌 책을 읽으면 신기해하거나 유난스럽게 볼 정도다. 사람들은 본인의 '무독서 생활'을 부끄러워하지 않는다.

거세게 몰아치는 인공지능 쓰나미 속에서 살아남을 수 있는 거의 유일한 무기는 독서다. 이게 무슨 말인지 모르겠다면 잠시 책을 덮고 구글에 '스마트 팩토리'와 '로봇업무자동화'(RPA)를 검색해서 관련 기사와 칼럼을 살펴보자. 직장 종말의 시대는 '앞으로 다가올' 변화의 쓰나미가 아니다. 아직도 감을 못 잡았다면 당신은 이미 그 쓰나미에 쓸려가는 중이다.

거의 모든 자기계발서에서 말하는 내용이다. 서유럽, 북유럽, 북아메리카, 하물며 옆 나라 일본까지 '독서'를 국가 차원에서 공교육 혁신을 일으키는 핵심 요소로 삼고 있다. 국가와 개인의 생존을 위해 책을 읽혀 '인간다운 인간'을 만들고자 온 세계가 떠들썩한데 정작 하나님의 영광을 위해 살겠다는 우리가 독서를 하지 않는 건 모순이다.

혹자는 우리에게 독서보다 중요한 게 '기도'이며 그렇기에 다른 책을 읽을 시간에 기도하고, 찬양하고, 말씀 보는 것에 집중하면 하나님께서 모두 해결해주신다고, 성경 한 권에 진리가 다 들어있다고, 그러니 독서는 성경책 하나로 충분하다고 주장할 수 있다. 물론 어떤 맥락으로 이런 이야기를 하는지 잘 안다. 그러나 이 말을 곧이곧대로 지키려면 우린 학교에서 나눠주는 교과서도 읽으면 안 되는 것 아닐까. 아예 학교나 회사도 가지 말고 교회 안에만 있으면서 평생 기도, 찬양, 말씀에만 몰두하는 것이 최고 믿음 좋은 것 아닐까. 그러나 그건 불가능할 뿐만 아니라 건강한 신앙생활도 아니다.

우리는 '믿음 좋아 보이는 말'과 '실제 좋은 믿음의 말'을 잘 구분해야 한다. 예배자의 삶에 대한 건강한 균형을 간과하면 안 된다. 사람은 자기의 지식수준만큼 기도할 수 있고, 하나님을 이해할 수 있다. 만약 우리가 히브리어와 헬라어에 능통해 구약과 신약성경을 원어로 읽을 수 있다면 어떻게 될까. 아마 하나님의 위대하심과 예수님의 놀라운 사랑을 지금보다 훨씬 더 깊이 이해하지 않을까. 우리의 기도 내용이 더욱 성숙해지는 건 당연지사다.

성경 한 권만 읽으면 된다고 주장하는 사람은 목사님이 한 편의 설교를 위해 얼마나 많은 책을 보는지 간과한다. 위대한 신앙의 선배들 역시 당대 최고의 지성인인 경우가 많았다. 《기독교 강요》라는 역작을 집필한 존 칼빈은 라틴어, 헬라어, 히브리어에 능통했으며 교부신학, 고대 그리스와 로마 문헌에도 정통했다. 그는 교회 장학금으로 철학과 변론학을 공부했고 이어 법학을 공부했다.

이 모든 건 《기독교 강요》를 통해 기독교 원리를 세우시기 원했던 하나님께서 그에게 뛰어난 논리력과 지성을 겸비하도록 인도하신 놀라운 섭리의 퍼즐이 아니었을까. 이처럼 크리스천의 독서는 아주 강력한 은혜의 통로이다.

거듭 말하지만, 책을 읽어야 한다. 고전 소설이나 인문학 서적도 좋지만, 아직 기독교 세계관이 탄탄하지 않다면 기독교 서적과 자기계발, 경제경영 서적 같은 비소설 위주로 독서 습관 기르기를 추천한다. 한 사람의 인생이 담긴 에세이도 좋다. 아무리 유명하고 뛰어나도 기독교 세계관으로 쓰이지 않은 책은 거리를 두고 읽으며 본인에게 유용한 인사이트만 얻으면 된다.

책은 작가의 영혼의 진액이다. 여러분이 사회 저명인사의 인생 이야기를 직접 들어볼 수 있을까? 아니다. 그는 바쁘다. 겨우 인터뷰를 잡아도 10분을 넘기기 힘들 것이며, 당신에게 포괄적인 메시지만 던져주고 서둘러 다음 약속 장소로 향할 것이다. 그러나 그가 몇 달, 몇 년에 걸쳐 쓴 책을 읽는다면 그의 마음 가장 깊은 곳에서 나온 진지하고 진솔한 이야기를 수 시간 동안 경청할 수 있다. 그게 독서다.

나보다 연륜이 깊고, 풍부한 경험과 인사이트를 가진 사람들이 쓴 책을 100권, 200권 읽으면, 세상을 보는 관점이 달라진다. 같은 시간에 게임하고 유튜브만 본 사람과 어떻게 같을 수 있겠는가. 누가 하나님의 영광을 위해 자신의 역량을 발견하고 계발하고 성장시킬 가능성이 더 크겠는가.

독서를 통해 사고력을 키우면 성경을 읽는 깊이도 달라진다. 내 저열한 사고 수준으로 재단하는 종이박스 안의 하나님이 아니라 우주 만물을 다스리시는 위대하고 입체적인 하나님을 깨달을 수 있다.

정리하자. 사명(=하나님이 내게 주신 임무)은 내가 만들어가는 이야기가 아니라 하나님이 나를 통해 만들어가시는 이야기다. 내 하루가 이미 하나님의 사명을 이루는 기적의 퍼즐 조각이다. 이런 의미에서 사명은 자각하는 것이다.

또한 (성경적 가치관 안에서) 자발적이며 능동적인 직접 경험과 독서라는 간접 경험을 해야 한다. 스마트폰 세상 속에 갇혀 사는 사람은 자기 재능을 발견할 가능성이 현저히 줄어든다. 마치 주인에게 받은 달란트를 땅에 묻은 악하고 게으른 종의 모습과도 같다(마 25:14-30).

인간 본연의 사명을 깨닫고 내 '실제 습관'을 고쳐나가는 것, 이것이 '크리스천 취업 준비'의 첫걸음이다. 오늘 하루도 자연스럽게 걸어가라. 보잘것없는 줄 알았던 지금 내 모습은 하나님이 지금까지 함께하신 동행의 결과물이다. 그분은 지금도 당신의 삶을 설계하고 계신다. 소중한 오늘을 최선을 다해 살아내라. 그게 우리의 사명이며 임무다.

사자에게 물어봐 20대 크리스천 여성입니다. 저는 어릴 적부터 가정폭력에 시달렸어요. 다행인지 불행인지 부모님 이혼 후 엄마와 함께 살며 월세와 각종 공과금을 내기 위해 이른 나이에 아르바이트를 시작했고, 직장생활로 생활비를 벌었습니다. 지금은 우울증 약을 먹고 있어요. 아무것도 스스로 할 수 있는 게 없습니다. 하루하루가 절망 그 자체인데 사명이니 독서니 하는 말이 저를 더욱 화나게 합니다.

사자 톡 제가 어떻게 자매님의 고통을 다 이해할 수 있을까요. 우선 하나님의 위로가 임하길 바랍니다. 현재 자매님 스스로 할 수 있는 게 아무것도 없다고 했는데 그렇지 않습니다. 그렇게 의미를 부여하고 있을 뿐이지요.
자매님은 퇴근 후 대형서점을 갈 수 있습니다. 책을 사지는 못해도 구경할 수는 있어요. 책 한 권 사는 것도 버거운 상황이라면 스마트폰이나 회사 컴퓨터로 자매님 동네에서 가까운 공공도서관 사이트에 회원가입 해보세요. 책을 마음껏 읽을 수 있습니다. 도서관에 갈 시간이 없다면 출퇴근 시간에 책을 읽어도 되고, 자기 전에 10분만 읽어도 좋습니다.
리즈 머리(Liz Murray)의 《길 위에서 하버드까지》는 마약 중독 부모님 밑에서 자란 소녀가 하버드에 진학한 실화 에세이입니다. 여주인공은 하루하루 절망뿐인 삶을 삽니다. 어릴 적부터 마약을 하는 부모님을 위해 망을 봐주는 아이로 커가지요. 그녀의 어머니는 정신착란, 우울증을 앓다가 외도를 하고 결국 에이즈로 생을 마감합니다.
그녀가 16세 때 일이었지요. 그녀의 아버지 역시 마약을 하다 집 월세를 내지 못해 결국 보호소에 끌려갔어요. 리즈는 남자친구와 동거를 시작했는데 그 역시 마약을 했으며 심지어 마약을 판매하기도 했어요. 그녀의 모든 게 절망뿐이었지요.

그러나 그녀는 다시 일어섭니다. 자신만이 자기 인생을 스스로 책임질 수 있다는 생각으로 학교에 다시 진학하지요. '내가 왜 공부해야 하는지'에 대한 매우 뚜렷한 목표 의식으로 공부합니다. 고통의 힘이지요. 또 어릴 적부터 갖고 있던 독서열이 타올라 더더욱 독서에 매진하고요(이처럼 큰 역경을 딛고 유의미한 성취를 이뤄내는 사람들의 공통점이 독서랍니다). 그녀의 이야기를 통해 삶이 아무리 절망적이라도 그것을 어떻게 보느냐, 어떤 선택을 하느냐에 따라 인생이 얼마나 달라질 수 있는지 봅니다.

어린 나이에 힘든 고통을 당한 사람은 또래보다 성숙하고 진지합니다. 이들에게 고통은 좋은 영성이 형성될 수 있는 훌륭한 그루터기지요. 역설적으로 그것처럼 큰 은혜가 없습니다. 아무나 받는 은혜가 아니지요. 그러니 자매님의 에너지를 복음적으로 발산한다면 또 열심히 독서한다면 또래와 비교할 수 없는 훌륭한 일을 할 수 있어요.

자매님이 하루에도 수백, 수천 번의 선택을 할 자유를 누리고 있는 걸 자각하며 조금씩 자매님의 관점과 그에 따른 의미부여를 바꿔나가 보세요. 훨씬 힘든 환경에서도 멋지게 역경을 이겨내 하나님께 영광을 올려드린 성경 속 위대한 믿음의 선배들의 이야기를 통해, 또 예수님의 자비로우신 은혜를 통해 자매님 마음에 두신 하나님의 비전의 씨앗이 발아되기를 진심으로 응원합니다.

## 2 회사도 가려서 지원해야 하나요?
### _크리스천 취업 준비 실전

#이력서부터 써라 #현장에서 분별하기 #믿음과 적극성

사명에 대한 마음가짐을 점검했으니 취업에 대한 실질적인 팁을 말할 차례다. 크리스천은 내 뜻이 아닌 하나님 뜻에 순종해야 하는 사람이다. 그래서 기본적으로 수동적이다. 어떤 행동이나 중요한 결정을 하기 전에 그분께 묻고 응답을 기다리는 자세를 취한다.

하지만 하나님은 우리가 원하는 때가 아니라 그분이 원하시는 때에, 내 방식이 아닌 그분의 방식으로 응답하신다. 때로는 간절한 물음에 침묵하실 수도 있고, 막상 다 결정해놓은 일의 실행 직전에 '스톱!'이라고 말씀하시기도 한다. 하나님의 응답은 우리에게 순종을 요구한다.

이런 신앙생활 유형(pattern)을 취업의 문제로 적용해보면 어떨까. 이력서를 넣기 전에 이 회사에 이력서를 넣을지 말지 하나님께 여쭤보고, 넣어도 된다는 응답을 받으면 넣어야 할까. 물론 경쟁률이 낮은 회사이거나 사측에서 먼저 이력서를 보내라고 하는 상황이라면 진지하게 기도를 할 수도 있으나 수십, 수백 통의 이력서를 쓰는 청년들이라면 쓰기 전에 일일이 응답을 받아 진행하기가 어렵다.

태초에 하나님께서 아담에게 무엇을 하든 일단 허락을 받으라고 하셨는가? 아니다. 단 한 가지, 선악을 알게 하는 과일만 빼고 동산에 있는 과일을 마음대로 먹으라고 하셨다(창 2:16,17). 우리에게 '자유'를 주셨지 강탈하지 않으셨다. 예수 그리스도를 이 땅에 보내주심도 죄에서 자유를 얻게 하시기 위함이 아닌가!

나는 아주 명백히 하나님의 영광을 가리는 직장이나 직업이 아니라면 성실하고 적극적으로 취업 준비와 창업을 해야 한다고 생각한다. 여기서 문제는 '아주 명백히 하나님의 영광을 가리는 직장과 직업'을 구분하기가 무척 힘들다는 거다. 그것은 나 같은 성도가 아닌 훌륭한 신학자가 알려줘야 하는 부분이다.

하지만 대략 가이드라인을 말하자면 담배 회사, 술 회사, 유흥업소 주변 숙박시설, 카지노, 악한 콘텐츠를 생산하는 예술 단체와 기업 등은 멀리해야 한다. 또한 하는 일에 비해 과도하게 많은 돈을 준다거나 일 처리 방식이 지나치게 폐쇄적인 곳도 지양하는 게 좋다.

중소기업은 회사 대표의 인격 수준에 따라 회사 분위기가 좌우되는 곳이 많으니, 서류 면접 합격 후 대면 면접을 보러 갔을 때 대표가 반기독교적인 색채를 드러내는지, 집무실에 타 종교 및 우상숭배 형상이 있는지 살펴보라.

한국에는 대기업만 있는 게 아니다. 중소형기업 중에 시스템이 잘 구축된 곳도 있지만 의외로 주먹구구식으로 운영되는 곳도 많다. 특히 벤처기업 같은 경우는 사원들의 끈끈한 팀워크를 요구하기에 그것을 정의하고 주문하는 기업 대표의 인격과 색채가 매우 중요하다.

실제 어떤 회사는 최상위 대학교 동문끼리 뭉쳐 꽤 큰 투자를 받아 사업을 시작했는데 응시 조건에 드러내놓고 반성경적 가치를 명시해 놓았다. 이 회사를 가야 하는 뚜렷한 증거가 있지 않은 한 설령 합격해도 가지 않는 게 옳다고 본다.

내가 하고 싶은 말은 일단 이력서부터 쓰라는 거다. 내가 괜찮다고 생각하는 회사는 남들도 다 괜찮다고 생각한다. 그러니 관심이 있고 준비가 됐다면 우선 이력서부터 쓰라. 그리고 대략적인 기업 정보와 평가를 찾아보라. 주변 선배와 헤드헌터의 도움을 받으면 회사에 대한 정보를 알아볼 수 있다.

그러나 본인은 아직 합격자가 아니다. 서류 전형에 합격할지 안 할지도 모른다. 3차 최종 면접에서 떨어질지도 모르고 불합격 통보를 받았다가 며칠 뒤, 다른 합격자의 사정으로 다시 기회가 올지도 모른다. 핵심은 앉아서 고민하지만 말고 먼저 실행한 후에 다음 상황을 말하자는 거다.

서류상으로 회사의 정신과 실제 분위기를 파악하기는 한계가 있다. 만약 서류 면접에 합격해 대면 면접을 봐야 한다면 면접에 갈지 말지 기도하는 것도 방법이겠으나 일단 가서 면접을 보라. 현장에 가 봐야 분별이 되는 게 있기 때문이다.

면접을 본 후에 아니다 싶으면 합격 통보가 와도 안 가면 되고, 맞다 싶으면 합격 통보가 왔을 때 주의 뜻을 묻거나 감사한 마음으로 입사하면 된다. 그 회사가 정말 아니라면 하나님께서 제동을 거실 것이다. 우린 '그때 그 뜻에' 순종하면 된다. 그러니 주어진 여건과 환경 안에서 자연스럽고 적극적으로 살아라.

이때 '그럼 하나님께서 처음부터 알려주시지 왜 사람 마음을 힘들게 하시나'라는 질문은 전형적인 인본주의 신앙관이다. 괴로운 마음은 이해가 되나 우리에게 필요한 건 "하나님은 내게 언제나 가장 좋은 것을 주신다"라는 확실한 믿음이다. 당시에는 하나님을 원망했으나 훗날 돌아보면 하나님의 깊은 뜻과 사랑의 계획이 있었음을 깨닫기도 한다.

### # 높은 진입장벽 # 오늘 실패하면 내일도 실패한다

물론 첫 취업 진입장벽은 높다. 요즘은 대기업마다 공채 문화마저 사라지는 실정이다. 그러니 '아주 명백히 하나님의 영광을 가리는 직장 및 직업'이 아니라면 적극적으로 취업 준비를 하자. 창업이나 공무원 시험 준비도 마찬가지다. 크리스천이기에 더더욱 철저하게 사전조사 및 시장조사를 하고, 무수한 연습을 통해 실력을 쌓아 창업하자.

'안정된 삶'보다 국가를 사랑하는 마음으로 공무원 시험공부를 하자. 만약 자신이 아버지 영업장을 도와드리고 있으며 더 나아가 분점까지 낼 기회가 있다면 감사한 마음으로 열심히 도전해보자. 회사에 다니는데 어떤 자격증을 따고 싶다면 성급히 그만두지 말고 잠과 여가를 줄여 공부하자. 제빵사나 요리사가 꿈이라면 당장 관련 학원을 찾아가 무료 상담을 받거나 유튜브에서 요리 영상을 찾아보자. 해당 크리에이터 이메일 주소로 자신의 고민을 써서 보내보자. 내용이 구체적일수록 좋다. 유튜버가 꿈이라면 뭐든 촬영해보자. 영상을 업로드할지 말지는 일단 유튜브 채널을 개설한 뒤 업로드 버튼을 누르기 전에 고민해도 된다. '전체 공개'가 아닌 '비공개' 또는 '일부 공개'로 설정해서 업로드해도 된다.

무슨 말을 하려는 걸까. 첫째, 자신의 여건 안에서 적극적으로 실천하고 도전하며 둘째, 자기 미래에 제한을 두지 말라는 거다. 우리는 크리스천 회사원, 창업가, 공무원이 되어야 한다. 또 (꼭 복음을 직접 전하지 않더라도) 맛있는 식당 주인, 웹툰 작가, 영화감독, 인기 유튜버도 되어야 한다.

즉, 세상 어디에나 있을 수 있어야 한다. 세상이 부패하지 않도록 세상 '속으로' 들어가 소금의 짠맛을 내며 어둠을 밝히는 빛이 돼야 한다. 더 열심히 살며 더 잘해내야 한다. 왜? 내 인생의 목적과 이유는 연봉의 수직상승이 아니라, '오직 하나님께 영광'을 올려드리기 위함이기 때문이다.

내 자유의지를 적극 활용해 하루하루 최선을 다해 살아가는 것 자체가 하나님께 묻는 가장 구체적인 기도이다. 내 전공은 예술이다. 꿈은 12년간 목사였다. 그렇다고 내가 가만히 앉아있었을까? 아니다. 미래가 두렵고 인생이 불안한 만큼 독서를 했다.

책을 읽고 블로그에 서평을 쓰다가 우연히 알게 된 대형 포털사이트 모바일 콘텐츠 플랫폼 론칭에 도전해 '포스트 작가'로 선정됐고(초창기에는 포털사이트 측에서 선정한 사람만 포스트 콘텐츠를 만들 수 있었다), 그때부터 약 2천여 개가 넘는 짧고 긴 글을 썼다. 20대 중반에 세상 출판사로부터 출판 의뢰를 받고, 포털사이트 본사에서 인터뷰를 할 당시 글쓰기 강연을 넌지시 부탁받기도 했다. 20대 후반에 내 서평을 본 국내 대형 출판사는 비공개 면접 제의를 하기도 했다.

이 밖에도 세상적으로 좋은 기회가 몇 번 더 있었다. 물론 모두 거절했다. 하나님과 나만 아는 '목사 되기 위한 씨름'을 10년 넘게 하는 중이었기 때문이다. 예수님을 '목회자로서' 전하고 싶은 내 진짜 자아와 세상에 조금씩 알려지는 '책읽는사자'라는 브랜드 사이에서 갈등을 정말 많이 했다[지금은 결국(?) 책읽는사자가 대외적으로 복음을 전하고 있다].

그러는 동안 내가 일종의 컨설팅을 해준 주변 청년들이 감사하게도 괜찮은 기업이나 기관에 취직했다. 쉽게 말해 나 빼고 다 잘되었다. 그럴수록 미치도록 힘들고 외롭고 괴로웠지만 가만히 앉아있기보다 지푸라기라도 잡는 심정으로 더 최선을 다해 살았다. 내가 힘든 건 힘든 거고, 오직 하나님께 영광을 올려드려야 하는 크리스천의 책무는 또 책무 아닌가.

내 이야기의 핵심은 힘들지 않았다거나 고민하지 않았다는 게 아니다. 힘들게 고민하는 중에도 갖가지 새로운 도전을 병행했다는 말이다. 세상적 기회를 거절하고 다시 골방에 들어가 책을 펼치는 건 결코 쉬운 일이 아니었다. 수년 전, 일반 출판사의 러브콜이 왔을 때, 과감히 거절하고 하나님께 절규하며 기도했다.

'하나님, 제 인생 첫 책이 왜 세상 서적이어야 합니까. 세상이 날 바보 취급하더라도 나는 용납할 수가 없습니다. 내 인생 첫 책은 예수 그리스도를 증거하는 책이 되어야 합니다. 도대체 언제까지 하나님 약속의 성취를 기다려야 합니까?'

지금 당신은 내 기도제목이 이뤄진 기적을, 예수 그리스도를 증거하는 내 인생 첫 책을 읽고 있다. 20대의 내가 치열하게 고민하며 걸어왔던 길이 하나님께 제출하는 이력서가 되었고, 하나님의 면접에 최종 합격했을 때부터 하나님은 내 인생에 그분의 뜻을 풀어가기 시작하셨다. 이 얼마나 역설적인가. 그 과정이 처절했던 만큼 주 예수 그리스도의 영광은 더욱 찬란하게 빛난다.

당신의 취업 역시 마찬가지다. 당장 취업이 가장 큰 산 같지만 취업 후에도 통과해야 할 고통의 터널은 여전히 있다. 각종 인간관계, 사내 정치, 이직 문제가 시작된다. 돈은 언제나 부족할 거다. 그러니 중요한 건 취업 준비를 하는 과정에서 마음을 지키는 거다.

오늘 실패하면 내일도 실패한다. 오늘 음주를 끊지 못하면 취업 후, 사내 회식 자리에서 선임이 내미는 술잔을 거부하지 못한다. 오늘 돈과 안정만 좇는 인생을 살면 30대, 40대가 될수록 더 피폐한 인생을 살게 된다. 설령 거지가 된다고 해도 오늘 내 삶 속에서 하나님의 영광과 거룩의 명예를 지켜드리기 위해 최선을 다하자. 이것이 하나님나라 면접 합격의 비결 아닐까.

#인공지능 시대 #영혼 경쟁력 #믿는 자의 매력

물론 취업 시장의 미래는 매우 어둡다. 아마 점점 더 시커멓게 어두워질 것이다. 인공지능과 알고리즘 기술 발달로 인해 앞으로 크리스천 청년의 구직난은 더욱 악화될 것이다. 회사에 잘 다니던 사람들이 급작스럽게 잘려나갈 것이다.

취업 준비를 하는 크리스천 청년들은 이지성 작가의 《에이트》를 읽기 바란다. 생각보다 상황이 훨씬 심각하다. 의사, 약사, 판검사, 변호사, 교사, CEO, 기업 임직원, 공무원, 회계사, 세무사, 관세사, 변리사 등 지식과 기술만 소유한 사람은 인공지능에 대체될 가능성이 매우 높다고 한다. 그 실제 사례를 목도하면 정신이 번쩍 든다.

일례로 수십억 원 연봉을 받던 미국 월 스트리트 골드만삭스 금융 전문가 약 600명은 '켄쇼'라는 인공지능 프로그램으로 인해 단번에 실직자가 되었다. 놀라지 말라. 이것도 약 6년 전 일이다. 여러분은 (관련 전공 여부를 떠나) 월 스트리트 골드만삭스에 취업할 정도의 학벌인가, 스펙인가, 성과인가?

이처럼 인공지능으로 전문직도 대체되는 세상인데 일반 사무직, 서비스업, 생산직 근무자는 더 말할 나위 없다. 세계 3대 경영 컨설팅 기업인 보스턴컨설팅그룹(BCG)은 2015년에 발표한 보고서 〈글로벌 제조업 경제의 이동: 첨단 로봇들은 생산성 향상 폭풍을 어떻게 시작할 것인가〉에서 2025년까지 로봇에 의해 일자리가 가장 많이 대체될 국가로 대한민국을 지목했다. 이 보고에 따르면 우리나라는 2025년까지 로봇에 의한 노동 비용 감축이 33퍼센트로 세계 1위라고 한다.

이뿐만이 아니다. 코로나19 팬데믹이라는 초유의 국제 전염병 사태로 경제는 더욱 위축되었고, 제조업뿐 아니라 사무업도 '사람'이라는 리스크를 줄이기 위해 '스마트 팩토리'와 '로봇업무자동화'(RPA)를 적극 도입하고 있다. 이는 해외 사례가 아니다. 국내 기업들의 이야기다.

이 책을 읽는 순간에도 하루가 다르게 우리의 일거리는 기계와 프로그램으로 대체되고 있다. 크리스천 청년들은 깨달아야 한다. 이 시대에 취업의 본질은 합격이 아니라 지속가능성 즉 '영혼 경쟁력'이라는 것을. 이 스펙을 얻을 방법은 복음밖에 없다. 이는 예수님을 제대로 믿는 사람만이 얻을 수 있는 실력이자 매력이다.

우리는 지금 이 회사가 면접 볼 회사가 맞는지, 아닌지를 고민하기보다 '면접 볼 회사가 없어지는 세상에서 꼭 필요한 사람으로서 어떻게 복음을 전할 것인가'를 고민해야 한다. 우리의 시야와 기도 내용이 너무 뒤처져있는 건 아닌지 진지하게 돌아봐야 한다.

자신이 준비하고 계획하는 것을 최선을 다해 실천하고 도전하자. 도중에 그만둬야 하는 상황이 생기면 그때 그만두면 된다. 실패는 없다. 실천과 도전에 따른 경험은 언제나 값진 성공이다. 지금 내 삶에 거절하고 끊어야 하는 것들은 과감히 정리하자. 어느 곳으로 출근하든 그곳에서 예수 그리스도의 소금과 빛이 되도록 오늘 내 영성을 점검하고, 더럽고 죄 된 습관과 당장 결별하자. 이것이 크리스천만의 취업 준비이자 하나님의 면접이다. 합격은 따놓은 당상이다.

사자에게 물어봐 대학 졸업을 앞둔 크리스천입니다. 책읽는사자 님은 예술계 쪽이라 '실제 취업 상황'을 잘 모른다는 생각이 듭니다. 우리 청년들은 괴로워하면서도 토익, 토플을 공부하고, 교재를 사서 인터넷 강의를 듣습니다. 제 친구는 노량진에서 3년째 고생하고 있어요. 그런데도 공무원 합격률이나 그나마 사람답게 살 수 있는 기업의 합격률은 현저히 낮습니다. 이런 암울한 현실 속에서 신앙적인 정신무장만 하면 취업이 된다는 식으로 말씀하시는 건 이해가 안 갑니다.

사자 톡 기초 전제부터 동의를 구해볼게요. 형제님은 성경 66권이 사실이라고 믿나요? 성경이 사실이라 믿는다는 건, 오늘 동북아시아의 한국이라는 나라에서 취업으로 고민하는 내 영혼도 하나님께서 '확실하게' 주관하고 계심을 믿는 겁니다. 이 부분이 동의가 되어야 대화를 이어갈 수 있을 듯해요.
만약 성경을 사실이라 믿는다면 형제님은 "너희는 먼저 하나님의 나라와 그의 의를 구하라. 그러면 이 모든 것을 너희에게 덤으로 주실 것이다"(마 6:33)라는 말씀을 아멘으로 받으셔야 합니다. 우리에게 취업은 '덤'입니다. 문제집만 보지 말고 성경도 함께 봐야 하고, 사이버 강의 듣는 시간의 반의반의 반만이라도 눈을 감고 두 손 모아 기도해야 합니다. 이는 실질적인 노력은 게을리하고 기도만 하라는 게 아닙니다. 저는 개인적으로 개개인의 연습과 실력 증진을 매우 중요하게 생각합니다. 핵심은 크리스천이라면 마음의 우선순위를 바로잡아야 한다는 거지요. 미지근할 바엔 뜨겁든지 차갑든지 하라는 겁니다.

제가 도움을 준 한 청년은 현재 한국에서 손꼽히는 헤드헌팅 회사에 근무합니다. 취업 관련 외부 강연을 다닐 정도로 전문성을 갖췄지요. 그의 일은 수많은 청년의 이력서를 보고, 한 명이라도 더 기업에 취업시키고 이직시키는 겁니다. 그런데 그는 '아직도' 취업과 이직 시장에서 '인간의 이성으로 설명할 수 없는 크고 작은 기적'을 경험한다고 합니다. 그 자신이 대학 졸업장이 없음에도 그 회사에 취업한 것부터 기적이고요.

이런 의미에서 전 세계적으로 아무리 구직난이 심각해 취업률이 낮다 할지라도 하나님의 면접에 합격하는 청년 합격률이 훨씬 더 저조할 수 있습니다. 무엇을 중요하게 여기느냐가 문제의 본질입니다.

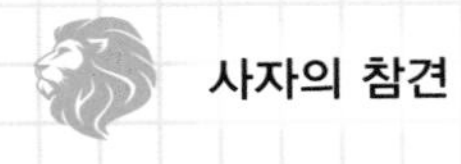

## 사자의 참견

사명은 하나님이 나를 통해 만들어가시는 이야기다

내 하루가 이미 하나님의 사명을 이루는
기적의 퍼즐 조각이다

취업의 본질은 합격이 아니라
지속가능성 즉 '영혼 경쟁력'이다

오늘 내 영성을 점검하고,
더럽고 죄 된 습관과 당장 결별하자
이것이 크리스천만의 취업 준비이자 하나님의 면접이다

# 3 매력적인 크리스천이 되기 위해 당장 무엇부터 시작해야 하나요

## _복음적 자기계발

#습득하고 훈련하라 #믿음과 방종의 차이 #다윗의 물맷돌

예술계에 이런 말이 있다. 가장 나쁜 사람이 '착한데 실력 없는' 사람이라고. 영화나 공연은 수십 명의 전문가가 공동작업해서 출품하는 종합예술이기에 한 사람의 미숙한 마인드에서 나오는 비전문성이 모두에게 치명적 손해를 입힐 수 있기 때문이다.

어디 예술계뿐이랴. 혼자 작업하고, 성과 내고, 책임지는 사람이 아니라면 소위 '필드'에서 사회생활을 하는 거의 모두에게 적용되는 말일 거다. 필드가 어떤 곳이기에 이렇게 냉정할까. 사람이라면 실수할 수도 있지 않은가. 더구나 이웃을 사랑해야 하는 크리스천이라면 상대가 잘못해도 인내하며 배려해야 하지 않는가.

예를 들어보겠다. 교회 건축을 담당하는 기술자의 잘못으로 예배당 천장이 내려앉아 예배 중 사람이 다치거나, 교회에서 구입한 키보드가 제작자의 잘못으로 소리가 잘 안 나거나, 방송실 엔지니어의 미숙함으로 찬양과 설교 시간마다 '퍽!', '삑!' 하는 소리가 나면 어떨까. 또 안전관리사의 실수로 지하철 문이 열린 채 운행되거나, 횡단보도 엔지니어의 실수로 잘못 켜진 신호등만 보고 길을 건너다가 큰 사고를 당했다면. 그런데 알고 보니 그 잘못을 저지른 당사자가 한없이 순한 사람이라면 어떻게 할까. 그걸 용인하는 게 사랑일까? 아니다. 방종과 무관심이다. 자동차 사고 시 에어백 불량으로 앞 유리에 머리를 박고 싶은 사람은 아무도 없다. 즉 위선이라는 말이다.

많은 청년이 크리스천의 책무를 오해한다. 본인이 성실히 습득하고 훈련해야 할 실력의 영역까지 신앙을 핑계로 요행을 바란다. 당연히 해야 할 최소한의 자기계발은 등한시하며 교회만 열심히 다니는 걸 영성이라 착각한다. 그건 믿음이 아닌 무지와 게으름이다.

항상 1등 하라는 게 아니라 매사에 성실히 연습하라는 말이다. 그게 영성이다. 야구에서 투수를 예로 들어보자. 아무리 노력해도 신체의 한계로 던질 수 있는 공의 구속과 구종은 제한적이다. 또 아무리 최선을 다해도 어느 날은 제구가 잘되고, 어느 날은 안 되기 마련이다. 또 역전 홈런을 맞아 패전 투수가 될 수도 있고, 뜻밖의 부상을 입을 수도 있다. 이 상황에서 우리가 쌓아야 할 실력은 무엇일까.

첫째, 스스로 자신의 한계를 설정하지 말고 연습이든 실전이든 매사에 최선을 다한다. 둘째, 컨디션이 좋은 날과 나쁜 날의 실력 차를 줄이기 위해 반복 연습을 게을리하지 않는다(이 점은 '프로'에게 매우 중요하다). 셋째, 경기 중에는 최선을 다해 공을 던지되 경기 결과는 하나님의 영역임을 겸허히 인정한다. 오늘 하루 그 자체에 대한 영광을 올려드린다. 넷째, 비록 이해할 수 없는 돌발 상황을 겪더라도 이 일 역시 내 인생을 향한 하나님의 계획에 필요한 퍼즐 조각이라는 믿음을 견지한다. 다섯째, 부상으로 재활 치료를 받든 은퇴 후 지도자 과정 등 새로운 도전을 하든 선수 시절의 마음으로 언제나 최선을 다한다.

이 모든 행동의 궁극적 이유는 '오직 하나님께 영광'이다. 이처럼 크리스천에게는 공을 잘 던지는 것과 마음을 지키는 것 모두가 실력이다. 이것이 바로 영성이다.

다윗의 물맷돌을 생각해보자. 세계적인 베스트셀러 작가이자 크리스천 석학인 말콤 글래드웰의 《다윗과 골리앗》(그는 이 책을 집필하면서 잃었던 신앙을 되찾았다고 한다)을 보면, 당시 투석(投石)은 엄청난 기술과 연습을 필요로 했다고 한다. 성경에 투석병을 "머리카락도 맞힐 수 있는 명수"(삿 20:16)라고 묘사할 정도다. 말콤 글래드웰이 '투석병 다윗'의 물맷돌 모션을 어떻게 과학적으로 분석했는지 아래 내용을 읽어보자.

> 다윗은 골리앗을 향해 달려갔다. 갑옷을 입지 않았기 때문에 속도와 기동성이 있었다. 그는 물매에 돌을 장전하고 휙휙 돌렸다. 그는 골리앗의 신체에서 유일한 취약 지점인 이마를 노리고 초당 예닐곱 번 회전할 때까지 점점 더 빨리 물매를 돌렸다.

이스라엘 국방군의 탄도학 전문가인 에이탄 허시(Eitan Hirsch)는 최근 일련의 계산을 통해 전문 투석병이 35미터 거리에서 날린 보통 크기의 돌이 초속 34미터(시속 122.4킬로미터)로 골리앗의 머리를 맞힐 수 있다는 사실을 보여주었다.
이는 골리앗의 두개골을 관통해서 의식불명에 빠뜨리거나, 심지어 죽이고도 남을 만한 위력이었다. 대인 저지력(stopping power, 저항하는 사람에게 총탄을 쏘았을 때 저항자에게 가해지는 충격–옮긴이) 면에서 이는 중간 크기의 현대 권총과 맞먹는 것이다. – 위 책 26쪽 참조 정리

세 가지 유추가 가능하다. 첫째, 다윗은 가만히 있고 하나님께서 다윗의 신체를 직접 움직여 물매를 골리앗 이마 정중앙에 던지셨다. 마치 아바타를 조종하듯 말이다. 둘째, 다윗의 물맷돌의 정확도와 파워에 상관없이, 즉 다윗의 물매 실력과는 무관하게 그가 던진 돌이 골리앗 이마에 박혔다(이 경우 하나님은 다윗의 팔 근력과 포물선 방향, 돌의 무게와 골리앗과의 거리 등 모든 물리법칙을 '잠시' 어기셔야 한다. 돌이 날아가는 모양이 조금은 부자연스러웠을 수도 있다. 다윗의 행동과 돌의 움직임은 전혀 별개였을 것이기 때문이다). 셋째, 다윗은 여태껏 성실히 연습하고 훈련해 왔듯 용맹하게 물매를 돌려 돌을 던졌고, 그 돌을 이마에 정통으로 맞은 골리앗이 죽었다. 마치, 실력이 출중한 양궁선수가 과녁 정중앙에 화살을 꽂듯 말이다.

이때 하나님의 기적은 하나님을 위한 의분으로 용맹하게 거인 골리앗에 맞서 주를 위해 물매를 돌린 다윗 그 자체였을 것이다. 말콤 글

래드웰은 세 번째 방식으로 접근했다(물론 정답은 오직 하나님만 아신다). 다윗의 물맷돌이 세 번째 방식이라는 가정하에 이 상황에서 다윗에게 꼭 필요한 전제는 성실한 연습량과 출중한 실력 그리고 하나님을 목숨보다 사랑하는 뜨거운 신앙이다. 나는 다윗의 이 모습이 오늘날 크리스천이 가져야 할 영성과 실력을 거의 완벽에 가까운 모습으로 나타낸다고 생각한다.

# 교회 안 고인물 # 영성이 실력이다 # 프로페셔널 크리스천

교회 안 고인물처럼 살지 말자. 어느 목사님의 말씀처럼 교회는 눌러앉아야 할 집이 아닌 거쳐 가는 주유소다. 우리는 세상에 들어가 소금의 짠맛을 내고 밝은 빛을 발해야 한다. 당신이 어디에서 어떤 일을 하든 이런 인상을 남기길 바란다.

'저 사람은 너무 진지하게 예수 믿어서 가끔은 부담스러울 때가 있어. 그렇지만 우리에게는 꼭 필요한 사람이야. 성실하고 실력도 뛰어나거든. 매사에 일을 대하는 태도가 남다르다고. 설령 실수해도 겸허하게 인정하고 신속하게 양해를 구하지. 한마디로 어른스럽다고 할까. 저 사람으로 인해 교회에 대한 부정적인 인식이 상당히 많이 바뀌었어.'

이것이 내가 말하는 크리스천만의 메리트(merit, 장점)이며 매력이다. 한국처럼 서비스 산업이 안정화된 나라에서 복음을 전하려면 '기본적으로' 일정량 실력(=전문성)이 전제되어야 한다.

그러려면 당장 무엇부터 해야 할까. 어디서 무얼 하든 최선을 다하라. 자기 인생에 책임감을 갖고 고통을 견디며 주와 함께 이겨내라. 학생들은 공부만 우선하지 말고 인생의 우선순위를 바꾸자. 성경을 읽자. 추상적인 잔소리로 여기지 말고 진지하게 읽어라. 말씀을 읽지 않는 사람의 미래는 밝을 수가 없다.

또한 '성경이 사실이라는 사실'을 알기 위해 기독교 변증서를 읽고 복음에 대한 지식의 질을 높이라. 추상적인 종교생활은 시간이 흐를수록 마모되고 변질된다. 복음 앞에 전문적인 사람이 될 때 삶을 대하는 태도가 바뀐다. 억지로 최선을 다하는 척하지 말고 왜 최선을 다해야 하는지 복음을 통해 경험하고 배우라는 말이다.

그러면 왜 공부해야 하는지, 왜 독서를 해야 하는지, 왜 실력을 쌓아야 하는지 스스로 깨닫고, 복음 앞에 설득된다. 정말 변하지 않을 것 같던 나태하고 게으르고 사악했던 내가 주를 위해 최선을 다한다면? 내 관점에서는 이게 바로 '기적'이다.

실력도 영성이다. 영성이 실력이다. 특히 선천적 재능이 있는 젊은이들은 재능만 믿지 말자. 세상에는 똑똑하고 잘난 사람이 수두룩하다. 그들의 경우 모든 일이 비교적 쉽게 풀릴 수 있으나 영성을 겸비하지 않으면 세상적 성공과 여유는 사상누각(沙上樓閣)일 뿐이다. 그에게 필요한 실력은 '예수 그리스도의 겸손'이다.

반대로 재능을 계발해야 하는 젊은이들은 끝없이 공부하고 연습하자. 후천적 실력은 반복 연습으로 얻어진다. 실패와 좌절을 맛보거나 진로를 바꿔야 할 수도 있다. 그러나 지금까지 해왔던 수많은 연습은 나만의 실력과 자산이 된다. 여기서 하나 더, 모든 인간은 독서해야 한다. 독서가 취미인 요리사, 독서가 취미인 첼리스트, 독서가 취미인 플로리스트, 독서가 취미인 물리학자, 독서가 취미인 직장인, 독서가 취미인 운동선수는 무게감이 다르다. 이들은 직장과 직종을 초월한 실력으로 세상에 소금과 빛이 될 가능성이 높다.

나 역시 이 책을 쓰기 위해 약 2천 편의 글을 썼다. 책으로 나오지 못한 원고가 수백 페이지다. 많은 청년이 기를 쓰고 토익 공부하고 취업 면접을 보며 전의를 다질 때, 나도 같은 심정으로 책을 읽고 또 읽었다. 예수 그리스도를 전하는 효율을 높이고자 뉴미디어와 콘텐츠를 공부하고 전혀 다룰 줄 몰랐던 카메라와 편집 프로그램을 전문가의 가이드북과 영상을 보고 (비록 초보 수준이지만) 연습하고 또 연습했다. 더 정확하게 표현하면, 하나님께서 그렇게 훈련시키셨다.

앞으로도 마찬가지다. 내 인격과 실력이 보다 크리스천다워지도록 열심히 할 바를 다할 것이다. 이 길을 함께 가자. 내 가정과 교회, 이 나라의 미래는 순전히 우리의 몫이다. 예수께 사로잡힌 한 사람이 세상을 바꾼다.

그러니 지금 당장 쓸데없는 스마트폰 앱을 지우자. 내 방 창문을 열어 환기하고 이부자리를 정리하자. 책상과 서랍, 옷장과 방을 청소하자. 안 입는 옷, 안 쓰는 물건, 버려야 할 물건은 버리고 영적 지방을 불태우자. 적절한 운동도 필수다. 단정하고 말끔하게 씻고 서점에 가서 수많은 책을 느끼고 경험하자.

자기 전, 성경을 소리 내어 읽자. 영혼이 맑아진다. 만약 성경이 딱딱하고 어렵게 느껴진다면 요한복음이나 시편, 잠언 등으로 시작하는 게 좋다. 복음의 논리가 체화되기 원한다면 로마서도 좋다. 또한 잠들기 전, 잠깐이라도 두 손 모아 가장 진지한 모습으로 기도하자. 그게 실력이다.

자신의 소명에 목숨을 걸어라. 나와 여러분이 복음의 야성이 살아 있는 '프로페셔널 크리스천'으로 곳곳에서 만나길 고대한다.

사자에게 물어봐 가수가 꿈인 24세 남성입니다. 전공은 컴퓨터학인데 가수의 꿈을 버릴 수가 없었어요. 실용음악과나 실용음악 학원에 다녀본 경험은 없지만 어릴 적부터 노래를 잘한다는 소리를 많이 들었고, 교회에서 여러 차례 상도 받았습니다. 요즘은 소속 기획사가 없어도 유튜브 등을 통해 자기 PR을 할 수도 있잖아요. 가수가 되어 매력 있는 크리스천으로서 하나님의 사명을 감당하는 사람이 되고 싶어요.

사자 톡 사실 저는 대중문화계에서 일하고 싶어 하는 분들의 고민을 들으면 말리는 쪽으로 이야기하는 편입니다. 우리가 TV에서 보는 가수들은 대부분 어릴 적부터 전문적인 훈련을 받습니다. 가끔 일반인들이 공개 오디션 프로그램을 통해 정식 가수가 되기도 하지요. 그러나 뛰어난 선천적 재능이 있거나 보컬 관련 전공자로서 수년 동안 전문적인 트레이닝을 받은 경우가 대부분입니다. 즉, 뛰어난 실력은 기본이고, 그 실력을 바탕으로 전문 트레이닝이 병행되어야 합니다.

정말 노래를 잘하는 일반인이 유명 가수 모창 프로그램에서 일회성으로 주목받더라도 그 이상의 관심을 받기 힘든 것이 현실이지요(모창 프로그램에서 엄청난 실력을 뽐내고 가수로 데뷔한 친구들도 실용음악 전공자이거나 오랜 시간 무명으로 활동했던 가수인 경우가 많아요). 그래서 제 개인적인 판단으로 상담 요청자가 준비가 안 되어 있거나 재능이 부족하다 판단될 때는 되도록 현실적인 조언을 해주는 편입니다.

그러나 형제님이 말한 것처럼 지금은 '유튜브'와 같은 콘텐츠 플랫폼이 있고 또 활성화됐기 때문에 예전에는 상상도 못한 여러 기회를 만들 수 있습니다. 실력과 매력이 있다면 굳이 PD나 연예기획사 관계자의 선택을 받지 않아도 대중 앞에 직접 나설 수 있고, 시장 반응이 좋다면 연예인 못지않은 인기를 누릴 수도 있지요. 그 영상을 보고 연예기획사에서 연락이 오기도 하고요.

유튜브를 생각한다면 다양한 영상을 업로드해보는 걸 추천합니다. 영상을 30개, 50개, 100개 정도 꾸준히 올려보세요. 또는 약 2년이라는 기간 동안 일주일에 두 편 정도씩 꾸준히 올려보세요. 내가 가수가 될 수 있는지, 아닌지는 대중이 판단할 겁니다. 또한 영상을 업로드하면서 스스로 깨닫는 바도 있을 겁니다.

앞으로 겪을 현실적인 문제 앞에서도 가수에 대한 열정이 사그라들지 않는다면 여건이 허락하는 한 긴 호흡으로 성실하게 할 바를 하기 바랍니다. 만약 가수가 아닌 형제님의 전공으로 취업할 기회가 있다면 직장생활도 열심히 하면서 유튜브 활동을 병행하기를 추천합니다.

자신이 걷는 길에 대한 '신앙적인 확신'을 받고 싶다면 관련 본문을 다시 차분히 정독하기를 추천합니다. (본문에서 주장하는 논지에 입각해서) 형제님의 사명은 하나님만 아십니다. 나를 통해 이뤄가시는 사명의 색채를 나중에야 비로소 깨닫게 되지요. 그러니 가수가 되고 싶은 열망보다 먼저 예수께 사로잡히고 싶은 열망을 우선하여 걷고 또 걸어가세요.

# 1 일터에서도 크리스천의 정체성을 지키고 싶어요

# 크리스천답게 살 용의 # 우리 엄마도 권사야 # 예수 믿는 티

집단이라는 게 참 묘하다. 부모님 말씀은 안 듣던 애가 대학교에 들어가더니 '고작' 한 살 차이 나는 선배에게 깍듯이 "선배님!" 하며 대학생활을 하고, 평소 세상 물정 모르던 남동생이 논산훈련소에 들어간 지 한 달여 만에 늠름한 군인이 되어 가족을 놀라게 하기도 한다. 고유의 집단 문화가 사람을 바꾼 것이다.

직장도 마찬가지다. 한 기업에 입사하는 순간부터 그 기업 공동체의 일원이자 '직장인'이라는 정체성으로 살아야 한다. 기업 문화에 따라야 한다. 이 기업 문화는 무엇인가. 두 가지로 정의할 수 있다. 하나는 관료 시스템이고, 또 하나는 오너(owner, 기업주)가 갖는 경영 철학이다. 전자가 보편적 개념이라면 후자는 보다 개별적 개념이다.

이번 챕터에서는 '일터에서도 크리스천의 정체성을 지킬 수 있는가'

더 나아가 '선한 영향력을 끼칠 수 있는가'의 문제를 살펴볼 것이다. 자기 사업체를 운영하는 오너나 생계 활동을 하지 않아도 먹고살 수 있는 자산가는 또 다른 가이드라인이 필요하겠으나 이번 챕터에서는 하나님께 영광 올려드리기 위해, 내 삶의 의미를 찾기 위해, 잘 먹고 잘 살기 위해 기업 조직에서 직장인으로 살아가는 크리스천을 위한 신앙 가이드라인을 제시해보려 한다.

### 1) 음주문화

크리스천은 직장에서 무엇이 가장 힘들까. 아마도 많은 이들이 음주문화를 말하지 않을까. 그나마 다행인 건 밀레니얼 세대의 공과 사를 확실히 구분 짓는 개개인성이 점점 사회의 주류 문화로 자리 잡아 많은 기업이 음주문화를 줄이거나 아예 없애는 추세라고 한다.

회식 자리에서의 갖가지 문제(성희롱 및 사생활 침해 등)로 기업 이미지가 실추되거나 법적 문제로 비화되는 걸 막고자 회식을 점심시간에 카페에서 음료를 마시며 이야기하는 것으로 대체하는 회사도 점점 늘고 있다고 한다. 더 나아가 코로나19의 영향으로 재택근무를 하고, 퇴근 후 모임을 갖지 않고, 점심시간에도 따로 도시락을 싸 와서 먹는 극도의 언컨택트 생활을 경험하기도 했다.

많은 전문가가 코로나19를 기점으로 기업 문화뿐 아니라 우리 생활문화가 이전으로는 돌아갈 수 없을 거라고 예측한다. 회사에서 사원에게 '억지로' 술을 강요하는 건 비상식적이고 몰상식한 일이 되고 있으며 계약서에 명시된 근로 시간 이후에 기업이 개인의 삶에 개입하는 일을 지양하는 게 기업 문화가 되고 있다.

일례로 프랑스는 직원이 50명 이상인 사업장일 경우 '연결되지 않을 권리'(right to disconnect)를 근로계약법으로 보장하여 기업이 근로자에게 근무 시간 외에 이메일이나 문자 메시지 보내는 걸 법적으로 금한다. 한국과 단일 비교는 적절치 않으나 2030 밀레니얼 세대가 이와 같은 개념을 보편적 상식으로 여기고 있기에 실제 기업들이 이에 맞게 문화를 바꿔 나가고 있다는 것이 주요 시사점이다.

하물며 요즘은 예수님을 믿지 않는 사람들도 건강을 위해 금주를 한다. 금연은 기본이다. 그런데 예수님을 믿는다는 크리스천이 아직도 '기독교인은 술을 먹어야 하나 말아야 하나'로 논쟁하는 건 창피한 일이다. 예수님을 따라 자기 십자가를 지고 좁은 길을 걷는다는 자들이 건강을 챙기려는 '자기계발러'들보다 못한 삶을 사는 것이다.

이런 의미에서 크리스천의 직장생활을 말할 때, 우선 자신이 진정 '크리스천답게' 살 용의가 있는지부터 살펴야 한다. '죄를 끊을 용의가 없는 사람'과 '비록 내 믿음이 연약할지라도 어떻게든 복음적으로 살고 싶은 사람'은 다르기 때문이다.

전자에 속한 사람은 죄를 이길 방법이 아니라 어떻게든 죄를 사랑할 방법에 골몰한다. 성경에 술 마시는 게 죄라는 구절이 없다, 예수님도 포도주를 마셨다, 한국은 술에 너무 보수적이다 등 온갖 핑곗거리를 찾아낸다. 하지만 그 시간에 현대 사회에서 벌어지는 강력 범죄 및 가정 폭력과 음주의 상관관계를 공부해보라. 아니면 무리한 종교적 해석을 들이대기보다 "그냥 술을 마시고 싶다"고 솔직하게 이야기 하는 게 그나마 정직한 반응이라고 본다.

혹자는 안 믿는 자를 전도하기 위한 방편으로 혹은 그들이 교회에 갖는 불편한 거부감과 편견을 없애기 위해 술자리를 갖는다고 주장한다. 하지만 그런 논법이라면 '전도를 위해' 교회가 앞장서 술을 팔아야 하는가. 그럼 성도착증 환자를 전도하려면 '그들을 위해' 교회가 각종 음란물과 매춘부를 들여야 하는 걸까.

웃자고 하는 말이 아니다. 실제 유럽에서 교회를 담임하신 어느 목사님이 교회에서 술을 판매하고 바를 운영했던 어느 교회 이야기를 들려줬다. 당연히 그 교회는 얼마 못 가 망했다. 진정한 크리스천이라면 누가 그런 교회를 다니겠는가. 또 진정한 술꾼이라면 누가 교회 오르간 소리를 듣고, 십자가에 달리신 예수 그리스도의 가시 면류관을 보면서 술을 마시고 싶겠는가. 발상부터 인본주의적이다.

이런 의미에서 크리스천 음주에 대해 긍정적인 의견을 주장하는(더 나아가 스킨십 문제 등 자유방임적 변질된 복음을 주장하는) 이들의 본질은 '예수님보다 죄를 더 사랑하고 싶은 마음'이라고 생각한다. 그러니 크리스천 직장인의 금주를 논할 때 먼저 '크리스천답게' 살 용의가 있는지부터 분별하는 게 현명하다. 술을 마셔도 된다, 안 된다의 논쟁에 헛된 시간을 뺏기지 말라는 말이다. 애초에 거룩과 경건을 위해 살아가는 크리스천들은 그런 것에 자기 시간과 감정을 소모하기보다 '더욱 예수님을 닮아가기 위한 구체적인 삶의 지침'에 더욱 골몰한다.

한번은 내가 신앙 멘토링을 해서 나름 괜찮은 곳에 취업한 청년에게서 연락이 왔다. 그는 첫 회식이 있는 날이라고 말했다. 내가 뭐라고 했을까.

"무슨 일이 있더라도 네 믿음을 고수해. 혹 네가 술을 끝까지 거부해서 분위기가 어색해지고 회사에서 잘리더라도 절대 타협하지 말고 차라리 잘려라. 그게 하나님의 면접에서 합격하는 거야. 비록 회사에서 잘리더라도 하나님이 예비하신 다음 직장에 들어가게 될 거야. 그러니 당당하게 네 믿음을 지켜라."

물론 노동법상 회식에서 술을 거부했다는 사유로 해고되는 건 불가능하다. 다만 사내에서 이런저런 다른 방식으로 피해를 볼 가망이 크다.

내가 왜 저렇게까지 말했을까. 처음이 중요하기 때문이다. 사람의 진가를 알아볼 수 있는 건 평상시가 아닌 특수한 환경에서다. 신앙도 마찬가지다. 진짜 내 믿음의 수준을 알고 싶다면 예상치 못한 순간에 내 반응과 선택을 보면 된다. 이런 의미에서 신입사원의 사내 첫 회식 참석은 자신이 어떤 사람이며, 앞으로 어떻게 회사생활 할지를 알려주는 매우 중요한 자리다.

물론 넌크리스천은 회식에 이런 진중한 의미를 부여하지 않는다. 우리가 이상하게 보일 수 있다. 그러나 세상 속에서도 크리스천으로 살아야 하는 우리 입장에서는 첫 사내 회식이 자신의 믿음을 테스트 받는 첫 관문인 만큼 진지한 의미가 담겨있다. 하여 당연히 커다란 심적 부담이 따른다.

나와 그 친구를 포함하여 함께 동역하던 친구들은 그날 내내 죽으면 죽으리라 하는 심정으로 기도했다. 결과는 어땠을까. 감사하게도 하나님께서 그가 믿음을 견지할 수 있도록 상황을 몰아가셨다. 나중에 들어 보니 사장이 술을 권했는데 자신은 술을 안 마신다고 하니 사장이 알겠다며 더 이상 권하지 않았다고 한다.

그러자 옆 사람이 "우리 엄마도 권사야"라며 압박했으나 끝까지 술을 거부하는 그의 선택을 인정하며 넘어가는 분위기로 흘러갔다고 했다. 단호하지만 정중하게, 진지하고도 분명하게 말하는 그의 태도와 비언어적 행동에서 뿜어져 나오는 뉘앙스도 한몫했을 것이다.

그 뒤로도 몇 차례 회식이 있었으나 술을 먹지 않는다고 분명히 의사표시를 하자 "그 친구는 절대 술을 안 마셔"라는 입소문이 나서 혹여 누가 술잔을 권하면 주위 사람들이 먼저 알려주고 말린다고 한다. 내 아내의 이야기다.

### 2) 식사기도

너무 당연해서 잘 지켜지지 않는 게 바로 크리스천의 식사기도가 아닐까. 식사 전 음식을 주신 것에 하나님께 감사기도를 드리는 건 신앙인의 기본이다. 한국은 음식을 구하고 먹는 것에 큰 어려움을 겪지 않는 경제적 축복을 받은 나라여서 끼니 걱정 안 하는 걸 당연하게 생각할 수 있다.

하지만 세상에는 아직도 하루에 한 끼도 제대로 못 먹는 빈곤층이 약 13억 명이나 된다(이 중 6억 6,200만 명은 어린이다). 멀리 갈 것도 없이 북한을 생각해보라. 우리는 이유도 모른 채 한반도 남쪽에서 태어나 대한민국 국민이 되었고, 저들은 북쪽에서 태어나 자유를 억압받으며 식량난에 허덕이고 있다.

당연한 것 같은 내 일상 속에서 하나님의 은혜를 알아차리고 잊지 않는 능력은 큰 은사다. 한 끼 한 끼 큰 어려움 없이 식사하는 것에 감사를 잊으면 안 된다. 그러나 막상 학교나 직장에서 점심시간에 식사기도를 하지 않는 크리스천이 상당히 많다. 아니면 남들이 눈치 못 채게(?) 기도인지 아닌지 모를 정도로 짧게 눈만 깜빡하고 마는 사람들도 있다.

이는 둘 중 하나다. 하나님께 감사해야 할 이유를 모를 만큼 마음이 무뎌졌거나 예수님 믿는 티를 내는 걸 부끄러워하는 거다. 둘 다 정상은 아니다.

크리스천이라면 직장에서 누구와 밥을 먹든 식사기도를 하자. 두 손을 모으고 음식 앞에서 5분 동안 기도하라는 게 아니다. 말 그대로 식사에 대한 감사기도를 진지하게 하자는 거다. 혹자는 꼭 그렇게 예수 믿는 티를 내야 하냐고 묻는다. 하지만 식사기도는 남들 보라고 하는 행위가 아니라 종교의 자유가 보장된 나라에서 내 신앙을 고백하는 매우 자연스러운 행위임을 알아야 한다.

중요한 프로젝트를 위해 고사를 지내거나 각종 운세를 보는 사람들에게 "꼭 그렇게 우상숭배 하는 것을 직장에서 티를 내야 하느냐" 라고 묻는 사람은 없다. 만약 이슬람교, 천주교, 불교 및 타 종교인 직장 동료가 식사기도를 하면 그런 유의 타박을 할 수 있을까. 오히려 그들의 종교와 문화를 인정해주는 것을 시민의 교양으로 여기지 않을까.

우리는 내 부족함으로 인한 정당한 비판과 기독교와 기독교인들을 향한 과도한 사회편향적 타박을 구분할 줄 알아야 한다. 만약 그런 사람들의 '합리적인 것처럼 보이는' 잘못된 이야기에 위축되어 식사기도를 하지 않는다면(=내 신앙의 자유와 권리를 스스로 제약한다면) 그건 복음 앞에 타협하는 변질된 태도이지 성숙과 지혜가 아니다.

'예수 믿는 티'는 내려고 하지 않아도 자연스럽게 나타난다. 내 안에 영원한 생명이신 예수님이 계신데 내 언행에서 티가 안 난다면 거짓말이다. 하물며 만화나 영화 캐릭터를 좋아하는 사람도 각종 굿즈로 자기 취향을 티 내지 않는가. 예수님이 히어로 영화 캐릭터보다 못할 이유가 도대체 무엇일까.

예수님은 "빵 다섯 개와 물고기 두 마리를 받아 들고 하늘을 우러러 감사기도를 드리"(마 14:19)셨는데, 하물며 우리가 이런저런 이유로 감사기도를 걸러도 되는 걸까. 식사할 때조차 크리스천과 넌크리스천이 다를 바 없다면 우리는 도대체 어디서 예수 믿는 티가 나타날 것인가. 예수님은 "너희가… 땅끝까지 이르러 내 증인이 될 것이다"(행 1:8)라고 말씀하셨다. 이 지상명령에 '직장생활'만 제외될 수 있다는 말인가.

식사기도는 신앙인의 기본이며 사단을 향한 선제공격이다. 식사기도는 나를 지켜준다. 식사기도를 잘해야 사내 회식 때 술잔도 거부할 수 있다. 이런 복음적 행위에 설득력이 실리려면 실력과 인성을 갖춰야 한다. 회사에서 매사에 불성실하거나 부정직한 사람이 식사기도를 하는 건 예수님 이름에 먹칠하는 일이다. 우리는 크리스천의 책무에 진지한 부담감과 긴장을 갖고 살아야 한다. 예수님을 믿는 건 결코 쉬운 일이 아니다.

모태신앙인 내가 하나님을 인격적으로 경험하기 전인 중고등학생 시절, 급식소에서 밥을 먹을 때마다 당혹스러웠다. 식판에 음식을 받고 자리에 앉아 수저를 들기 전에 식사기도를 해야 하는데 밥을 먹으려고 줄을 서있는 수많은 아이들, 내 주변에 앉아 식사하는 아이들 앞에서 기도를 하는 게 부끄러웠다(사춘기 시절에는 사람들이 모두 나만 쳐다보는 것 같지 않은가).

그래도 난 꼭 기도하고 식사했다. 괜히 식사기도를 부끄러워한 것 같아 하나님께 죄송한 마음이 들면 다음 날에는 일부러 두 손을 모아 더 티를 내며 기도한 후에 식사했다. 비록 믿음이 연약했음에도 크리스천으로서 하나님의 자존심(?)을 지켜드리고 싶었다.

그 후 하나님을 인격적으로 경험하고는 식사기도가 당연해졌다. 내 직업 특성상 넌크리스천을 만날 기회가 많지 않은 건 사실이지만 대학교나 대학원, 비즈니스 자리에서도 식사하거나 카페에서 음료를 마시기 전에 꼭 기도한다. 상대가 넌크리스천이고 나에 대한 정보가 없다면 양해를 구하고 기도한다. 처음에는 당황하는 사람도 있으나 나중에는 적응한다. 내가 진지한 만큼 그들도 내 신앙을 존중한다.

식사기도는 별것 아닌 것 같으나 크리스천의 삶에 있어 매우 중요하다. '식사기도 하고 싶지 않은 유혹'을 이겨내야 더 큰 유혹과 미혹도 이길 수 있다. 점심시간에 식당에 빼곡히 들어선 사람들 틈에서라도 차분하게 기도하자. 오늘도 이 음식을 허락해주셔서 감사하다고. 오늘 회사 일정도 주의 은혜 안에 함께해주시라고. 개인적으로는 이런 게 진정한 '질적 부흥'이라고 생각한다.

### 3) 뒷담화

직장인이라면 누구나 '돌+아이 질량 보존의 법칙'을 잘 알 거다. 어딜 가나 주변을 힘들게 하는 사람이 꼭 존재한다는 말인데, 천만다행으로 그가 발령이 나거나 이직을 해도 곧 '새로운 돌+아이'가 출현(?)한다는 뜻이다. 만약 주위에 그런 사람이 보이지 않는다면 자신이 바로 '돌+아이'라는 웃지 못할 이야기도 있다.

무슨 말일까. 직장에 날 힘들게 하는 사람이 꼭 존재한다는 말이다. 남을 생각하지 않는 이기주의가 팽배한 사람이다. 그런 사람을 매일 보고, 함께 일하고, 점심시간마다 식사를 같이해야 한다면 나를 포함한 팀원 전체가 적지 않은 정신적 고통을 겪는다. 그게 상사든 부하직원이든 마찬가지다.

그들은 뻔히 자기 잘못 때문에 문제가 발생해도 남 탓하며 책임을 회피한다. 또는 드라마에서 나올 법한 불륜을 아주 뻔뻔스럽게 저지르거나 누군가 괜찮은 사람이다 싶으면 눈꼴사나운 추태를 부리기도 한다. 또한 승진을 위해서라면 어떤 옹졸한 짓도 마다하지 않거나 누군가를 시기하여 그에 대한 말도 안 되는 음해를 사내에 퍼뜨리

기도 한다. 대개 그런 사람은 공감 능력이 떨어져서 남들이 자신 때문에 얼마나 힘들어하는지 전혀 가늠을 못 한다.

참다못해 그에게 비판과 주의를 주면 적반하장으로 피해자 코스프레를 할 가능성이 농후하다. 이런 사람의 작태를 보면 욕이 나오는 게 당연하다. '걔가 또 이랬대, 저랬대' 하는 말에 절로 솔깃해진다.

그러나 크리스천은 이 부분에서도 달라야 한다. 성경에서는 "말이 많으면 죄를 짓기 쉬우니 말을 삼가는 사람이 지혜로운 자이다"(잠 10:19)라고 말한다. 이 구절 하나로 다 정리된다. 말은 되도록 안 하는 게 좋다. 비방 수준의 험담이라면 그 자리를 피하는 게 좋다. 정당하고 납득 가능한 비판을 나누는 자리라도 되도록 말을 아끼자.

내 의견을 물어도 최대한 절제하여 표현의 톤을 조절하자. 그렇다고 내내 꿀 먹은 벙어리로 지내라는 게 아니다. 어떤 사람에 대한 적나라한 평가나 비판, 비방이 시작되면 지혜롭게 화제를 돌리거나 그 자리에서 크리스천의 성숙함을 보여주기 위해 노력하라는 말이다.

로이스 티어베르그(Lois Tverberg)의 《랍비 예수》는 크리스천이 어떤 언어 습관으로 살아가야 하는지 유의미한 정보를 소개한다.

> 히브리어로 '라숀 하라'(Lashon Hara)는 모든 종류의 가십, 비방, 험담을 통칭하는 말이다. 다른 사람의 명예를 훼손하기 위해 거짓말을 지어내는 건 '못체이 쉠 라'(Motzei Shem Ra)라고 한다. 이 비방은 말로 짓는 죄 중 가장 악한 것으로 꼽힌다. '라숀 하라'는 거짓을 말하는 경우에만 해당하지 않는다. 오히려 남에게 피해가 되는 '부정적 진실'을

말하는 행위를 묘사하는 말로 더 자주 사용된다.
예를 들어, 라숀 하라는 동료 직원들에게 어떻게 상사가 프레젠테이션을 망쳤는지 늘어놓는 것이고, 아내에게 찬양 인도자가 얼마나 노래를 못하는지를 지적하는 것이며, 남편이 '또다시' 당신 생일을 잊어버렸다고 누이에게 불평하는 것을 말한다. 우린 종종 "뭐, 틀린 얘긴 아니잖아!"라고 항변하며 합리화한다. 그러나 황금률은 자기가 당하기 싫은 일은 남에게도 해서는 안 된다고 말한다. 왜 우린 험담을 할까? 라숀 하라를 하는 주된 이유는 남을 깎아내림으로써 나의 격을 높이려는 욕구가 우리 안에 있기 때문이다.
할바낫 파님(Halbanat Panim)은 '얼굴 하얗게 만들기'란 뜻으로 누군가를 공개적으로 모욕하는 것이다. 사실이 아닌 말을 한마디도 하지 않고도 말로 죄를 짓는 방법이 또 있다. 제네이밧 다앗(Geneivat Da'at)은 '지식 훔치기'라는 의미인데, 거짓말을 하지 않고도 누군가에게 그릇된 추정, 믿음, 인상을 주어 사람을 기만하는 것이다. 예를 들어, 고객에게 제품 하자에 대해 한마디도 언급하지 않는 점원은 고객에 대해 '지식 훔치기'를 하는 것이다. – 위 책 122-130쪽

위 내용을 바탕으로 우리 삶을 돌아보자. 그동안 내가 얼마나 많은 말로 죄를 지었는지 얼굴이 화끈거릴 정도다. 내가 인지하는 죄만 죄가 아니다. 내가 인지하지 못하는 죄가 훨씬 더 많고 깊고 진하다. 당장 말버릇과 언어 습관을 고쳐야 한다. 뒷담화를 하는 장소에 되도록 머물지 않아야 하며 만약 꼭 함께해야 하는 디지털 단톡방이나

식사 자리 또는 카페에서 그런 경우가 생긴다면 최대한 말을 아끼며 인내하고 절제해야 한다.

주위에서 나를 재미없는 사람 취급하면 차라리 그런 취급을 당하는 게 낫다. 앞에서는 핀잔을 받아도 그런 시간이 쌓이면 그 자체가 나만의 브랜드가 될 수 있다.

누구나 욕먹어도 싼 특정 인물과 사건에 대해 직장 동료와 시간 가는 줄 모르고 신나게 이야기를 한 경험이 있을 것이다. 물론 저열한 비방이 난무하는 대화가 아니라면 서로 공감대를 나누면서 부정적인 감정이 해소되는 순기능도 있다. 하지만 말할 때는 속이 시원한 것 같아도 다시 자기 자리로 돌아와서 앉는 순간부터 후회한다.

'내가 너무 속을 보여줬나?', '그때 그런 표현까지 하는 건 너무해 보였나?', '혹시라도 우리 얘기가 밖으로 새 나가지는 않을까?' 설상가상 지금은 나랑 잘 맞는다고 생각했던 상대가 어떤 일을 계기로 내가 비판했던 사람과 친해져 나를 곤란하게 만들 수도 있다. 무엇 때문에 이런 일이 벌어지는 걸까. 내가 뿌린 말 때문이다. 그럼 어떻게 해야 할까.

내가 생각하는 대안은 이렇다.

첫째, 최대한 그런 자리에 있지 않기 위해 노력하자. 둘째, 업무적인 피드백은 해도 인성적인 피드백은 되도록 지양하자. 셋째, 상대가 억울한 감정을 표출한다면 경청하고 공감하되 "그래도 그 사람이 그럴 만한 사정이 있었을 거예요. 사람 미워하는 감정이 생기면 결국 나만 손해지요"라고 말해보자.

즉, 뒷담화를 하는 사람이 '메타인지적인 관점'(자신의 인지 과정에 대하여 한 차원 높은 시각에서 관찰·발견·통제하는 관점)으로 상황을 이해하도록 도우며 분위기를 환기시키자. 넷째, 화가 나는 주체가 자신이라면 '저 사람이 저럴 수밖에 없는 사정이 있을 거야', '저렇게 행동하는 건 진짜 사랑을 맛보고 싶다는 무의식적인 절규일 거야. 복음을 모르고 공허한 공간을 채우려 애쓰는 저 영혼이 얼마나 안타까워' 하며 긍휼한 마음을 품어보자.

다섯째, 소모적인 뒷담화를 하는 이유는 남들에게 인정받고 싶거나 알아주기를 바라는 마음일 수 있다. 그러나 어떤 직장 동료나 상사보다 날 더 잘 아시는 예수님이 모든 상황을 알고 계시니 속상한 마음을 사람이 아닌 예수님에게 토로해보자.

다시 한번 말하지만, 타인을 향한 부정적인 말은 되도록 하지 않는 게 좋다. "말이 많으면 죄를 짓기 쉬우니 말을 삼가는 사람이 지혜로운 자"(잠 10:19)이기 때문이다. 특히, 한 공간에서 지속적으로 만나는 직장인은 더욱 조심해야 한다. 그 자리를 피할 수 있으면 피하되 물리적 여건상 항상 피하기 힘들면 최대한 말을 아끼라.

우린 왜 이렇게 사서 고생하며 회사생활을 해야 할까. 껄끄러운 인간관계를 술 한잔하며 쿨하게 풀거나 술자리를 통해 팀원들과 더욱 돈독한 관계를 맺을 수도 있을 텐데 말이다. 또 굳이 식사 때마다 식사기도를 자처해서 괜히 분위기를 어색하게 만들기보다 '조금만' 타협해서 눈 뜨고 속으로 잠깐 기도하면 모두가 좋은 거 아닌가. 또 온갖 횡포를 부리는 상사 뒷담화를 어떻게 안 하나. 속 시원하게 한 번 쏟아내야 회사생활도 견딜 수 있지 않나.

대체 우리는 왜 매사에 참고 참고 또 참아야 하는 걸까. 왜 회사에서까지 바보처럼 살아야 할까. 이유는 간단하다. 크리스천이기 때문이다. 크리스천은 내 자아를 주님께 양도한 사람들이다. 주님이 옳다 하신 그 길로 걸어야 한다. "생명에 이르는 문은 작고 길도 좁아 찾는 사람이 적다"(마 7:14). 이 길이 십자가의 길이다. '회사에서까지 이렇게 살아야 하느냐'가 아니라 어느 곳에 가든지 예수님처럼 살기 위해 노력해야 한다. 힘들고 괴롭지만 그 경건과 거룩의 노력 안에서만 참 자유와 평화를 누릴 수 있다.

직장은 내 삶의 터전이다. 이곳에서 크리스천의 향기가 나야 한다. 실력과 성실과 더불어 신앙인의 성숙한 인격으로 예수님을 닮으려는 자들에게 무게 있는 신뢰감을 줄 수 있도록 노력하자. 직장인 크리스천의 영성은 위 세 가지 실천에서 시작되고 완성된다. 영성도 실력이다.

술 마시지 않고, 식사기도 하며, 뒷담화하지 않기. 사소해 보이는 이 세 가지가 쉽지 않은 이유는 영적으로 정말 중요한 일이기에 그렇다. 쉬워 보이나 결코 쉽지 않다. 바꿔 말하면 정말 예수님을 사랑하는 사람만 할 수 있는 일이다. 용기가 없으면 용기를 달라고 기도하자.

기질적으로 '예수님 믿는 티 내는 것'을 부끄러워하는 사람은 비장한 마음으로 하나님께 은혜를 구하자. 마음의 동기를 살피시는 그분이 아무리 사소해 보이는 일이라도 우리의 믿음의 무게를 신실하게 측량하시고 우리가 삶의 자리에서 순종하고 실천할 수 있도록 힘을 공급해주신다. 이게 크리스천의 신앙생활, 직장생활이다. ‘밀레니얼 크리스천 세대’들의 새로운 직장 문화가 여기저기서 생겨나길 진심으로 바란다.

당신이 바로 그 역사의 주인공이다.

사자에게 물어봐 저는 30대 직장인 남성입니다. 제가 다니는 회사는 거래처 접대든 사내 회식이든 소위 '2차 접대'를 나갑니다. 하나님께서 아직은 그런 상황을 잘 피하도록 길을 열어주셨어요. 그런데 상사가 은근히 저를 놀리거나 무시하며 자신과 같은 삶을 살기를 종용합니다. 후임들도 그런 태도로 저를 너무 힘들게 합니다. 제가 여기에 남는 게 맞을까요, 아니면 이직을 해야 할까요?

사자 톡 이직 문제는 매우 신중하게 접근해야 합니다. 형제님이 만일 신앙적 어려움으로 이직한다면 그다음 직장은 다를까요. 가는 곳마다 비슷한 어려움에 직면한다면 그때마다 이직을 해야 할까요. 반대로 '운 좋게' 핍박이 덜한 회사에 가더라도 신앙적 갈등이나 힘듦이 없을까요. 처음에는 좋지만 이내 '다른 문제'로 더 큰 갈등을 겪을 수도 있지 않을까요.
고통은 피하는 게 아니라 감내하는 거라고 생각합니다. 오히려 접대 문화에 젖지 않고도 뛰어난 실적을 내는 '말도 안 되는 선례'를 스스로 개척해 나가면 어떨까요. 미련해 보이는 정직함과 성실함은 고귀한 인격의 요소입니다. 불합리한 일을 당해도 그 가운데서 더 실력을 갈고닦고 노력하면 그 열매는 오롯이 자신의 것이 되지요.
정말 이직할 때가 되면 자연스럽게 길이 열릴 겁니다. 그전까지는 힘들더라도 견디시는 게 어떨까요. 그렇게 몸부림치면서 나도 모르게 실력과 영성이 성장해 결국 하나님께서 예비하신 '그다음 챕터'에서 멋지게 활동하는 크리스천을 많이 봤습니다. 고통이 따르겠지만 성장의 과정으로 삼고 새 길을 개척하는 멋진 크리스천이 되길 응원합니다.

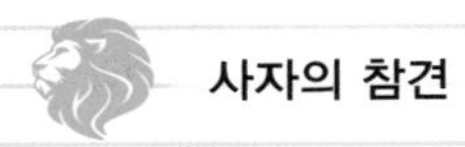

## 사자의 참견

실력도 영성이다
영성이 실력이다

자신의 소명에 목숨을 걸어라

복음의 야성이 살아있는 ‘프로페셔널 크리스천’

직장은 내 삶의 터전이다
이곳에서 크리스천의 향기가 나야 한다

# 2 정말 견디기 힘든 직장 동료를 어떻게 대해야 하나요

## _ 크리스천의 현명한 처세

# 정말 나쁜 사람 # 불의를 겪어도 # 원수를 사랑하라?

교회, 회사, 학교 할 것 없이 사람이 모이는 곳이면 어디든 갈등과 불화가 생긴다. 사람마다 성향과 인격의 수준이 다르기 때문이다. 누구는 이타적인데 누구는 이기적이다. 한쪽에서는 '사람이 어떻게 저런 짓을 하지?'라고 하는데 다른 한쪽에서는 그런 행동을 아무렇지 않게 한다. 그 이기적인 행동에 화내는 무리가 있는가 하면 아첨하는 무리가 생기기도 한다.

물론 '서로 다름'에서 오해가 쌓인 경우도 참 많다. 이 경우는 잘잘못을 따지는 것보다 성숙한 대화로 서로 존중하고 배려하며 오해를 푸는 게 해결책이다. 그러나 인간관계에서 발생하는 모든 갈등의 원인을 '서로 다름'의 문제로 여기는 건 옳지 않다.

옳고 그름의 문제를 서로 다름의 문제로 치환하는 건 '도덕적 상대주의'이며, 이는 반복음적이다. 성경은 옳고 그름을 분명하게 구분하기 때문이다('선한 자', '의로운 자', '지혜로운 자'와 '악한 자', '미련한 자', '간사한 자', '게으른 자', '우둔한 자', '음란한 자' 등). 크리스천의 다양성은 성경이라는 절대 법칙 안에 있다. 예수님이 틀리다고 하신 것까지 옳다고 억지 부리는 건 둘 중 하나다. 무지하거나 악의적이거나. 이런 의미에서 우리가 사회생활 하면서 정말 나쁘다고 생각하는 사람은 사실 정말 나쁜 사람일 확률이 매우 높다.

그럼 그 나쁜 사람이 내 직장 동료면 어떻게 할까. 크리스천이기에 상대가 어떤 작태를 부리든 묵묵히 인내해야 할까. 예수님은 우리에게 "원수를 사랑하고 너희를 핍박하는 사람들을 위해 기도하라"(마 5:44)라고 하셨고 또 "일곱 번만 아니라 일흔 번씩 일곱 번이라도 용서하여라"(마 18:22)라고 하셨다.

또 사도 바울은 "여러분을 핍박하는 사람들을 축복하고 저주하지 마십시오"(롬 12:14), "누구에게나 악을 악으로 갚지 말고 언제나 선한 일을 하며 가능한 최선을 다해 모든 사람과 사이좋게 지내십시다"(롬 12:17,18), "악에게 지지 말고 선으로 악을 이기십시오"(롬 12:21)라고 했다. "하나님을 사랑하고 그분의 계획대로 부르심을 받은 사람들에게는 결국 모든 일이 유익하게 된다는 것을 우리는 알고 있"기(롬 8:28) 때문이다. 이것이 우리가 성경에서 배우고 실천해야 하는 사랑의 길이다.

그렇다면 크리스천은 불의를 겪어도 어떤 표현이나 저항을 하지 않아야 하는가. 아무리 "우리는 사람을 대항하여 싸우는 것이 아니라 하늘과 이 어두운 세상을 지배하고 있는 악한 영들인 마귀들을 대항하여 싸우고 있습니다"(엡 6:12)라고 할지라도 아닌 건 아니라고, 부당한 건 부당하다고 말할 수 있는 것 아닐까.

만약 직장 상사가 부당한 행동을 하거나 그런 일을 시키면 그것을 저지해야 할 의무가 있지 않을까. 하나님께서 우리와 함께 싸워주시지만(수 10:42), 우리가 아무것도 하지 않아도 된다는 뜻은 아니지 않을까(기억하자. 다윗의 수천, 수만 번의 물매질 반복 연습과 그에 따른 실력을). 무언가 더 세밀하고 현명한 크리스천 직장생활에서의 처세가 있지 않을까.

### # 크리스천 프레이밍 # 맹목적 착함 # 밝히면 손해

난 개인적으로 크리스천이 직장에서 온갖 불의를 겪고 어떤 대응도 하지 않는 건 옳지 않다고 생각한다. 무조건 인내하는 것도 하나의 방법이겠으나 상황과 환경에 따라 복음적으로 대응하는 게 옳다. 사람들이 말하는 '착함'과 복음이 제시하는 '선함'은 다르기 때문이다. 많은 넌크리스천이 크리스천을 향해 '맹목적 착함'을 요구하며 그것이 크리스천의 의무인 것처럼 강요하는데, 그건 일종의 악의적 프레이밍(framing)일 뿐이다.

많이 양보해서 그들이 "크리스천이라면 이래야 하는 것 아니야?"라고 말하는 것을 기독교에 대한 은연한 기대감으로 받아들일 수도 있겠다. 하지만 그들은 복음을 모른다. 무엇이 예수님이 말씀하시는 선이고 악인지 또 그것이 왜 그런지에 대한 복음적 개념이나 논리가 빈약하거나 전무하다(특정 자동차를 대충 구별할 줄 아는 것과 그 자동차가 만들어진 원리에 대해 아는 것은 전혀 별개 영역이다).

물론 시민의식이 많이 좋아져 서로의 정치, 종교 성향에 대한 발언을 삼가는 교양인들이 매우 많다. 그러나 아직도 개중에는 크리스천에게 행하는 무례함을 당연하게 여기는 사람이 많은 것도 사실이다.

그래서 요즘 많은 크리스천이 자신이 크리스천임을 숨기기도 한다. 상대가 종교를 물어보지 않으면 굳이 티 내지 않는 것을 일종의 처세 또는 지혜라고까지 생각한다. 이를 꼭 나쁘게만 볼 수 있을까. 옆집 사람, 동네 사람이 누구인지도 모르고 사는 현대인의 개인화 문화를 생각하면 십분 이해가 된다. 더군다나 코로나 팬데믹 이후로 기독교와 크리스천에 대한 사회적 인식이 매우 안 좋아졌다.

또 크리스천이라고 밝히면 상대가 이를 악용하는 사례도 빈번하다. 예를 들어 비즈니스로 정당한 요구를 해도 갑자기 종교를 운운한다거나 당연히 보장받아야 할 권리임에도 기도나 신앙으로 그 권리 이행을 무마하려는(?) 사람이 많다. 본인의 이득을 위해 상대의 종교를 악용하는 악질적인 행태다.

많은 크리스천이 이런 사회생활을 겪으며 다양한 인적 데이터를 쌓는다. 그래서 특히 공사(公私) 구분과 자기 권리에 대한 의사 표현이 어느 세대보다 명확한 MZ세대 크리스천은 자신이 시험에 들지 않기 위해, 더욱 깔끔하고 전문적인 일 처리를 위해 굳이 본인이 크리스천임을 밝히지 않는다고 한다. '밝히면 손해'라는 정서가 그들 안에 자리 잡은 것이다.

그 반대의 경우도 있다. 어떤 크리스천은 당연히 감내하고 책임져야 할 책무를 종교로 얼버무리려 한다. 이럴 경우, 상대가 크리스천에 대한 부정적 인식을 갖게 되어 그가 앞으로 만날 제2, 제3의 크리스천들이 피해를 입을 수 있다.

#분명하되 정중하게 #실력으로 말하라 #프로페셔널 마인드셋

우선 자신이 직장에서 인간관계가 왜 힘든지 기본적인 자각이 필요하다. 아직 신입이거나 실력이 부족하거나 표현이 서툴 수 있다. 또 자신이 인지하는 것보다 훨씬 더 이기적이거나 남들이 오해할 명분을 주고 있는지도 모른다. 한마디로 처세에 대한 조언 역시 '케바케'이다. 자신의 인격, 신앙, 실력, 수준을 함께 고려해야 한다. 물론 누구나 완벽할 수는 없다.

오히려 자신을 돌아볼 줄 아는 메타인지가 뛰어난 사람일수록 매사에 '내가 잘못한 건가', '내가 교만해서 힘든 건가'라고 고민할 가능성이 크다. 자기중심적으로 세상을 살아가는 사람은 애초에 그런 생각을 하지 않는다. 남들이 본인 때문에 얼마나 힘들어하는 줄 알면 그렇게 못 산다. 그들은 정말 모른다.

회사에서 관계로 스트레스를 받는 이유는 표면적인 업무 이면에 상대의 이기심, 시샘, 질투, 모함, 모욕 같은 뉘앙스가 느껴지기 때문이다. 말하지 않아도 느껴지는 '맥락들' 말이다.

"그냥 네가 싫어", "네가 예전에 날 무시했던 것 때문에 복수하는 거야", "너만 보면 시기와 질투가 나", "난 팀워크보다 내 진급이 더 중요하니까 잔말 말고 시키는 대로 해"라고 말하면 될 텐데 아닌 척, 날 위해주는 척, 프로페셔널한 척한다.

유난히 자신의 (쥐꼬리만 한) 권력을 이용해 아랫사람을 괴롭히거나 자신이 주목받기 위해 직장 내 라인을 만들어 왕따를 시키기도 한다. 퇴근 무렵이면 '오늘'까지 끝내야 하는 업무를 건네주거나 주말과 연휴 전에 업무를 투척하는 것도 다반사다. 본인이 시킨 일이 틀어지면 책임을 전가하고, 후배의 실적을 가로챈다. 다른 직원들이 있는 데서 모욕적인 언사를 퍼붓는 건 기본이고, 회식 자리에서도 마찬가지다. 어떻게 해야 할까. 끝까지 '참고 인내해야' 할까.

### 프로페셔널 마인드셋(mindset)

'선'을 넘는 상대에게 아닌 건 아니라고 말하자. 정중하고 품격 있지만 분명하게. 그게 우리들의 인내다. 물론 '케바케'이기에 성급한 일반화는 위험하다. 하지만 불의에 아무런 저항이나 표현을 하지 않는 것도 문제다. 사랑 그 자체이신 하나님께서는(요일 4:8) 죄의 문제 앞에서는 전혀 타협이 없는 공의로운 분이다.

복음을 왜곡하는 사람들이 입버릇처럼 하는 말이 있다.

"예수님은 사랑이 넘치는 분이셔. 모든 걸 용서하고 관용을 베푸시지. 그러니 너도 남을 함부로 정죄하거나 판단하면 안 돼. 서로 사랑해야지."

그러나 이는 전형적인 도덕적 상대주의다. 크리스천이라는 사람이 복음을 해치는 사단의 무기를 들고 의로운 크리스천을 해하는 꼴이다. 하물며 그런 말을 하는 본인도 상대의 신앙을 틀렸다고 판단하며 정죄하고 있지 않은가. 정죄하지 말라는 정죄, 판단하지 말라는 판단은 복음을 왜곡하는 신앙인에게서 볼 수 있는 전형적인 모습이다.

이런 프레임에 갇히면 선으로 악을 이기는 게 아니라 무지 때문에 악에게 질질 끌려다닌다. 그러나 잊지 말자. 우리가 간과하고 있는 복음적 사랑은 "버릇없이 행동하지 않고 이기적이거나 성내지 않으며 악한 것을 생각하지 않을" 뿐더러 "불의를 기뻐하지 않고 진리와 함께 기뻐"한다는(고전 13:5,6) 걸 말이다.

기업은 일을 '잘해내는' 사람을 필요로 한다. 그러므로 크리스천은 인간관계에서 오는 스트레스보다 맡은 임무에 우선순위를 둬야 한다. 실력으로 말하면 된다. 하이테크 인재를 구하는 하이어드닷컴(Hired.com)이 2018년 실시한 조사에 따르면, 기술직 근로자가 가장 일하고 싶은 회사 1위로 넷플릭스가 지목됐다고 한다.

이 회사는 기업 공개 당시 1달러였던 주가가 2019년 350달러까지 오른 '센세이션' 기업이다. CEO인 리드 헤이스팅스(Reed Hastings)의 기업 운영 원칙 중 하나는 인재 밀도를 높이기 위해 "적당한 성과를 내는 직원은 두둑한 퇴직금을 주고 내보내는 것"이라고 한다. 또 권오현 삼성전자 전 회장이 《초격차》에서 말하는 내용을 한 줄로 요약하면 "변하지 않으면 죽는다"이다. 이것이 세계 초일류 기업의 '초일류 프로페셔널 마인드'다.

아마존의 제프 베이조스(Jeff Bezos), 테슬라와 스페이스X의 회장 일론 머스크(Elon Musk)의 공식 자서전을 읽어보라. 그들이 '실력 위주의 초엘리트 인재'를 확보하기 위해 얼마나 애쓰는지 깨달을 것이다.

혹자는 이게 우리나라와 무슨 상관이냐고 물을 수 있다. 삼성전자 같은 초일류 회사와 자신이 다니는 회사는 전혀 딴 세상일 뿐더러 이런 말을 알아들을 사람도 없다고 말이다. 날 괴롭히는 사람에 대한 처세를 이야기하다가 왜 갑자기 이런 이야기로 논점을 흐리냐고 할 수도 있다.

그러나 논점이 흐려진 사람은 내가 아니라 당신이다. 인간관계의 스트레스로 인해 안목과 생각이 점점 '평범해진' 것이다. 평생 코끼리 다리만 쳐다보기 위해 회사에 들어간 게 아니다. 상대가 평가하거나 비방하는 말로 자신을 돌아보지 말고, 거시적 안목으로 코끼리를 바라보며 진짜 고수의 '제대로 된 조언'으로 자신을 돌아보라.

작은 우물 안에서 남에게 피해를 주며 자기만족을 느끼는 사람이 갖는 만족도는 정해져 있다. 그들은 평생 자신의 마른 목을 적셔줄 생수를 찾기 위해 (이기적인) 열심을 다할 것이나 마음의 공허와 빈곤만 얻어갈 뿐이다.

회사는 일하는 곳이다. 날 힘들게 하는 사람을 긍휼한 마음으로 중보하는 게 신앙의 영역이라면 그럼에도 실력을 다듬어 내게 맡겨진 업무를 잘해내야 하는 곳이 회사다. 공과 사를 구분하자. 이 마인드셋이 많은 통찰과 회복을 선사할 것이다.

저 이기적인 상사는 이 작은 조직 안에서의 상사일 뿐이다. 중요한 건 나의 관점이자 태도다. 사내(社內) 정치라는 그들만의 리그가 펼쳐지는 작은 우물에서 함께 썩고 싶은 게 아니라면, '직장생활'이라는 인식의 틀부터 뜯어고칠 필요가 있다. 평사원처럼 살지 말고 오너처럼 살자.

우리는 위대한 사명자다(그러므로 우리는 모두 오너다). '오직 하나님께 영광'이라는 엔진으로 자기계발에 힘쓰자. 우리는 신앙을 점검하며 살기에도 바쁘다. 나를 괴롭히는 이들은 예배자로서의 내 인생 문맥을 모른다. 회사생활에서 나의 어느 부분만 보고 날 다 안다는 듯 평가하는 것 자체가 하수다. 프로페셔널하지 못하다. 그러니 쓸데없는 감정 소모를 중단하자.

관점이 달라지면 눈빛과 목소리가 달라지며 말의 힘과 내가 발산하는 비언어적인 뉘앙스가 달라진다. 평소 당신을 괴롭히던 사람이 당신의 변화를 제일 먼저 알아차릴 것이다. 이기적인 사람들의 '강약약강'(강한 자에게 약하고 약한 자에게 강함)의 옹졸함을 기억하는가. 당신을 대하는 그들의 태도에 어느 순간부터 존중이 자리 잡을 것이다.

물론 우리의 실력과 인격적 성숙, 자기계발을 위한 진정성은 기본이다. 사단이 가렸던 어둠의 장막을 걷자. 빛은 어둠을 몰아낸다. 변하지 않는 진리이며 복음의 논법이다.

이직(移職)은 최선의 답이 아니다. 건강한 이직은 내 가치를 알아봐주는 '보다 프로페셔널한 곳으로의' 도약이지 너무 힘들어 도망가듯 빠져나가는 게 아니다. 물론 극단적으로 말이 안 되는 환경이라면 최대한 빨리 벗어나는 것도 중요하다. 그게 아니라면 존귀하게 버티고 또 견디자. 그 자체가 하나님께서 날 위해 써주시는 포트폴리오가 된다.

다시 말하지만, 이 마인드셋이 먼저다. 누구도 처음부터 자기 직무에 능수능란하지 않지만, 하다 보면 는다. 대학교 4학년 때 새내기들의 우왕좌왕을 여유 있게 바라보던 '훈훈한 대선배의 관점'을 기억하자. 모두 지나간다. 그러니 시간이 알아서 해결해주는 것에 마음 뺏기지 말고 자신만의 속도와 호흡으로 하루하루 걸어가자. 내 마음가짐만 올바르면 시간이 많은 걸 해결해줄 것이다. 나부터 당당하자. 우리는 발전하기에도 바쁘다.

### 당당한 의사 표현

크리스천의 의사 표현에 반드시 수반되어야 할 신앙적 덕목은 절제와 인내다. "어리석은 사람은 쌓인 분노를 다 터뜨려도 지혜로운 사람은 그 분노를 억제한다"(잠 29:11). 혹자는 억울한 감정을 상대에게 있는 그대로 쏟는 걸 진정성이라고 주장한다. 하지만 그건 진정성이 아니라 미련함이다.

진정성은 누구에게나 있다. 하물며 도둑질할 때도 모든 걸 쏟아붓고 최선을 다한다. 그러니 상대에게 자신의 진정성을 과도하게 어필하는 건, 어떤 의미에서 이기심의 연장일 수 있다. 물론 오해를 받거나 억울한 일을 당해서 진심으로 항변해야 할 때도 있지만 일차적으로 예수님이 날 알고 믿어주신다는 확실한 믿음이 기반되어야 한다.

한 크리스천 직장인은 모든 사람이 혀를 내두를 정도로 악독한 사람의 부서로 발령이 났다(참고로 둘 다 여성이다). 앞서 말한 악한 상사의 전형이었다. 1년 반 정도 그와 일하면서 피부 트러블, 역류성 식도염, 급성 장염, 두통에 시달렸다. 진지하게 정신과 치료를 받을까 고민하기도 했다. 그 팀장의 악독함 때문에 타 부서와 관계도 좋지 않아 상사와 타 부서의 핀잔 사이에 껴서 죄송하다는 말을 입에 달고 살았다.

정말 부당한 일은 따지기도 했으나 그 효과는 잠시뿐, 팀장은 더 악랄한 방법으로 스트레스를 주었다. 더욱 최악은 그 팀장이 "이게 다 널 위해 가르쳐주는 거야. 내가 널 키우고 있는 거야"라고 하는 거였다. 그 청년은 사내 고충처리반에 말해볼까 했으나 설상가상으로 상담사가 상사와 친해서 말할 엄두도 내지 못했다.

너무 힘들어 교회도 열심히 가고, 말씀도 보고, 기도도 했지만 매일 상사와 마주 보고 일하는 괴로움은 역류하는 신물보다 더 썼다. 그는 대체 어떻게 해야 할까.

첫 번째는 '프로페셔널 마인드셋', 두 번째는 '당당한 의사 표현'이다. 다시 한번 강조하지만, 크리스천의 당당한 의사 표현은 감정 배설이 아니다. 구구절절하게 자신의 힘듦을 알아달라고 해봤자 크게 변할 게 없다. 말해서 알 정도의 사람이라면 애초에 그런 짓을 하지 않았을 거다.

그러니 억울한 일을 당해도 되도록 곧바로 의사 표현을 하지 말자. 특히 긴 카톡이나 메시지는 금물이다. 글은 쓰는 이와 읽는 이의 감정에 따라 전혀 달리 해석될 여지가 있을 뿐 아니라 화가 나거나 억울한 상황에서는 아무리 평정심을 찾기 위해 노력해도 분한 감정이 글에 스며들 수밖에 없다. "미련한 자는 당장 분노를 터뜨리지만 슬기로운 자는 모욕을 당해도 참는다"(잠 12:16).

물론 상대가 근무시간에 무례하고 모욕적인 말과 행위를 할 때는 그 자리에서 분명히 자신의 의사를 밝혀야 한다. 단, 감정을 최대한 절제하면서. 만약 다른 사람들이 함께 있는 상황이라면 면담 신청을 하든, 상사의 자리로 찾아가든 그의 권위를 해하지 않는 선에서 정중히 표현하자. 처음에는 상대가 당황하며 역정을 낼 수도 있으나 절제하고 예의를 갖추면 상대는 당신을 존중하게 된다.

혹시나 말이 어눌해 상대방 앞에만 가면 입술이 열리지 않는다면 지혜롭게 카카오톡이나 포스트잇을 이용해 의사를 표현할 수도 있다. 구구절절 말하거나 길게 쓸 필요 없다. 아예 감정을 표현하지 말라는 게 아니다. 감정을 표현하되 차분함이 바탕이 되어야 한다.

만약 상대가 말꼬리를 잡고 시비를 걸면 어떻게 해야 할까. 일일이 대답하지 말자. "어리석은 질문에 대답하지 말아라. 그렇지 않으면 너도 그것을 묻는 사람과 같이 어리석은 자가 되고 말 것이다"(잠 26:4)라는 말씀을 기억해야 한다. 침묵과 여유를 지키며 상대를 진심으로 긍휼히 여겨야 한다.

복음이 없는 사람은 마음 둘 구석이 없다. 그들에게는 진급과 평판과 체면이 인생의 전부다. 그런 그들을 존중하고 인정해야 한다. 지금은 그와 깊은 대화가 통하지 않더라도 결국 이웃을 내 몸과 같이 사랑해야 한다(마 19:19). 다만 그의 마음의 악함 자체는 단호히 거부하라. 또한 가르치려고 하지 말자. 우리는 그의 사생활을 모른다. 회사에서 보이는 단면만으로 인격을 추측할 뿐이다. 섣불리 판단하지 말고 그가 잘못한 부분만 이야기하자. "마음이 지혜로운 사람은 좋은 충고를 받아들이지만"(잠 10:8) 미련한 자는 오히려 당신의 배려 섞인 설명에 더 부정적으로 반응할 가능성이 크다.

내 조언이 '따뜻한 하나님의 사랑'이 아니라고 말하는 사람도 있을 수 있다. 억울해도 끝까지 참아야 하며 하나님께서 해결해주실 때까지 잠잠히 기다리는 것이 믿음이자 영성이라고 말이다. 나도 동의한다. 그러나 위 논리만 옳다면 크리스천은 생명권과 건강권, 재산권이 침해당할 때도 '항상' 가만히 있어야 한다. 교회를 탄압하는 불의한 일을 목격해도 '항상' 가만히 앉아 기도만 해야 한다.

회사생활은 필드에서 치르는 실전 중 실전이다. 불의에 대한 침묵은 자칫 회사에 실질적인 타격을 줄 수 있다. 더 나아가 우리 사회에 심각한 악영향을 줄 수도 있다. 과장이 아니다.

허버트 하인리히(Herbert W. Heinrich, 1885-1962)는 실제 발생한 75,000개의 사고를 정밀 분석한 결과 흥미로운 통계값을 발견했다. 그는 그것을 '하인리히 법칙'(Heinrich's Law)이라고 명명했다. '1:29:300법칙'으로 불리기도 하는데, 대형사고가 발생하기 전에는 그와 관련된 수많은 경미한 사고와 징후들이 반드시 존재한다는 내용이다.

쉽게 말해 사무실 청소를 할 때 바닥을 제대로 닦지 않아 물이 남아 있으면 누구는 살짝 미끄러지지만 누구는 넘어져 큰 부상을 입는다. 그런 회사 분위기는 처음에는 괜찮고 평범해 보이나 나중에는 반드시 더 큰 손실과 손해, 더 나아가 사고로 이어지는 전조라는 것이다.

생각해보라. 우리가 기억하는 끔찍한 대형사고는 그 책임기관 또는 기업 구성원들의 '가벼운' 업무 태만부터 시작되었다. 게으름과 부당함과 비겁함의 씨앗을 심고 그런 공기를 퍼뜨리는 사람을 용인하는 분위기가 어떤 결과를 가져오겠는가. 그런 사람이 타인에게 저지르는 일상적 부당함을 나 역시 모른 체와 침묵으로 일관한다면 어떻게 되겠는가. 이건 사적인 복수나 앙갚음이 아닌, 공적인 정의와 공의에 대한 이야기다.

만약 사내에 가득 찬 불의의 기운을 복음의 소금과 빛으로 역전시키지 못하면 그 부정적 에너지는 나뿐만 아니라 우리 사회와 나라에까지 전이될 수 있다. 크리스천은 불의를 봐도 말 못 하는 바보가 아니다. "믿음의 선한 싸움을 싸우고 영원한 생명을 굳게 잡"는(딤전 6:12) 사람들이다. 우리는 하나님의 사랑과 크리스천의 정체성을 입체적으로 공부할 필요가 있다.

정말 나쁜 사람에게 부당한 일을 반복적이고 장기적으로 당하고 있다면 용기를 내어 당당하게 의사 표현을 하자. 도저히 그럴 분위기가 아니라면 침묵의 대가를 본인이 감당하면 된다. 현실감 없는 조언이라 여길 수도 있으나 우리가 당연하다고 생각하는 것들이 한국에서만 당연하게 여겨지는 '타성 젖은 아마추어리즘'일 수 있다는 생각을 해보기 바란다.

현실성이 없다고 투정 부리는 사람이 있는 반면, 새로운 사내 문화를 개척해 많은 청년이 입사하기 원하는 회사로 만들어내는 사람이 있다. 그 시작이 당신이 되라는 말이다. 자신의 권리는 스스로 찾아야 한다. 당당하게 맞서 지혜롭게 선포하자. 변화는 그렇게 시작된다.

사자에게 물어봐 공공기관에서 근무하는 20대 후반 청년입니다. 근무환경이 너무 충격적입니다. 예산을 받기 위해, 진급하기 위해 각종 청탁과 과도한 의전, 갑질은 기본이고, 여성 직원들에게 성적인 농담을 하는 팀장도 있습니다. 이런 환경에서 평생 일할 생각을 하니 괴롭습니다. 부모님은 제가 공무원이 됐다고 좋아하시는데 내적 갈등이 너무 큽니다. 어떻게 해야 할까요.

사자 톡 우리 사회의 심각한 병폐를 보여주는 상징적인 문제라고 생각합니다. 공무직이 아닌 분들은 쉽게 이해하지 못하지요. 이 구조적, 환경적 문제는 뿌리가 너무 깊어서 한 개인이 바꾸려 노력한다고 해서 쉽게 바뀌지 않을 겁니다. 그걸 너무 잘 알기에 더 절망하는 걸 수도 있고요.

해결책은 두 가지입니다. 그 썩은 땅을 개간하기 위한 '직장인 선교사'가 되는 것, 또 하나는 보직 이동을 신청하거나 여가를 이용해 이직 준비를 하는 겁니다. 전자는 매우 큰 희생이 따릅니다. 청결한 조직 문화, 전문적이고 깔끔한 업무처리를 위해 나부터 조직에서 이상한 사람 취급을 받아야 하지요.

그러나 분명한 건 소금의 짠맛과 밝은 빛은 시간이 오래 걸리더라도 반드시 그곳을 바꾼다는 점입니다. 진급할 때마다 조금씩 커지는 권리를 악용하지 않고 매사에 성경적 가치관에 의거한 성숙한 주인 의식과 책임 의식으로 업무에 임한다면, 그 긍정적이고 프로페셔널한 에너지가 반드시 분위기를 바꿀 것입니다. 그러다 보면 자신이 부하 직원들의 롤 모델이 될 수도 있고요.

후자의 경우는 진급 욕심 없이 비교적 스트레스를 덜 받는 곳으로 보직 이동을 신청하거나 그도 견딜 자신이 없다면 퇴근 후나 주말, 평일 새벽 시간을 이용해서 공부하거나 취업 준비 또는 창업 준비를 하는 겁니다. 그러나 한 가지 기억할 건 어느 곳에서 일하든 지금 받는 스트레스와 표면적 모양만 다를 뿐 동일한 스트레스와 고통이 수반된다는 점입니다. 현실에 안주하고 적당히 타협하라는 말이 아닙니다. 어떤 결정을 하든 고통을 피하는 것보다 분명한 목적의식으로 당면한 문제에 당당히 맞서라는 거지요. 단, 중요한 결정이니 시간을 두고 충분히 고민하기 바랍니다. 관련 서적을 읽거나 관심 있는 다른 직종 종사자의 책을 보고 직접 찾아가 그곳 현실을 경험하는 것도 나쁘지 않습니다. 감정적이고 추상적인 불만과 걱정보다 실질적이고 스마트한 준비와 도전을 하길 바랍니다.

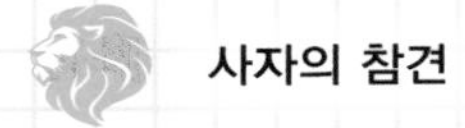

사자의 참견

첫 번째는 '프로페셔널 마인드셋',

두 번째는 '당당한 의사 표현'이다

정중하고 품격 있지만 분명하게

당당하게 맞서 지혜롭게 선포하자

크리스천은 불의를 봐도 말 못 하는 바보가 아니다

"믿음의 선한 싸움을 싸우고

영원한 생명을 굳게 잡는" 사람들이다

# 1 이직할 때 일일이 하나님의 뜻을 구해야 하나요

## _ 이직에 실패하지 않으려면

#N잡 시대 #합당한 명분 #진급 다음 이직 #결국 실력이다

평생직장 시대가 저물고 있다. 벌써 수년 전부터 'N잡러'[2개 이상 복수를 뜻하는 'N'과 직업을 뜻하는 'job', 사람을 뜻하는 '~러'(er)가 합쳐진 신조어로 '여러 직업을 가진 사람'이란 뜻]라는 말이 생겼다. 그야말로 직업 개념이 모호한 시대다.

나조차 내 직업을 한마디로 규정하기가 어렵다. 예술가, 독서가, 서평가, 작가, 유튜브 크리에이터(유튜브 영상 출연만 하면 유튜버. 크리에이터는 기획, 촬영, 출연, 편집까지 하는 사람), 콘텐츠 기획자, 강연자, 사자그라운드 대표 등 다양하다.

나뿐만 아니라 누구든 유명 유튜버가 될 수 있고, 패션몰 CEO인 동시에 SNS 인플루언서, 방송인, 작가, 여행가, 배우까지 될 수 있다. 캐릭터가 강한 식당 할머니가 유명 유튜버가 되어 글로벌기업 CF모델이 되기도 하고, 개그맨이 정식 앨범을 내는 가수가 되기도 하고, 영화배우가 필라테스 강사가 되거나 브이로거가 되기도 한다.

어떤 가수는 유튜버 활동으로 방송 활동을 할 때보다 몇 배의 수익을 올린다고 한다. 본업과 부업의 경계가 모호해지거나 역전 현상이 이뤄지는 것이다. 이는 비단 몇몇 사람에게 국한되는 이야기가 아니다.

직장인도 마찬가지다. 일반적인 직장인으로 살지, 다양한 직군에서 전문성을 보이는 사람이 될지는 전적으로 본인 의사와 의지에 달렸다. 시간이 갈수록 직장인의 정년퇴직 연령은 낮아지고, 의료 기술 발달로 평균 수명은 더 늘고 있다. 100세까지 산다고 가정했을 때, 빠르면 40대 중반까지 일하고 퇴직하면 이후 약 60년, 즉 자신이 살아왔던 날의 1.5배를 더 살아야 하는 상황이다.

우리나라는 근대 인류 역사상 최저 출산율 기록을 해마다 갈아치우고 있으며, 노인 빈곤율 역시 OECD 국가 중 1위다. 여기다 AI 쓰나미까지 겹친다면 우리의 미래는 어떨까. 이미 최고의 인재들이 모인다는 미국 금융가 월 스트리트, 골드만삭스 뉴욕 본사에서는 '켄쇼'라는 인공지능 프로그램을 도입해 600명의 트레이더 중 598명을 해고했다. 이것도 2014년의 일이다.

국제로봇협회(IFR, International Federation of Robotics) 보고서에 따르면 우리나라는 '로봇이 인간을 대체하는 비율'이 세계 1위라고 한다. 이것은 자기주도적 평생학습을 하지 않는 사람은 필히 도태된다는 말이다.

로봇이 내 일을 대체할 날이 코앞에 다가와있고, 어쩌면 내가 다니는 회사가 몇 년 안에 통째로 없어질지도 모르는 시대에 '평생직장', '투철한 애사심'을 당연한 덕목이라 여기는 건 현실적이지 않다. 물론 크리스천은 맡은 업무에 '오직 하나님께 영광'이라는 모토로 최선을 다해야 하며 성숙한 주인의식(=오너 마인드)으로 일해야 한다.

그러나 이와 별개로 시대의 흐름을 분별하고 미래를 준비하는 일 역시 게을리해서는 안 된다. 크리스천 직장인의 이직은 이런 맥락에서 살펴보겠다. 단순히 업무가 적성에 안 맞아서 혹은 동료 때문에 받는 스트레스로 이직을 하느냐 마느냐 고민하기에는 사안이 훨씬 복잡다단하고 중차대하다.

다음은 내 생각과 더불어 현직 헤드헌터의 조언을 정리한 것이다.

### 1) 퇴사보다 '그다음 면접'이 중요하다

결론을 말하면, 회사를 떠날 때보다 다른 회사에서 면접을 볼 때의 상황을 더 중점적으로 생각해야 한다. 합당한 명분이 있어야 한다는 말이다. 인사권자는 하루 내내 서류와 면접을 통해 사람 분석하는 일을 한다. 또한 요즘 기업은 후보자의 허락을 받고 평판 조회를 공식적으로 진행하는 경우도 많기에 현재 회사에서도 좋은 평판을 유지하는 게 좋다(회사에서의 좋은 평판은 사회성보다 실력 즉 실적이라는 걸 잊지 말자).

누구 때문에 힘들어서, 일이 적성에 안 맞아서 퇴사했다는 건 자신에게는 합리적 명분일지 모르나 사회에서는 '평범한 핑계'일 뿐이다.

사측의 임원 면접 또는 심층 면접에서 내게 먼저 묻지 않는 이상 그런 말은 하지 않는 게 좋다.

어설픈 핑계는 얼마 가지 않아 드러난다. 정말 합당한 퇴사 이유가 아니라면 최소한 2년 터울로 이직을 준비하자. 요즘같이 반쪽짜리 방임을 자유라고 착각하는 청년이 많은 시기에 자신의 책임감을 증명할 경력은 소중한 자산이 된다. 이것은 기본 중에 기본이다.

### 2) 지금 연봉보다 5년, 10년 뒤 미래가치를 생각하라

이직의 주요 이유는 돈이다. 프로는 돈으로 말한다. 돈에 대해 말하면 마음의 진정성과 열정, 성도의 자발적 섬김을 당연시하는 한국 기독교계가 듣기에는 거북할 수 있다. 그러나 세계적인 복음주의 조직신학자 웨인 그루뎀의 말처럼 돈을 '사랑하는' 게 문제지(딤전 6:10) 돈 그 자체가 문제는 아니다.

오히려 자신은 돈에 아무런 영향도 안 받는 척하는 게 외식(外飾)일 수 있다. 물론 이직에 하나님의 특별한 콜링을 받은 사람도 있다. 그러나 보다 일반적인 경우 이직할 시 이전보다 높은 연봉은 당연하며 그 액수에 따라 이직 여부를 결정하는 경우가 많다. 이는 자연스러운 현상이다.

그러나 돈이 전부가 아니라는 것도 명심해야 한다. 말도 안 되는 연봉을 제시하는 곳은 피하자. 본인의 가치는 본인이 가장 잘 안다. 많이 준다는 곳은 분명 그 이유가 있다. 뭔가가 안 좋을 가능성이 훨씬 크다.

또 이직하는 이유가 오직 돈 때문이라면 진지하게 재고할 필요가 있다. 같은 의미에서 내가 가게 될 회사, 그곳에서 맡을 직무만 보기보다 장기적인 관점으로 플랜을 짜야 한다. 당장 옮길 회사뿐 아니라 5년 뒤, 10년 뒤를 생각하자.

다른 데서 더 많은 연봉을 준다 해도 현재 직장의 업무를 통해 미래를 위한 중요한 경험과 노하우를 얻을 수 있다고 확신한다면 '돈으로 환산할 수 없는 무형가치'를 선택함이 바람직하다. 특히 어떤 전문가도 미래를 예측할 수 없다는 '4차 산업혁명' 시대 과도기인 지금, 더더욱 필요한 덕목이다.

### 3) 가능하면 진급하고 나오는 게 좋다

현재 다니는 직장에서 곧 뚜렷한 성과가 나오거나 진급할 수 있는 여건이라면 그것까지 모두 감안하여 이직하는 게 좋다. 날 증명할 수 있는 건 내 말이 아닌 실적이기 때문이다.

예를 들어, 축구선수라면 축구에 대한 열정을 몇 시간 동안 읊는 것보다 우승 몇 회, 해당 경기 MVP 몇 회, 시즌 평균 득점 수, 주장 이력 등이 그를 검증하는 데 훨씬 정확한 자료가 된다.

마찬가지로 사내 수상 이력, 최종 직급, 업무 추진 내용과 성과 등이 중요하다. 마무리 중인 프로젝트가 있거나 곧 인사이동 시즌이라면 조급해하지 말고 유종의 미를 거둘 수 있게 업무에 집중하자.

이직은 협상이다. 진급하면 1년 뒤에 오를 수 있는 연봉보다 조금 더 높은 연봉이 책정된다. 이직할 때는 현재 자신의 연봉을 기준으로 협상을 하기에 심리적인 측면에서도 진급 후에 이직을 고려하는 게 좋다. 또한 직급에 따라 복지비나 통신비 옵션 내용이 달라지므로 두루 고려해 지혜롭게 이직 시기를 결정하자.

### 4) 결국은 실력이다

한국은 고용 유연성(노동자를 해고하는 대신에 노동 시간을 줄이는 따위의 노력을 통하여 노동자의 고용 안정성을 확보하는 성질)이 높은 나라이다. 해고가 어렵다는 말이다(국내 기업은 해고가 너무 어려워 '권고사직' 방법으로 사직서를 쓰게 하는데, 이조차 기업에게 불이익이 생길 수 있다. 고용유지자금이 중단될 수 있으며, 고용허가제에 따른 외국인 고용을 제한하며, 정부의 인턴 지원 제도에서 배제될 수 있으며, 고용노동부가 주기적으로 기업을 감시한다).

따라서 기업 입장에서는 인사 검증에 더욱 열심일 수밖에 없다. 실제로 현역 헤드헌터의 말에 따르면 수습 기간을 3개월에서 6개월로 늘리는 기업들도 있다고 한다.

이건 무얼 뜻할까? 아무리 면접을 잘 보고, 포트폴리오가 탄탄해도 6개월간 같이 일하다 보면 그 사람의 '실제 업무역량'이 그대로 드러난다. 더군다나 코로나 사태로 인한 어두운 경제전망, AI 기술 발전에 따른 업무자동화 추이를 생각한다면 기업에 '정말 필요한 인재'가 아닌 이상 정규직 입사 및 이직은 점점 더 어렵게 된다.

결국 내 비즈니스 경쟁력을 키우는 게 가장 '안전한' 포트폴리오라는 말이다. 실력이 뛰어나야 한다. 직무와 관련해 정말 필요한 사람이 되어야 한다. 이것이 내가 크리스천 직장인에게 실력 향상을 위한 자기계발에 힘쓰라고 강조하는 이유다.

### 5) 뉴스나 방송보다 전문 매거진과 경제 경영서를 읽자

우리가 방송을 통해 얻는 정보는 '맨 마지막 정보'다. 마치 온 가족이 세수한 물이라고 생각하면 된다. 또한 뉴스나 방송은 개인의 자기계발보다 시청률을 최우선한다. 이는 국회의원에게 애국심보다 당선과 재선이 먼저인 것과 비슷하다. 그렇기에 자극적이고 얕을 수밖에 없다.

질 낮은 정보는 질 낮은 분석력으로 이어진다. 안 좋은 재료로 만든 음식과도 같다. 만약 자신이 포털사이트 뉴스 서비스나 인터넷 커뮤니티, SNS 게시물, 사람들의 댓글로만 세상을 읽는다면 유통 기한이 지났거나 아주 질 낮은 재료로 만든 음식을 먹어왔다고 생각하면 된다.

이런 사람은 기업 인사 담당자의 질문에 대답할 내용의 스펙트럼이 넓지 않다. 그럼 어떻게 해야 할까. 전문 매거진을 구독하기 힘들다면 경제 경영서라도 꾸준히 읽자. 평사원의 시각이 아닌 세상을 움직이는 오피니언 리더들의 진액을 마시며 그들의 수준과 관점으로 생각하라.

자신이 일하는 분야에 맞게 정보를 재해석하고 자신만의 인사이트로 만들라. 외워서 말하는 사람과 이해하고 말하는 사람은 말의 권위부터 다르다. 책을 읽자. 말의 수준이 달라진다. 내로라하는 임원과 대표는 당신의 그 말을 알아듣는다. 취업과 이직 성공률이 높아질 수밖에 없는 이유다(내가 멘토링했던 청년들이 모두 인정받는 이유이기도 하다).

잊지 말자. 내가 더 잘나기 위해 이직하는 게 아니다. 세상에서 소금과 빛의 역할을 감당하는 하나님의 사명자로 살기 위함이다. 어딜 가든 예수님은 살아계신 하나님의 아들이시며 그분만이 우리 죄를 사하시고 구원하실 수 있는 부활하신 메시아이심을 증거해야 한다. 그러려면 나부터 매력적인 사람이 되어야 한다.

물론 예수님 이름 자체에 능력이 있으나 동시에 우리가 성실히 이행해야 할 책무가 있다. 그런 마음으로 일터에서 최선을 다하는 것이고, 더 좋은 여건과 기회가 주어지면 이직도 하는 것이다.

어떤 경쟁력도 없이 과도하게 편향된 신앙적 의미를 부여하며 '나 잘난 맛'에 살다가 헤드헌터에게 상담을 받고 '멘붕'과 '현타'가 와서 파랗게 질린 크리스천 청년을 많이 봤다. 물론 하나님께서 하시면 하신다. 우리 인생을 책임져주신다. 그러나 말도 안 되는 일을 하시진 않는다(자격 조건이 되지 않는 청년이 대기업 사원으로 합격한다거나 공무원 시험을 보지도 않았는데 공무원으로 채용된다거나 영어와 무역 비즈니스 용어를 한마디도 못 하는데 무역 회사에 취직하는 일은 일어나지 않는다. 설령 그런 일이 일어난다 해도 그게 정말 '좋은 일'이라고 말할 수 있을까). 공의로운 분이시기 때문이다.

그러니 크리스천 청년일수록 더욱 프로페셔널한 마음가짐으로 회사생활을 하자. 격변의 미래를 스마트하게 준비하자. 훌륭한 포트폴리오로 이직에 성공했다면 자기를 낮추고 예수께 영광을 올려드리자. 더 좋은 여건과 기회를 주신 하나님의 은혜와 목적을 기억하자.

신앙 좋은 전문가가 얼마나 멋진지 당신이 증인이 되어보라. 하나님께서 당신을 높이시고 그분의 도구로 마음껏 사용하실 것이다.

사자에게 물어 봐 이직을 준비 중인 33세 크리스천 커리어우먼입니다. 헤드헌터가 소개하는 회사 중 어떤 회사가 더 경쟁력이 있는지 알 방법이 있나요? 이직자 입장에서 좋은 회사를 구별하는 방법이 궁금합니다.

사자 톡 우선 저는 이 분야에 비전문가임을 밝혀둡니다. 요즘은 유튜브나 잡플래닛(jobplanet)같이 유용한 정보를 얻을 수 있는 곳이 많으니 진짜 전문가의 영상과 글을 균형 있게 학습하길 추천합니다.
한 회사의 기본 역량은 재무제표에서 드러납니다. 잡플래닛에 유용한 정보도 많지만 전적으로 신뢰하지는 말기 바랍니다. 블라인드 같은 앱으로 그 회사 직원의 리뷰를 확인해도 좋습니다. 저는 세 가지를 더 말하고 싶어요.
첫째는 회사 대표의 전문성과 마인드입니다. 그가 쓴 책이 있다면 읽어 보는 게 좋습니다. 또한 회사 홈페이지를 통해 구체적이고 분명한 비전이 있는지 살펴보세요.
둘째는 면접을 보러 갔을 때 느껴지는 직관적인 분위기입니다. 아무리 홈페이지가 세련되고, 실적이 좋고, 여러 여건이 좋아도 막상 면접을 봤을 때 다른 분위기가 느껴질 수 있습니다. 대부분 면접 장소에서 느껴지는 분위기가 곧 그 회사의 분위기인 경우가 많습니다. 또 회사에 대한 질문을 많이 하는 것도 중요합니다.
마지막으로 경제 경영서를 많이 읽고 스스로 미래를 보는 안목을 길러야 합니다. 현재 큰 성공을 거두고 있는 '마켓컬리'나 '배달의민족' 같은 경우, 처음에는 입사 지원자가 없었다고 합니다. 물론 사원 입장에서 회사 대표의 역량을 단번에 알아보기는 어렵지만, 가능성이 있는 직군인지와 얼마나 경쟁력을 갖춘 곳인지를 가늠하는 건 자기 몫입니다.
평소에 내가 종사하는 직업군 더 나아가 우리나라와 글로벌 비즈니스 추이를 공부하는 게 매우 중요합니다.

## 2 4차 산업혁명 시대를 어떻게 준비해야 할까요

_크리스천 청년의 미래 경쟁력

# 주류의 재편 # 변하지 않으면 도태된다 # 독서하라

사실 이 질문에 대한 답은 책 한 권을 써도 부족하다. 현재 국내외에서 파격적인 일이 수없이 일어나고 있고, 그걸 어떻게 성경적으로 해석하여 삶에 적용해야 할지 설명하는 것도 만만치 않다. 그러나 내가 하고 싶은 말을 딱 한마디로 정리하면 "독서하라"이다. 뻔하고 시시한 대답이라고 생각할 수 있다. 그러나 사람은 아는 만큼 본다. 나름 다수의 관련 서적을 탐독하고 실제 현장에서 느꼈던 경험을 바탕으로 알려주는 '진짜 비결'이다.

우리는 트렌드를 좇는 다수가 아닌 각자 고유의 클래식이 되어야 한다. 한 번도 경험하지 못한 격변의 시대에 "지금은 이게 정답이래!"라며 우르르 몰려다니는 건 문제의 본질을 전혀 파악하지 못했기 때문이다. '어떤 게 인간다움인가', '어떻게 하면 인간만이 가진 공감과 창작 능력, 사람들이 주목하는 매력을 갖출 수 있나' 하는 건 모두 영적인 영역이기 때문이다.

그런데 이런 이야기를 논하는 전문가가 무신론, 유물론 프레임에서 자기 논지를 전개한다면 그건 마치 식재료 모형으로 맛있는 음식을 만들 수 있다고 주장하는 것과 같다.

하나님과 사단의 실재, 그리고 인간은 하나님 또는 사단의 영향을 받는 영적인 존재라는 기독교 세계관이 모든 키워드를 푸는 핵심 전제이자 실마리이다. 공감 능력은 키우는 게 아니라 예수 그리스도 이름의 능력으로 '회복하는' 것이다. 이런 의미에서 무신론, 유물론을 논하는 자들은 모두 '비전문가'다.

그럼에도 그들이 진단하고 설명하는 격변의 시대의 증거들을 주목할 필요가 있다. 권력이 이동하며 주류가 재편되고 있다.

한국의 6세 아이가 주인공인 유튜브 채널의 월 수익이 37억 원이며, 그 수입으로 청담동에 100억짜리 건물을 샀다는 건 그 변화의 한 사례일 뿐이다. 이 채널 시청층의 95퍼센트가 해외 아이들이라고 한다. 구독자 수가 2,660만 명이고 높은 조회 수를 기록한 영상은 5억 뷰를 달성했다고 하니 사실상 전 세계 어린이들이 애청한 채널임을 알 수 있다(현재 이 유튜브 채널은 영상 업로드가 중지된 상태다).

반면 지상파 TV의 유일한 어린이 프로그램은 KBS 'TV유치원'이라고 한다. 이 프로그램의 시청률은 0.1퍼센트다(2020년 8월 기준). 공영방송 채널이 아니었으면 벌써 폐지되었을 거다.

이뿐 아니다. 2019년 국내 총 광고비 13조 9천억 원 중 방송 광고비는 3조 4천억 원인 데 반해 온라인 광고비는 6조 5천억 원으로 추정됐다. 방송 광고비는 전년 대비 7.2퍼센트 감소, 온라인 광고비는 14.2퍼센트 증가한 것으로 예상되었다('2019 방송통신광고비 조사 보고서' 참조). 또한 2018년 평창 동계올림픽 기간 중 최고 시청률이 나왔을 당시 시청자 수는 1천만 명이었는데 2017년 롤드컵(리그 오브 레전드 게임 경연대회) 결승전 시청자 수는 8천만 명이 넘었다고 한다.

구글이 처음 밝힌 유튜브 2019년 광고 매출은 18조 원이다. 한국인 1천 명에게 설문조사를 한 결과, 저녁 7시 이후 즐겨 보는 미디어는 1위 유튜브(57퍼센트), 2위 공중파 TV(19퍼센트), 3위 케이블 TV(9퍼센트), 4위 넷플릭스(5퍼센트)라고 한다. 또한 유튜브는 매월 20억 명이 매일 10억 시간을 시청한다고 한다. 2002년에 상장한 넷플릭스의 시가총액은 한화로 약 246조 9,900억 원(2020년 10월 기준)에 달한다.

여기서 질문 하나, 어느 매체가 '주류'인가. 우리의 선입견과 편견이 중요한 게 아니다. 세상은 이미 이렇게 바뀌고 있다. 위 사례들은 최재붕 교수가 쓴 《CHANGE 9 포노 사피엔스 코드》에 소개된 몇 가지 예시에 불과하다. 이지성 작가의 《에이트》에는 인공지능 기술이 얼마나 우리 삶을 뒤바꾸고 있는지 기술되어 있다. 단순 노동직만 인공지능에 대체될 거라는 생각과 달리 의사, 약사, 판검사, 변호사, 교사도 '얼마든지' 대체될 수 있음을 보여준다.

그 실례로 자폐 아동을 위한 인공지능 교사 마일로(Milo)는 사람이 진행하는 전통적 교육법의 치료 효과인 3퍼센트보다 무려 23배나 높은 70퍼센트의 치료 효과를 보여준다고 한다. 이는 수치로 입증된 과학적 팩트이다.

여기서 질문 둘, 당신이 특수학교 교장이라면 사람 교사를 채용할까, 인공지능 프로그램을 선택할까. 후자를 선택하는 것이 '진정' 아이들을 사랑하는 방법이 아닐까.

또 스마트 팩토리와 로봇업무자동화 분야는 어떤가. 제조업뿐 아니라 사무직, 서비스직 역시 인공지능으로 대체되는 사례가 많다. 해외 글로벌 대기업에만 해당하는 이야기가 아니다. 국내 수많은 기업 역시 스마트 팩토리와 로봇업무자동화를 도입함으로써 사람을 고용했을 때보다 획기적인 시간과 비용 절감, 생산성 증가의 이익을 보고 있다. 또한 수많은 자영업자가 인건비를 줄이기 위해 아르바이트 직원을 구하는 대신 키오스크(Kiosk, 무인 정보 단말기)를 설치하고 있다.

여기서 질문 셋, 만약 당신이 기업 대표이거나 요식업자라면 전염병 리스크, 인건비, 성추문, 노동청 민원 및 노사 관계에 휘말릴 수 있는 인간을 뽑을 것인가, 최적의 효율과 생산성 극대화를 위해 개발된 기계와 프로그램을 도입할 것인가.

### # 문화 차이가 아니라 교육의 차이 # 변화의 쓰나미

어느 독일 유학자의 에세이에 인상 깊은 내용이 있었다. 한국 여성이 서울에서 학교에 다니던 아들과 함께 독일로 유학을 떠났는데, 독일 학교 교사가 그 엄마에게 아들이 자기 의사를 표현할 줄 모른다며 문제가 있는 것 같다고 말했다고 한다. 아들은 서울에서는 공부 잘하는 우등생이었는데 독일에서는 (일종의) 열등생이 되었다.

이는 문화 차이가 아니라 교육의 차이다. 아이는 한국에서 공부하던 대로 했을 뿐인데, 독일의 교육은 객관식 정답을 잘 맞히는 게 아니라 '자기 생각을 자유롭게 표현하는 것'에 방점을 두었던 것이다. 이마저도 수십 년 전 일화다.

그렇다면 현재 독일은 어떨까. 더욱 혁신적으로 교육 체계를 바꾸고 있다. "변하지 않으면 미국과 중국에 종속될 수 있다"라고 하며 국가 차원에서 제조업 혁신 프로젝트인 '인더스트리 4.0'을 실행하고 있다(독일의 인더스트리 4.0을 '4차 산업혁명'의 전신이라고 보는 전문가들도 많다). 독일은 국가 프로젝트의 일환으로 창의적·융복합적 인재 양성을 위한 교육혁명을 단행했다.

일본은 일본재흥전략, 'Society 5.0'이라는 주제로 2015년부터 국가 차원에서 4차 산업혁명 대응과 미래 혁신을 주도했다. 교육은 2013년부터 국제 바칼로레아(IB, International Baccalaureate)를 도입하여 객관식 시험 위주의 주입식 교육과 입시제도를 단계적으로 폐지하고 있다. 바칼로레아는 스위스에서 개발한 교육과정으로 비판적, 이성적 사고관에 입각한 논문 및 에세이 쓰기가 핵심이다. 글쓰기가 핵심이라는 말은 독서와 토론이 기본이라는 거다.

북아메리카, 서유럽, 일본까지 국가 차원에서 교육혁신을 감행한다는 건 무슨 뜻일까. 인공지능의 쓰나미에서 경쟁력을 갖추기 위해 자국민을 보호하고 재교육시키는 데 국가 차원의 동의가 이뤄졌다는 뜻이다. 전 세계 선진국의 교육혁신 공통분모가 바로 '독서'다. 이제는 힘센 나라가 강압적으로 주권을 강탈하는 게 아니라 글로벌 대기업 프로그램 하나가 여러 국가의 흥망성쇠를 좌우할 수도 있다. 우리는 포털사이트의 랭킹뉴스 서비스와 댓글 몇 개로는 도무지 알 수 없는 '진짜 세계'를 배워야 한다.

전 세계 주요 국가들이 생존을 위해 자국의 공교육을 뜯어고칠 때, 한국은 여전히 입시 위주의 교육을 진행하고 있다. 그래도 절망하긴 이르다. 요즘은 MOOC(전 세계 유명 대학 강의를 무료로 수강할 수 있는 교육과정. 한국은 K-MOOC가 있음) 또는 유튜브와 구글 검색으로 월등한 수준의 교육을 무료로 받을 수 있다.

현재 우리 사회는 과학기술의 발전으로 관심 있는 분야를 얼마든지 스스로 학습하고 도전하여 결과물을 낼 수 있다. 기회가 없어서 못 배운다는 핑계의 유효기간이 끝나가고 있다. 물론 입시제도를 통한 인재도 사회에 필요하다. 기존 학교 공부를 게을리하면 안 된다. 새로운 세상이 올 거라며 우리가 쌓아온 모든 전통과 정통을 급진적으로 거부하는 건 매우 위험하다. 반대로 다가오는 변화의 쓰나미를 모른 척하며 옛 습성만을 고집하는 것도 위험하다.

오늘날 우리 생활은 글로벌 단위의 유기적 관계망에 깊게 얽혀있다. 어느 일류 기업의 운영방침은 타 기업, 하물며 국가 정책 기조에도 영향을 끼칠 수 있다. 크리스천 청년들은 오늘날 사회가 그만큼 급진적으로 바뀌고 있음을 깨닫고 대비해야 한다.

# 복음 필터링 독서 # 예배자로서 책 읽기 # 신본주의 애서가

그래서 독서해야 한다. 단순히 코딩을 능숙하게 다룰 줄 알고, 유튜브 채널 팔로워가 늘어난다고 해서 해결되는 게 아니다. 큰돈을 벌어 앞으로 먹고살 걱정이 없으면 된다는 사고방식은 매우 '비과학적'이다. 이미 학계에서 진행된 많은 연구 결과가 인간은 돈보다 '의미'를 좇는 존재임을 증명한다. 그리고 그 의미의 빈 구멍은 오직 '복음'으로만 채울 수 있다. 아무리 과학이 발전하고 반성경적인 문화와 정치 제도가 주류인 것처럼 진리와 진실을 호도해도 변치 않는 만고의 진리다.

기독교는 문자 종교이기도 하다. 유대인들이 괜히 '책의 민족'이라고 불리는 게 아니다. 크리스천은 평생 성경책을 읽는 사람이다. 책과 친할 수밖에 없다. 성경을 읽다 보면 다른 기독교 서적도 읽고 싶어지고, 그러다 보면 일반 서적을 읽고 싶은 마음이 생기게 된다.

일반 서적을 금서처럼 여기는 태도는 옳지 않다. 물론 안 좋은 책이 분명 존재한다. 어떤 의미로는 더 많다. 유명 베스트셀러 작가들이 썼다는 책 중 예수 그리스도를 왕으로 모시는 신본주의 가치관으로 논지를 전개한 책은 아직 못 봤다. 그들 논리의 전제는 무신론과 유물론, 진화론과 빅뱅론이다.

특히 이념을 다룬 책들은 영화계나 문화예술계와 마찬가지로 반서구문명적 급진주의자들의 비중이 매우 높기에 잘 분별해야 한다. 그래서 많은 크리스천 청년이 '혹시 내가 이상한 책을 읽고 잘못되면 어떡하지?'라는 고민을 한다. 실제로 매우 필요하며 중요한 고민이다.

그러나 구더기 무서워서 장을 못 담그면 안 된다. 모든 독서의 중심은 언제나 성경이다. 일반 서적은 성경을 기준으로 분별하여 읽으면 된다. 이른바 '복음 필터링 독서법'이다.

독서할 때, 예수님을 왕으로 모셔라. 처음에는 '복음 필터링 독서법'이 어렵게 느껴져도 시간이 지날수록 당신의 마음속에 '성령의 빨간 신호등'을 감지하는 분별력이 자라날 것이다.

성경책'만' 읽으면 된다고 하는 이들이 있다(물론 성경에 온전한 진리가 들어있는 건 맞다). 하지만 그들도 국어책을 읽고 학습해서 성경책을 읽게 됐을 뿐만 아니라, 물건을 사거나 계약할 때는 사용설명서, 계약서를 꼼꼼하게 읽을 것이다. 대학 전공 교재는 밑줄 치며 공부했을 것이다.

루터의 《95개조 논제》는 당시 유럽 사회에 가장 핫한 베스트셀러였다. 칼빈의 《기독교 강요》 시리즈 역시 수많은 사람의 신앙생활을 도와준 명서였다. 신본주의 독서가, 애서가가 돼라. 그것이 크리스천 예배자의 미래 경쟁력이다. "여호와를 두려워하는 것이 지혜의 첫걸음이요 거룩하신 분을 아는 것이 깨달음이다"(잠 9:10). 이 반석 위에 당신의 지성의 집을 건설하라.

세상 초엘리트 집안 자녀들도 인문학 독서에 초집중하는 시대이니 '오직 하나님께 영광'이라는 모토로 살아가는 우리는 더 열심히 독서해야 한다. 배움에 힘쓰자. 아는 만큼 보인다. 더 넓고 깊게 보는 자가 되어 세상이 감당할 수 없는 예배자가 되자.

여기서 끝? 아니다. 이쯤에서 여러분은 한 가지 피하고 싶은 사실을 마주했을 것이다. 인간은 정답을 안다고 바뀌는 존재가 아니라는 걸 말이다. 우리는 미래를 위해 책을 읽어야 한다는 사실을 알면서도 유튜브, 인스타그램 추천 알고리즘의 노예가 되어 오늘도 수 시간 동안 스마트폰을 쳐다보지 않는가.

세상 거의 모든 자기계발서가 놓치고 있는 핵심 맹점이 바로 이거다. 인간은 영물(靈物)이라는 사실! 우리가 진짜 바뀌기 위해서는 옳은 정보를 습득하는 데 그치는 게 아니라 예수 그리스도 이름의 능력으로 회개하고 은혜를 공급받아야 한다는 걸 세상은 가르치지 않는다. 아니, 그들은 모른다.

그럼 책을 어떻게 읽을 수 있을까. 우리가 진정 마음으로 깨달아도 몸에 밴 찌든 습관과 습성은 단번에 바뀌지 않는다. 하나님의 은혜를 구하는 동시에 노력해야 한다. 무지와 교만의 습관을 벗어내는 것이 경건의 훈련이다. 내 열심과 노력이 수반되어야 한다. 정확하게 말하면, 나 같은 사람이 '이런 열심과 노력'을 하고 있다는 것 자체가 하나님의 은혜이다.

세상 사람들은 생존을 위해 독서하라고 말한다. 그러나 우리는 살아남아야 하는 직장인이기 전에 어둠의 권세 잡은 자와 싸워야 하는 그리스도의 영적 군사이다. 독서하는 마음의 동기 자체가 다르다. 예수님의 부활을 더 효과적으로 전하기 위해, 세상 거짓말이 진실이라고 믿는 사람들에게 더욱 논리적인 복음의 설득력을 갖추기 위해 독서해야 한다.

독서는 내가 생각하는 크리스천의 미래 경쟁력이다. 4차 산업혁명의 쓰나미 속에서도 거슬러 올라갈 수 있는 프로테스탄트의 책무이자 비결이다. 예배자로서 독서하라. 내가 당신에게 해줄 수 있는 최선의 조언이며 최고의 이웃 사랑이다.

사자에게 물어봐 크리스천 대학생입니다. 미래를 준비하기 위해 독서하라는 말은 잘 알겠습니다. 그런데 막상 어떤 책을 읽어야 할지, 어디서부터 시작해야 할지 감이 안 잡힙니다. 더 구체적으로 말해주세요. 또 요즘 크리스천 대학생들은 성적 관리, 창업 관련 동아리 활동, 아르바이트, 교회에서 맡은 일까지 하느라 책 읽을 시간이 빠듯하고 심적인 여유가 없습니다. 혹시 대학생이나 취준생이 현실에서 빠르게 적용할 수 있는 팁은 없나요?

사자 톡 "밥 먹을 시간이 있으면 성경책 읽을 시간도 있다"는 말이 있습니다. 성경 말씀 읽기에 최선을 다하라는 말이지요. 독서도 마찬가지입니다.
첫째, 서점이나 도서관을 자주 가거나 그 주변 카페를 이용하는 게 중요합니다. 내 일상생활 반경에 책이 있도록 자주 노출되면 도움이 됩니다. 개인적으로는 대형서점을 추천합니다.
둘째, 검증된 기독교 변증서와 기독교 서적을 읽는 게 기독교 세계관 정립에 도움이 됩니다. 이런 복음의 논리가 먼저 자리 잡히면 이후 일반 서적을 읽을 때 유의미한 인사이트와 반복음적 요소를 구분할 수 있어요.
셋째, 등하굣길이나 출퇴근 때 스마트폰 대신 책을 항상 손에 들고 하루에 한 챕터만 읽어 나가도 좋습니다. 또 자기 전에 스마트폰을 보는 대신 책을 10분간 읽고 자거나 여건이 안 된다면 오디오북이나 간편한 전자책을 이용하는 것도 유용합니다. 무겁게 생각하지 말고 일상에서 가볍게 읽어 나가는 습관을 기르는 게 좋습니다.

마지막으로 대학생이나 취준생이 빠르게 적용할 수 있는 팁은 저 말고도 취업 및 이직 전문가의 훌륭한 강의와 책을 통해 얻을 수 있습니다. 제 개인적인 의견은 빨리 적용할 수 있는 팁 역시 자기 주도적 독서 및 학습이라고 생각해요.

제 말의 핵심은 표면적 술수로는 이 위기를 타개할 수 없다는 겁니다. '세상 스펙 위주의 프레임' 안에서 경력 쌓기는 정말 특출난 인재가 아니라면 대부분 거기서 거기인 경우가 많습니다. 자신이 원했던 사기업에 들어간다 해도 개인 일생의 고통과 국가적, 시대적 위기가 한순간에 없어지는 것도 아니고요.

만약 본인이 공무원을 준비한다면 최선을 다해 관련 공부를 하면 됩니다. 그러나 어디서 어떤 일을 하든 '자기 생각'이 있는 사람이 되어야(만) 합니다. 그런 사람이 되는 방법이 예배자의 성실과 독서입니다.

# 책읽는사자의 신앙의 참견

초판 1쇄 발행 2020년 12월 21일
초판 8쇄 발행 2024년 3월 12일

지은이 책읽는사자

펴낸이 여진구
책임편집 김아진 정아혜
편집 이영주 박소영 최현수 안수경 김도연
책임디자인 조은혜 노지현 | 마영애 이하은
홍보 · 외서 진효지
마케팅 김상순 강성민
제작 조영석 허병용
마케팅지원 최영배 정나영
경영지원 김혜경 김경희

303비전성경암송학교 유니게 과정
이슬비전도학교 / 303비전성경암송학교 / 303비전꿈나무장학회

펴낸곳 규장

주소 06770 서울시 서초구 매헌로 16길 20(양재2동) 규장선교센터
전화 02)578-0003 팩스 02)578-7332
이메일 kyujang0691@gmail.com 홈페이지 www.kyujang.com
페이스북 facebook.com/kyujangbook 인스타그램 instagram.com/kyujang_com
카카오스토리 story.kakao.com/kyujangbook
등록일 1978.8.14. 제1-22



책값 뒤표지에 있습니다.
ISBN 979-11-6504-162-5 03230

## 규 | 장 | 수 | 칙

1. 기도로 기획하고 기도로 제작한다.
2. 오직 그리스도의 성품을 사모하는 독자가 원하고 필요로 하는 책만을 출판한다.
3. 한 활자 한 문장에 온 정성을 쏟는다.
4. 성실과 정확을 생명으로 삼고 일한다.
5. 긍정적이며 적극적인 신앙과 신행일치에의 안내자의 사명을 다한다.
6. 충고와 조언을 항상 감사로 경청한다.
7. 지상목표는 문서선교에 있다.

하나님을 사랑하는 자 곧 그의 뜻대로 부르심을 입은 자들에게는 모든 것이 合力하여 善을 이루느니라(롬 8:28)

규장은 문서를 통해 복음전파와 신앙교육에 주력하는 국제적 출판사들의 협의체인 복음주의출판협회(E.C.P.A:Evangelical Christian Publishers Association)의 출판정신에 동참하는 회원(Associate Member)입니다.